谁塑造了我们

读懂『活在当下』的中国先哲

梁涛 杨立华 等著

陕西新华出版传媒集团 陕西人民出版社

图书在版编目（CIP）数据

谁塑造了我们 / 梁涛等著 . -- 西安 : 陕西人民出版社 , 2022.1

ISBN 978-7-224-14340-9

Ⅰ . ①谁… Ⅱ . ①梁… Ⅲ . ①中华文化－通俗读物 Ⅳ . ① K203-49

中国版本图书馆 CIP 数据核字（2021）第 227436 号

出 品 人：赵小峰

总 策 划：刘景巍

出版统筹：关 宁 韩 琳

策划编辑：晏 藜 王 凌

责任编辑：王 倩 张启阳

装帧设计：哲 峰 杨亚强

音频出品：李鸿谷

音频策划：俞力莎

音频编辑：寒 芽 张晓琦

图书编辑：段 珩 赵 翠

谁塑造了我们

作　　者　梁　涛　杨立华等

出版发行　陕西新华出版传媒集团　陕西人民出版社

（西安市北大街 147 号　邮编：710003）

印　　刷　陕西金和印务有限公司

开　　本　787 毫米 ×1092 毫米　1/16

印　　张　27.5

插　　页　1

字　　数　337 千字

版　　次　2022 年 1 月第 1 版

印　　次　2022 年 1 月第 1 次印刷

书　　号　ISBN 978-7-224-14340-9

定　　价　79.80 元

目录
CONTENTS

前言

PREFACE

探寻旧传统，再造新精神

〇李菁[1]

2019年9月，我们在三联“中读”平台上推出了一门关于西方思想家的精品课《像他们一样思考——你不可不知的十大思想家》，得到了非常好的反馈。为了更好地满足大家对知识、思想的需求，紧接着我们以超强阵容推出了新的精品课——《谁塑造了我们——读懂“活在当下”的中国先哲》第一季，为大家介绍中国本土的思想家。本书就是由这门精品课结集而成的，以便没有听到课程的朋友也能学习这些本土思想家的思想。

英国现代著名哲学家、历史学家兼考古学家罗宾·乔治·科林伍德曾说：“要把思想史看作是唯一的历史。”思想的承续，是以一种宏大而细小、显豁而隐秘的方式发生的。过去的建筑、事件、人物已经随着时间灰飞烟灭，但许多重要而顽强的东西仍然存留在日常生活与饮食起居之中。每个悠久文明的先哲都是地理与时代合谋的产物。他们成为该族群最具代表性的人物，同时塑造了民族性格。

农耕社会孕育的文明

中国是大陆农业国家，土地是历代社会、经济、政策和思想的中心，长期以来，社会分为“士”“农”“工”“商”四个等级。“士”通常是地主，“农”是农民，他们被认为是朴实、天真

[1]李菁：《三联生活周刊》前副主编、“中读”前总编辑。

与不藏私的；与之相对的是“商”，商人被认为是奸诈的代表，因为财产易于携带，他们不会与君王共赴国难。中国社会一直是重本轻末，重农抑商。“士”其实是“农”这个群体中有财产和文化者，他们的观念，本质上是“农”的反映和看法。

土地不能移动，“农”以乡村为主要聚居地，这与希腊这样的航海、商业城邦国家迥然不同。前者因之发展起家族制度以及与之相关的五伦：君臣、父子、兄弟、夫妇、朋友。虽然君臣、朋友不是家庭关系，但可以用血缘关系来比拟：君臣如父子，朋友如兄弟。祖先崇拜、家长权威与独裁，是这种变动不居的经济、环境和以家族为结构的社会关系的产物。儒家学说几乎都是在阐述这种伦理意义，其成为正统是再自然不过的事情。

儒家注重人伦世务，倡导道德价值；道家推崇天然自发，追求逍遥游。但它们并非截然对立，究其根本，两者都是农业社会的产物。中国社会的经济与文化结构，在历史上不止一次受到过冲击，但都以极强的融合能力持续保留了下来，一直到近代欧美工商业文化侵入，才遭遇到真正的挑战。

奠定文化基调的先哲

每个人都不是偶然和孤立的存在，我们生活在由古代先哲所塑造的历史与传统之中。今天，中国人的衣食住行、人格气质、思维方式与社会建构，是过去传统的延续，在当下环境中发展出的新形态，也许会成为日后的传统。读懂古代先哲，能够帮助我们更好地了解自己的来路，以及如何面向未来。

本书选取中国历史上多位具有特别意义的思想家，分别有孔子、孟子、老子、庄子、荀子、韩非子、墨子、董仲舒、王充、嵇康、惠能和韩愈。这些先哲，有的保守，有的激进；有的中庸守成，有的特立独行；有的开宗立派，有的离经叛道；有的积极用世，有的放逸山林；有的希望能替天地立法，建立一套秩序，保障现世运转；有的则在不断质疑现存社会的合理性，向理想与高远进发，以生命拓展文化维度，彰显个体价值与尊严。他们并非中国思想史的全部，但对于中国传统的形成意义重大。我们希望以他们为基点，以点带面，管窥传统文化的样貌与潜在的可能性，令更多人得以观照时代与自身。

本书中，国内外在这一领域成就卓著的学者，从他们多年的治学经验与阅读感受出发，向我们介绍这些思想家的生平主张，向大家提供窥睹堂奥的门径。

特别值得一提的是，著名历史学家许倬云先生为本书作序。许倬云善于运用社会科学的理论和方法治史，对中国文明的形成与特质，有许多精彩的著述。

他认为，古代先民对天与人关系的认知，催生了最早的意识形态。从对天命的信仰出发，孔子发展出“仁爱”的思想，发展出人间伦理。儒家从头到尾，就是在讲“天命如何叫人间出现一个接近完美的秩序”。这一环境还怎样催生了其他思想？在外来文化的冲击下它发生了哪些演变和调整？民间行为与精英思维是如何互相作用的？中国当下面临着什么样的挑战？这些都可以在许先生的讲述中一探究竟。

孔、孟是中国文化与国民性格最重要的缔造者。他们生前周游列国，明知其不可为而为之，费尽心力推广自己的学说而不得，养“舍我其谁”的气度而无所用；死后被推上神坛，成为官方或主流价值观的代言人以及面貌模糊的完人，或者近代被批判的“毒素”“始作俑者”。他们的学说，在后世被阐释、被发展、被篡改、被蒙蔽。中国人民大学国学院副院长梁涛教授，主要研究中国思想史、儒学思想史、经学思想史和出土简帛等。他将为大家讲述普通凡人如何修炼成圣人，儒家的仁政与民本曾经达到的高度，以及儒家所追求的人生境界。

墨子曾被视为孔子的第一个反对者。儒道，曾被墨子指为“足以丧天下者四焉”。作为下层阶级观念的反映，墨家为何两千年一直处于地下状态？为何在宗法社会中提出“兼爱”的思想？中国人民大学孙中原教授，常年致力于墨子研究，将为我们详细解答关于墨子的诸多疑问。

与儒家关系暧昧的是与之对立又能成为补充的道家，他们经常从同一点出发，却最终走向不同的方向。与“千万人吾往矣”的儒家不同，主张全身避害的道家，成了儒生们积极用世受挫后的避风港，与儒家共同构成了中国人进与退的两个维度。老子是否是解释出来的哲学家？齐物与逍遥游的本质是什么？北京大学哲学系杨立华教授，近年来一直致力于让伟大的先哲成为我们同时代的人，他将带领我们进入老庄的世界。

同是儒家的荀子，是孟子的反对面，他的“性恶说”与孟子的“性善说”针锋相对，认为人性必须加以教养，有价值的东西，都是人努力的产物。以此为基点，荀子发展出一套怎样的关于礼乐教化的理论？《荀子》是一部作为遗嘱的经典吗？复旦大学哲学系林宏星教授在先秦儒学研究方面颇有建树，他将为我们详细解释其演变过程。

韩非是法家最后也是最大的理论家，他以“势”作为政治和治术最重要的因素，强调绝对的社会控制。法家与现代法律和审判无关，讲的是组织人民、充当领袖的方法。中国两千年都是“外儒内法”吗？法家对于中国文化的影响是什么？中国人民大学国学院宋洪兵教授多年研究韩非子，他会带领大家认识法家的世界。

自董仲舒始，先秦流派纷争的局面结束，罢黜百家，独尊儒术，中国社会与思想面貌呈现出新格局。董仲舒继承和发展了过去的哪些思想？具体有哪些主张？他的出现是历史的必然还是偶然？对于中国文化，他的功过如何评说？上海交通大学哲学系余治平教授，对于董仲舒的理念和公羊学造诣颇深，他将为我们详细解读董仲舒。

出身任侠家族的王充是董仲舒的反面。他以道家的自然无为为根本，以朴素的唯物主义观念和科学精神，打破儒教迷信，与天人感应论形成对立之势。胡适曾说，王充的哲学是批评的哲学，“中国的思想若不经过这一番破坏的批评，决不能有汉末与魏晋的大解放”。王充其人其思有多么另类？《论衡》为何是一本让人害怕的“异书”？复旦大学中文系邵毅平教授专攻东亚古典学，在王充研究上颇有心得，他将带我们认识这位中国历史上少有的科学家。

嵇康是苏轼之前中国士人的偶像，他有着一个偶像该有的全部素质。颜值气质惊为天人：岩岩若孤松之独立，醉也若玉山之将崩；文风清俊，能写会画，善鼓琴通音律，离经叛道，清雅脱俗，非汤武而薄周孔，越名教而任自然。以生命为代价反抗，临刑前神气不变，手挥五弦，演奏的《广陵散》成为千古绝唱。嵇康在哲学上有哪些建树？在曾经最黑暗的年代里，最叛逆的一群青年在做什么？北京大学哲学系章启群教授在先秦魏晋哲学上钻研甚深，对嵇康尤为熟稔。他将带大家了解这一位中国历史上光彩照人的人物。

传统是一个不断形成和演进的过程。在外域传至中土的文明中，佛教是本土化程度最高的。但它的接受史并非波澜不惊，一直到唐代，崇佛礼佛、毁佛灭佛的行动此起彼伏，在诗歌、典籍中不乏记载，对它的排斥与接受，是一场漫长的拉锯战。生活在唐代儒释道三教合流趋势中的惠能，是佛教本土化的关键人物。一个不识字的凡人，如何使佛教实现了本土化？北京师范大学哲学学院徐文明教授在宗教佛学领域著述颇丰，他会带领我们领略惠能的精神世界。

佛教传入的同时，儒家思想也在不断崩溃，从东汉末年一路衰微到唐代。韩愈以独抗流俗的激情与气魄，期望重振儒家。他提倡道统，为后来的士人开辟了一条精神道路。他是“文起八代之衰”的文章宗师，也是“道济天下之溺”的新儒家代表人物。韩愈对原有儒家的理论做了哪些阐释发明？为什么苏轼会说他“匹夫而为万世师”？为什么古文运动有重要的思想意义？文以明道在中国文化传统中意味着什么？中国社会科学院文学研究所研究员刘宁，长期从事唐宋诗文研究，关注与此相关的经学史与思想史，她会带领大家认识一个更深层面的韩愈。

这些先哲，在命运与时代的旋涡中求索挣扎，在探寻社会与个人出路的过程中塑造了自己，也塑造了中国的精神传统。中国社会与文化的超稳定结构结束于晚清，冯友兰先生曾言，“说西方侵略中国不准确”，应该是“现代侵略中世纪”。有些理念因为社会形态的改变而分崩离析，还有些则执拗地留存在文化中，成为超越时代的存在。不管你喜欢还是厌恶，接受还是拒绝，我们都被这一传统所塑造，在这样的文化中长大，成为“中国人”中的一员。

探究这些人的思想与文化传统的形成，就是了解我们自己的过程。

在局势复杂的当下，中国应该如何解决时代课题，完成现代化的转型？作为历史遗产与注脚的个人，如何活出个体主动性，成为再塑文化新精神的一分子？请跟随我们一起走进这本《谁塑造了我们》。

序

FOREWORD

老文明及它遇到的新问题

〇许倬云[1]

第一节 生存环境如何塑造了中国人的观念?

我是许倬云，承蒙三联邀请我给《谁塑造了我们》作序。这是关于中国思想的一本书，也是个宏观的课题。

这个课题可以分三节进行讨论。

在第一节里我主要想指出的是，来自四方的不同的信仰方式，不同的思考方式，包括祖灵、泛灵和天神，最后如何整合为一个完整的天人相应的系统。而到了西周的时候，天命无常观念启发了另一个新的方向，孔子从这上面更扩而大之，将天心当作人心看——他认为天和人是一体的。那么天心和人心互相呼应，就是将我们的宇宙论、道德论和伦理学通过整合，编织在一个大的框架里面。到了董仲舒的时候汉帝国成立，相对应的中华帝国的天下国家的概念，这个宏大而无所不包的宇宙论，给中国以及中华文明又定下了一个根本的基础。到今天这个基础还在很多地方显现，影响着我们的日常生活。

祖灵崇拜与天命

我们所说的，实际上是一些思想部分，或者是对自然的解释部分，甚至可以说属于宇宙论和认识论的范畴。在新石器时代，中国地区人类的生活方式最多可能分为三种形态。

[1] 许倬云：美国匹兹堡大学历史系荣休讲座教授，台湾“中研院”院士。

第一种形态产生于草原牧民生活的游牧地带。他们对于广大的天空笼罩在无边无际的草原上这个景象，感受是很深刻的，所以他们对天有一定的崇拜。对于天的崇拜，是在整个草原地区通古斯语系民族中，几乎都会出现的现象。

第二种形态产生于中原地区的农业地带。在中国的黄土区的平原上发展的农业，和在湖泊地区发展的稻米的种植农业，都是安土重迁。人们居住在这些地方，通过自身的努力改造天然环境，生产出一个个农业产品以维持生活。这个系统，这一种生活方式所产生的意识形态，是天跟人之间的交互作用：人施展出一些力量，天回报一些反应，这就是天人之间的互相呼应。人在这块地方长期工作生活累积的经验本身，从祖宗传到子孙，所以对于生活在这片地域的人们来说，最初的开创者、当下生活的人以及未来是一个连接在一起的整体。对祖宗的认识是从祖灵崇拜开始，以至于由祖灵的崇拜延伸出宗族结构。这是第二个重要的形态。

第三种形态产生于采集渔猎地带。人们在山林、河川、湖泊等地方以采集、渔猎为生。在这种生活环境里，人们获取物资相对容易。但是，他们也必须在跟自然界密切接触以后才能获得生活物资，因此，他们会认为自然界的万事万物中存在一个神灵。这就是泛灵论的一种信仰。

天神崇拜、祖灵崇拜和泛神信仰，这三种信仰在新石器时代的中期逐渐结合起来，融汇成一个很难分开的混合系统。可以说从今天的关中一直到沿海，从北方草原一直到东南海边，包括中间的湖泊和长江、黄河流域等等，基本上在大中国里边，这三种信仰逐渐混合在一起。这种混合而成的新信仰，集中出现在黄土区的平原区域，从华山一直到泰山，就发现了许多新石器文明。

商代建立了第一个超越部落的霸权，这个霸权延续的时间更长。由于这是一个由部落联盟所建立的霸权，所以各个部落要自己认同自己的来历和自己的祖先。因此，商代中国人崇拜祖灵。祖灵可以沟通人间跟上天，掌握着特别的权力，可以祛除邪魔恶灵的侵扰。从卜辞上，我们也可以看到，商代的信仰，最主要的一条是祖宗崇拜。其他朝代，人们都没有对祖宗如此之重视。上天是祖宗的一个对应体，上天和祖宗是结合的，但并不一样，而是对应体。

等到商代霸权终了，周代，一个西边的小国变成君临中原的一大群部落以后，建立了一个封建体系。这个封建体系是以周人姬、姜两族的宗族组织，笼罩在姬、姜两族以外的异姓部落之上的。宗族组织当然会借重于祖灵信仰，但是周人添入了新的因素——天。天命无常，天给王者一个使命，让他做仁民爱物的工作，对老百姓要好。天命授予王者，王者若没有完成这个使命，天意就可以改换到别的王者身上。

周人是从自己得到天命，来影射商人失去天命。这个很重要，因为从这以后，天命本身成为一个裁判，王者的权力是屈服于天命的。天命是无常的，天命以老百姓的反应——民心、人心——为依归。这一个特别的条件，使得周人的作为确实和商人不一样。在周人的考古遗址里面，我们几乎看不见商代那种用人殉葬的现象。周人墓葬里喝酒的酒器，数量相当少，不像商人墓葬那样酒器众多。

所以周人代商以后，撰写了《周书》。《周书》里面充满了对周人的劝告与警诫，要求周人必须做到勤快、正直，服从天命，这样才能得到天命的佑护，才能长久。通过这种警诫性的文章，可以看出周人对于自己部族的行为是非常重视的，并且以天命来约束人间的行为。

继承天命说发展起来的儒家思想

周人对于天命的信仰，对于天命是有目的、有方向的认识论，被孔子继承过来。孔子以“仁”作为人心，以“义”作为人心应当遵从的标准，一个人当为的本性、当为的标准，“礼”是当为的方式，通过这些来界定人心跟天心之间的关系。而天心最崇高，笼罩整个自然界。

孔子的天人理论，变成儒家思想最重要的基石。其中“所当为”这部分，就是宗族的伦理，人间的伦理，最终扩大到“五伦”：从血亲一直扩大到朋友。这五个伦常，将君臣朋友都涵盖在内，将世界上的社会关系统辖在一个大的仁义礼智信的范畴之内。它警示人们要遵从这个伦理，才能不违背天命。

孔子这套儒家理论，经过了不断的补充完善。而孔子所秉承的，也不仅仅是、不完全是周初的一些说法。我们在《左传》里也能看到许多有学问的学者、朝臣，甚至包括祭师、卜者、史学工作者等，都在不断劝谏他们的诸侯，做人做事该如何如何。这个现象说明，儒家从头到尾就是以“天命如何叫人间出现一个接近美满的秩序”作为标准的，而且注重人心本身的整理和安顿。整理和安顿是很重要的一环。

当然，当时不是没有孔子学说的挑战者。墨家就将天命的地位提高，其他都置于天命之下。天道最高，人道次之，这与儒家注重人心的安顿截然不同。而阴阳家则以各种自然现象、自然力量的互动，作为他们认识世界的基石。阴阳家的思想在孔子的系统之内很容易被容纳，因为这种阴阳间的秩序都在天的笼罩范围之内。法家思想实际上是儒家思想的延伸。它讲的是在承受天命的一个政治体制之内，如何把管理工作做到最好，使人民享受福祉，过上幸福的生活。但儒家思想基本上在中国古代是主流。

春秋战国之后，秦汉帝国建立。在西汉，董仲舒对儒家思想做了全盘整理，吸纳了《易经》中变动不居的观念，以及各种因素互相感应、互相刺激的观念。这些观念是阴阳五行家的一些共同的思想因素。

董仲舒整理出的天人感应系统极为庞大：宇宙是最大的圈子，人间是第二个圈子，国家是第三个圈子，社群、社团、社区是第四个圈子，家庭伦常则是最小的圈子，个人是最基本的单位。个人身体之内有个小宇宙，这个小宇宙和大宇宙一样，也具有各个互动的部分，互相感应，互相影响。这个宇宙永远在变化，是趋衡的，它在寻求一个最佳平衡点，因此，这是一种动态的平衡。

这种思想在今天看来非常现代化，因为今天量子力学的宇宙吸收理论和这个理论是相当接近的。借用董仲舒的理论，民间产生了对于巫术的信仰，人们开始利用巫术的力量去干预宇宙的一部分。但这和董仲舒的观点是不一致的。董仲舒认为，"天人感应"是人的行为的好坏对错会引动天，天然力量、宇宙力量会对人的呼应产生反应。这个和巫师们的做法不一样。

但这种民间巫师所代表的力量，实际上等到道教雏形出现的时候，就变成了民间起义反抗的主流。比如说黄巾军代表的太平道、天师道代表的原始道教，就以社区本身的协调合作，建立了一套相互救济的秩序以弥补人间秩序的不足。用天的秩序反抗人间的秩序——每一个时代有一种天，"苍天已死，黄天当立"。每个大的时代，都是一种秩序，一个大时代的转变，必定要引发新时代另外一套秩序的建立。这对于董仲舒的说法当然是个极大的刺激，也可以说是极大的反动。

相对而言，当时传进来的佛教，对中国而言只粗浅地引发了道教的重组，并没有对儒家构成强烈的挑战。

如董仲舒的这种天人感应的儒家理论，直到今天还存在于我们的生活之中，具有一定的现实意义。我们的风水观念，饮食起居中的种种规矩，对于食物的寒热温凉等等认知，都是在其影响之下产生的。我们对于人间的秩序、人与人之间相处的原则也还在求和谐之中，希望得到最完美的成果。

第二节 外来文化如何作用于中国本土?

为生民立命

在董仲舒的天人感应大系统形成以后，我们在观念的许多方面都有了通盘的安排。中国文化将宇宙论，将对人生、对生活的经验统合在一起，构成一个多元系统互相呼应的动态大结构，这个结构是相当独特的。而在这一节，我们发现这一结构必须要接受外来影响这一现实，其中最重要的影响是佛教的影响，还有比佛教稍微远一点的波斯文化、中东的袄教和后来的摩尼教以及救赎观念的影响。基督教与种族迁徙产生的救赎观念合在一起，将中国的天人合一的观念引向更深一层的研讨。

尤其是佛教，最后把中国思想更多地引向了内省的方向，内心的反省，内心的净化，以及将内心的进化投射到世界和平。假如第一节我们称之为“为天地立心”，这第二节就是“为生民立命”，是要安排我们自己的生活，安顿自己的身心。这部分内容就是吸收了佛教的思想。同时，中国自己也有了道教，儒家本身也就走向了道学理学。佛教同样有禅宗净土与之平行，中国的这一切平行观念是因为在中国的领土上有华传佛教，到今天华传佛教可能都是世界上最大的一个佛教宗派。佛教在印度已经死亡了，却在中国发扬光大，与儒家互为表里，构成一个重要的精神制裁。

其他的宗教从何而来呢？外来的祆教、摩尼教，中国民间的宗教太平道、天师道也基本上在那个时候出现，白莲教则更晚。其实白莲教直到今天还存在于民间。三世之说、三世前后传递并相互影响的观念，对我们中国生态心理心态的影响非常深厚。这一时期发生的事情所造成的结果是，中国一直守在一个天下格局之中，既没有出现列国的风格，也没有宗教派别之间互相冲突的情况。

我们没有天主教和基督教新旧教的冲突，也没有基督教和伊斯兰教的冲突。直到近代，西方呈现的资本主义和社会主义的冲突，在中国也出现了。在这个发展过程中，中国一直是天下格局，没有受到列国制度的影响。这个是很重要的一个现象，可以说中国是接纳万方融入自己。这一阶段我们可以说是“为生民立命”的阶段。

佛教、祆教对中国的影响

在秦汉帝国衰微的时候，佛教开始进入中国。到了南北朝时候，在大量的佛教经典和传教人员进入中国后，佛教才在中国产生极大的影响。南北朝时期的佛教是被侵入中国的外族带进来的，所以跟当权的征服者有相当密切的关系，在中国传播也有很大的便利。道教对佛教的发展有所反应，当佛教愈精密化、愈制度化时，道教受到刺激并重新检讨自己。所以佛教的影响不仅体现在对正统儒家思想的影响上，而且对民间存在的已经成熟的道教也有催化作用，使道教越来越成熟，内容越来越丰富。这样，中国三教合一的局面最终形成。

佛教对中国产生了重大的影响，很重要的原因是它主张救赎理念，这种理念从中东传到中国的西域，再逐渐进入中国内地。祆教的三世理念，在中国也产生了影响，即净土宗答应的未来干净世界、今世来世这些想法。另外，时代的转变对中国的民间思想有极大的刺激，因为民众企望未来有更好的世界。他们心里认为，上天承诺给他们一个更美好的未来。

这对中国传统思想里面《汉书》所说的“天不变，道亦不变”这样一个大的结构的解释，则是一个很大的挑战。因为这个挑战，唐朝以韩愈为代表的一批人曾经想回归中国的儒家正统，但这个努力并未成功。

宋朝出现了道学，开始将道教里边的有关“变化”的理论——在道家观念里面，“变化”是永恒不息的，“变化”是唯一的不变——这个太极图的观念带入儒家的经典里边。实际上宋儒所做的工作，只是对中国本来存在、经由董仲舒整理提出的“天人感应”的思想，做了更深一步的精密的系统化整理。从此，《易经》的思想正式被纳入中国正统儒学体系之中。

宋朝还讲究“理”。“理”就是天地之间的理性，这个理性是超越时代、超越民族的，也是超越个人的。它的存在，是一切的根本。但是理本身又存在于哪里呢？一直到了明朝的王阳明，才把理性归纳于“心”。人本身的心，就是解释理性、传递理性的所在。这个是符合儒家正典里孟子所说的四端之中的一部分的说法的。所谓羞耻之心等等，都会存在，先天存在于人的心里面。人心的反应，就是宇宙秩序的保证，这才算是它对佛道两教的影响，至少在正统儒家的方面，有这样一个逐渐建构的新的系统。

但民间就不一样了，对未来的承诺对于民间有非常大的吸引力。因为在穷而无告的民间，要推翻王朝，必须要有理念，向信众承诺未来会更好。于是在宋朝，以摩尼教在中国的分支为基础，方腊传来“吃菜事魔”的明教，一直持续到元朝、明朝之间。这就是中国民间的革命运动。它这一套新的依靠，就是从明教传来的三世思想、解脱思想，以及有承诺的未来、更美好的天地。这个观念带给农民革命一个良好的精神上的依据。

虽然明朝本身起于明教，但明朝皇帝当政以后，又回归儒家正典，把明教视为一个不合法的民间组织。但它的影响很深远，始终以不同名义出现，比如白莲教或者其他教。20世纪它反洋人，是以白莲教的方式出现的。那么在正统方面，在学者方面，它还面临着更重要的影响，就是三教合一的运动。刚刚说过，在宋朝开始时要把儒道佛整合为一个宗教，这个努力始终没有中断过。

正统的儒家对于三教合一这件事，有的人愿意，有的人不愿意。而在民间，几乎所有有力量的宗教，都在做这件事。所谓“人间佛教”，星云法师他们所信奉的教派，也还是归属到人心。这部分人，很难知道他是信奉儒家的思想，还是禅宗，或是其他什么。综合起来它就是一个回归于心，用好心，做好事，做好人的教派。这些整合思想的思想家主要在民间，而且有强大的动力。在官方方面，明朝又面临一个更重要的影响。

对基督教的接受和拒绝

明朝面临的一个更重要的影响就是由于天主教进入中国带来的西方启蒙时代以及宗教改革以后的新思潮，包括初级的科学运动，也包括基督教的教义。基督教独神论的排他性，对中国儒家学者来说，是个非常不适应的东西。儒家希望包容一切，不希望有个独神、独断的东西。他们在面对天主教的传教士带来的信仰时，其实内心是很复杂的。因为传教士还带来了西方先进的科技，包括火炮的技术、水利的方法、西药的知识等等。医药、医学、火炮、水利工程、历法，都给中国带来了相当大的影响。

可天主教带来的不是后来西方的正宗理论，而是西方还没有完全走入成熟之前的东西。比如说这个时候的天文学就排斥哥白尼的太阳中心论，还坚持原来的地球中心论。举这个例子，是说这次西方带来的影响其实是有偏差的。但要说影响还是有的，因为它刺激了中国的正统学者，让他们认识到在儒家以外有另外的世界、另外一些思想系统，在中国以外还有一个欧洲在做种种改革尝试。于是在中国学者之中，尤其在明朝末年时，就有人期待着向清朝的转换。朝代转换是翻天覆地的大变局，这个大变局使得每个人都要重新思考未来的路要怎么走。

明末的顾亭林（顾炎武）、黄梨洲（黄宗羲）这一类人物，都在想将来的路。所以，对他们的刺激是，他们要重新构想中国应该是什么样的局面。在儒家的王阳明心学的系统里面，有许多人就改变了这个立场，从民间去设想，从实用方面去设想，也从破除一统论的方式去设想，产生了各种不同的理论、不同的建构。最著名的当然是黄梨洲，他构建了一个新的世界、新的教育方式。再比如方以智，他把西方理论带到中国，来纠正中国的想法、中国原来的构想。

这一套刺激，对中国的影响是非常强大的，但中国的接受与不接受在两可之间。以接受的一方来说，比如说中国当时既面临西方东来的海上活动，又面对邻国日本和中国沿海的海盗、倭寇，他们运用西方的火炮，组织了自己的海军。为了回应西方船只和海盗的火炮，明朝海军也用火炮，甚至把火炮用到陆地战争上面。明朝的最终覆亡，最重要的一部分原因，是皮岛毛文龙的旧部，用了葡萄牙人给他们的火炮，组织了火炮部队，才能攻击明朝正统政府的军队。

明朝政府军，只有袁崇焕的部队曾经使用过火炮。而等到袁崇焕被惩罚以后，这支火炮部队统统变成投降于清军的汉军，变成了开路的先锋。可以说，火炮的出现对于清朝的建国有极大的帮助。早期清朝政府借助火炮，不仅一路打平中国，靠着所谓的“乌真超哈”，也就是以汉人为主的重炮、重装备部队做先锋，后来还击败蒙古的力量，统一了中国的草原地带。这是意想不到的一些影响。

又比如说圆明园的建筑是按照西方的建筑方式建造的，包括喷泉、房屋的结构、栋梁的结构、起支撑作用的拱顶等等，都是西式建筑和中式建筑的融合。从历法方面来看，正是由于西方的传教士在中国的钦天监担任职务，中国的历法才能更精确。这些影响都是意外的，在中国得到比较好的回应。另外西方文明的传入刺激了明朝对于种种技术工作的记录和记载。比如说茅元仪的《武备志》、宋应星的《天工开物》。这类书对过去不被注意的民间的技术人有新的观点、新的角度，把他们的所见所闻记录下来。这类书作为过去没有的一种文献，使得中国文化的内容更丰富。

但是从整体来看，中国在接受之中，也在拒绝之中。

第三节 近代中国怎样回应西方的冲击？

消化过去，开拓未来

从明末开始，中国接受了西方的思想。但是经过工业革命，经济发展起来以后，西方有极大的动力要冲向中国。中国却一直沉睡在过去的习惯性思想方式中。冲击带来的最重要的两个事情，一个是工业的生产方式，另外一个就是政治组织里民主自由的成分。这两部分，在西方掌握了世界霸权之后，可以说是所向披靡。中国也一样不能抵抗这么强大的思潮。

从1840年到现在，200年不到，100多年了，这是中国最重要的转化的阶段。在这一阶段，我们看到了西方思潮本身的毛病。一方面他们是列国制度，没有天下格局，所以始终有列国之间的竞争，甚至是互相的否定，因为征服与奴役，始终是两个对立的现象。另一方面，除了基督教和伊斯兰教势不两立的仇恨以外，还有经济压过权力的资本主义和社会主义，两种理念所导致的战争在最近这100年来，呈现出尤其剧烈的对抗。

到今天没一个国家不是分裂的，没一个地方的社会不是断裂的，仇恨处处可见。第二次世界大战以后，人类本来可以走向世界化的方向，但是全球化的世界好像越来越遥远。因为西方的列国制度，没有一个天下的格局。这正是今天中国面临的大局面，我们必须要好好地思考。中国人的任务是要消化中国和西方这两种不同的想法，使它们能够互相配合。中国采纳西方的科技，也采纳西方个人应有的自由和民主，同时也要化解社会主义和市场经济之间的矛盾，更重要的是要把天下格局纳入世界共同思考的课题之一。这个任务是非常沉重的。

既要消化过去，又要开拓未来，在中国，我们可以说这是一个“为往圣继绝学、为万世开太平”的任务，这是一个极为繁重的任务。

挨打之后的改变

在近代，中国面临的冲击只有一个主要力量，那就是以欧洲为代表的西方文明。那文明是基督教的文明，是经济制度上的资本主义的文明，社会制度上是开放了民主自由的社会，国家是民主国家。这个冲击是巨大的，因为欧洲已经基本上完全改变，成为一个崭新的欧洲。

中国在这个压力之下，又该如何处理？在前半段，即欧洲转变之初，中国局部地接受了西方传教士带来的一些知识。天主教传教时带来的科学知识，其实是修正主义的，并不完全是真正的现代科学。而西方传教士没有带来西方的经济制度，也并没有带来足够的对应西方的知识。

在这种情况之下，康熙朝关于中西方文明的强烈争执使得中国与西方之间很有限的接触也戛然而止了。因为康熙朝不愿意接受西方教权高于集权的方式，认为这是对政权极大的伤害。到了乾隆时代，中国对西方几乎完全持忽略漠视的态度。英国马嘎尔尼代表团带来的一些信息，乾隆朝是完全没理解的。他们带来的西方科技产品，被放到仓库里边，根本没有人注意，比如现代的手枪、现代的炮、现代的机器等等，当然更谈不到开通双方贸易。

一直到鸦片战争，英国人用炮舰打开了中国口岸。鸦片已经在中国作为商品流传很久，西方用鸦片来平衡他们对华贸易的亏损。那么中国在鸦片流行几十年以后，农村破产、经济衰退、人民健康大受影响的情形之下，怎么才能抵抗鸦片战争中洋人炮舰打进来的这种冲击？我们第一反应是屈辱，但是又只好接受，无可奈何地接受。

有一部分人觉得要接受西方；另外一部分人认为要检讨，我们是不是可以有别的政策？从理性来说，清王朝领导人物愚昧，根本不容许中国进行像日本一样的明治维新改革，对此基本上一直持拒绝的态度。反而是民间在受了太多的困扰、政府也屡次挫败以后，在非常不理性的情况之下，出现了义和团运动。在一个荒谬的迷信宗教之下，他们要以符咒来对抗枪炮，结果当然是一败涂地。那以后，八国联军打到中国的首都，中国全盘投降，割地赔款，受到了最大的损失，完全失去自尊心，也完全没有了自信心，于是才开始讨论改变。

第一步讨论改变的方式时，还是不能接受西方的政治制度，但是可以接受经济和科技方式，要以它的实在看得见的物质文明来代替中国农村基础上的农业经济、过去成就的手工业。这个政策并没有得到好的效果，其间维新运动的努力失败了，于是剩下的就是民间起义的革命。这革命本身是由边缘的人物，即与外界有接触的沿海省份的人物，利用沿海省份的一些交通网和帮会力量，尝试要发起推翻满洲政权的革命。

孙中山先生代表的一些革命分子，在中国是属于少数的。孙先生自述，他对西方文明的理解其实相当地有限，他的教育程度和他与西方接触的密度，并不足以使他对西方真正有所了解，进而领导一场新改革。然后孙中山去世以后，中国实际上是在内战的局面之下，军阀割据之下，尝试一点一点地接受西方的。这种接受是局部的，不完整的，而且是没有计划的。

整体来讲，五四运动只是个动力。之前维新运动的一些知识分子打下了基础，才转变成为五四。五四以全盘西化作为口号，宣扬主张的是科学和民主，德先生和赛先生。从这口号上看得出来，五四运动代表的态度，虽然号称全盘西化，但因为他们对西方没有足够的了解，才有这种局部的选择。在不能全盘抵抗之时，应当阶段性地理解，阶段性地消化，阶段性地改变。不能够说科学和民主就代表了一切。五四运动的领导成员，很多是我非常钦佩的前辈以及师长，但是我不得不说，他们在消化西方的任务上，并没有做彻底的工作。

乘着五四之潮一起来的，乃是马列主义的进入中国。终于在经济制度上，一个基地在城市的、作为资本主义末梢的城市中产阶级发动领导的五四运动，不能抵抗以农村为基地的共产主义的革命。中国成为世界上第二个共产主义的大国家。从 1914 年到 1918 年，第一次世界大战持续了 4 年多；从 1938 年到 1942 年，欧洲发生了大冲突，中国遭受了日本的侵略。

未来要自己找出路径

一战、二战两次大战之后，欧洲本身的革命造成了许多的改变。过去的民族国家，基本上因为冷战期间共产主义和资本主义的对抗，一部分纳入东欧的体制，所谓华沙条约组织，一部分纳入西方体制，所谓欧盟——“欧洲联盟”和北大西洋公约组织。苏联带领的那些国家，在苏联体制上尝试社会主义革命；西方这边，联合美国进行进一步战后的经济改革，尤其是在科学方面进行努力和尝试。双方竞争的结果是：美国以其强大的经济实力压倒了苏联领导的社会主义革命，这是一个重大的转折点，改变了世界的局面。

今天的俄罗斯不再是社会主义国家，它奉行国家主义。而美国领导的经济上的资本主义也面临许多困难，尤其是科技革命改变了各种生产制度，改变了社会结构，也彻底地改变了经济生产对人民生活的影响，使得人们对宇宙的认识也有极大的改变。从1941年《大西洋宪章》发表，罗斯福总统宣告四大自由以及民主制度要改变全世界，美国领导世界的霸权开始，到最近特朗普总统领导下的美国做出许多错误的行为，美国80年的霸权终止。也就是说，美国原有的正在进行的经济政策、经济制度出现问题，资本主义制度在今天的美国呈现的面貌是贫富极为不均匀、社会分裂，甚至于在裂解，裂解成分子。欧洲民族国家无法各自存在，欧盟的结合并不顺畅。

中国的革命跟俄国的完全不一样，中国有中国的一套做法，这种做法也面临极大的内外压力。中国的路是不是能够走得很顺畅，这要看中国人有没有新的智慧、足够的智慧顺应新的时代，做到新的转变。

今天的世界正在出现新的变化，一切过去的假定，都要因为新的变化而时常做自我修正。比如，科技是西方文明最重要的一个环节。这个环节从牛顿时代的绝对肯定，经过爱因斯坦相对论时代，绝对肯定变成了相对主义。今天量子力学领导的物理学世界中的宇宙是个多元、多角、多维向、多维度的宇宙，在这个宇宙里各网点互相呼应，是个极复杂的网络。网络之大、网络之深、网络之复杂，不是像过去的科技体系那样的确定、那么自信的肯定，或者肯定的自信，因此，不能够再以过去的态度来面对今天科技的侵占，面对今天科技文化的基础。

在这种局面下，中国必须有新的转变，而不能仅仅继承过去资产好的方面。中国过去的资产里面有几个可用之处，一个就是全面性。我们有网络性的天人感应理论体系，“天”可以拿今天的宇宙来类比。而“网络性”可理解为，中国的整个的社会组织是复杂的、网络式的，不是单线的，也不是个人的。这些是中国可以重新自我检讨、重新接受自我的一个基础。我们就从这方面迎头赶上，我想我们有新的途径可走。

自由民主是了不起的事情，但今天在美国式的民主前进的途径上，我们看到荆棘遍地，贫富不均匀，金钱的权力干涉了经济制度，金钱参与改变了生产方式。财富的力量改变了民主的实质，投票不再能真正代表民意而代表着谁有钱。这种方式使我们不得不警惕，未来的走向我们如何适应，是要自己找出路径的。

现在我稍总结一下，我们对西方文化的回应是很繁重的任务。假如我们这次、以后几十年没完成好这个任务，中国文化在世界上的地位将完全丧失，过往将被遗忘。而现在西方文化面临的困境，和他们受限于排他性的国家、宗教观念，都会影响到世界未来的发展，终究使得世界格局、天下格局的全球化落空。过去曾经有过许多哲人替我们开创了道路，周公、孔子、孟子、老子、庄子，还有后来的朱夫子、王阳明等等，这些人都曾经塑造了我们的观念。

在中国有名字的佛家先哲、没有中国名字的在印度的前辈，以及更早的佛家，他们对我们的思想影响也不可忽视。从道家系统来说，庄子以下，很多很多，比如宋明时代很多道家的思想家，都是对我们很有影响的人物。他们的工作累积在那里，今天如果不回溯过去，我们将遗忘过去。历史不能遗忘，不仅先哲的智慧和思想已经造就了我们现在思想的基础，而且他们超越时间的那种智力和定力，足以成为我们很好的榜样，给我们很好的启示。

我们必须继续做这个工作，这个工作不仅是哲学家们的工作，也是全民共有的任务。完成这个任务有许多工作需要做。第一个是世界格局。我们的世界格局，在帝国出现的时候就完成了。秦汉以后，中国的帝国，都没有边界，来者欢迎，扩张出去，影响、放射出去，我们也绝对乐意为之。日本、朝鲜就是受到我们放射出去的文化的影响的。进来的也很多，从匈奴一直到满人，凡进来的，都融化到我们大中华人口里面、人群里面。这种胸襟怀抱，我们应该继续发展。而且中国文化的天下观念是没有边的。孔子特别讲到，要修己以安人。安人是安自己国家的人，然后要安其他地方的百姓。百姓是世界的人，全世界各种种族的人，统统包括在内。

今天世界上的冲突多种多样，比如宗教的冲突，比如社会主义和资本主义的冲突。资本主义是为了财富，不管公平，不管自由，也可以约束权力，但是财富往往篡取了权力。社会主义又以公权力来重新分配财富，以求达到公平，但权力有可能会扩张过度，侵犯了私人自由和个人尊严。这种矛盾也要解决。以西方现有的理念来说，他们没有能力解决这些问题。

这不但是学界也是社会中每个人共同的任务。我很赞同杜维明先生讲的，要建设第三期儒家，其实不只是第三期儒家，我们每个人都要参与创造第三期中华文化。这个不只是儒家的责任，是全部中华文化领域里的思想流派，包括刚才说过的佛家、道家，以及摩尼教、祆教，各种成分都应做的。中国传统文化本身的理念是天人合一，天和人之间有种种不同的圈圈，小而言之是乡党、邻里、亲属，讲大一点是国家民族，更大一点是一个大的群体，最大是天下。我们需要走哪个方向？我们怎么回顾过去，开启将来？希望读者们、同仁们一起努力。我岁数大了，一辈子尽我的力，在这方面投入心力，对中国的过去和当下进行思考，希望很多人跟我一样，一起把这个工作继续下去。

第一讲

孔孟：中国人延续千年的儒家浩然之气

作者梁涛：中国人民大学国学院副院长、教授、博士生导师，教育部长江学者，孟子研究院秘书长，中国孔子研究院高级研究员。

第一节

孟子追随孔子的“成圣之路”

一谈到儒家思想，大家就会提到一个概念——孔孟之道。这里的“孔”，指孔子；“孟”，指孟子。

孔子生活在春秋末年的鲁国。他的先祖实际上是宋国的贵族，但是到他父亲这一辈已经衰落，流落到鲁国。在孔子很小的时候，他的父亲就去世了。他是靠自己的努力成为一代儒家学者的。

孔子回忆自己的生平说：“吾少也贱，故多能鄙事。”（《论语·子罕》）意思是：我年少的时候贫贱，所以经常能做一些别人不愿意做的事情。

他曾经做过委吏、乘田（委吏是管理仓库的官，乘田是管理畜牧的官）这样的小官，替人家管理资产、放牧牛马，后来经过努力做到鲁国的司寇，类似现在的公安部部长或司法部部长，并一度代理总理的事务，但是时间都很短。

由于受到猜疑，他不得已又离开鲁国，开始了周游列国的旅程。这期间他是“斥乎齐，逐乎宋、卫，困于陈蔡之间”（《史记·孔子世家》）。所以说他饱受颠沛流离之苦。

他在郑国的时候和自己的弟子走失。弟子去寻找他，问别人："看到我们老师了没有？"

别人说："我看到一个人像丧家狗一样的在郑国的城门之外，你去看看是不是你的老师。"

弟子见到孔子后，把这个话告诉孔子。孔子说："然也，然也。"意思是：我的确像个丧家狗。所以孔子一生是颠沛流离、抑郁不得志的。

到了晚年，孔子回到鲁国，主要进行文化的传播工作，整理了五经——《诗》《书》《礼》《易》《春秋》，把他一生的精力转移到学术研究上来，保留了夏商周以来的文化典籍。这些工作对文化的传播起到了很大的作用。

德国的哲学家雅斯贝尔斯曾经说过，有史以来对塑造人类文明影响最大的思想家有四位，分别是苏格拉底、孔子、释迦牟尼和耶稣。其中释迦牟尼和耶稣是宗教的创始者。只有苏格拉底和孔子属于教育家。

但是苏格拉底所代表的雅典城邦的文明，受教育的人仅限于公民，人数不到总人口的10%。而孔子提出了"有教无类"（《论语·卫灵公》），"自行束脩以上，吾未尝无诲焉"（《论语·述而》），意思是：只要给老师送一些简单的礼物，他就可以接受你为学生。孔子的弟子号称有三千，贤者有七十二人，所以说他对中国的教育文化传播做出了重大的贡献。

孔子的主要思想有两个核心概念：一个是仁，一个是礼。

仁是什么呢？孔子说："仁者，爱人也。"（《论语·里仁》："唯仁者，能爱人，能恶人。"）但是孔子的仁又不仅限于爱人，还指"成己"，成就自己，实现自己。所以有学者讲，孔子的仁是个自觉向上的道德精神，成就自己，提升自己，在成就自己、提升自己的基础之上，进一步去影响他人，关爱他人。

礼是什么呢？它指的是礼乐制度，是一种社会的秩序。这个秩序在孔子这里当然代表了一个上下的等级关系，但是它也代表了人与人之间的相互尊重、相互理解的这种关爱。

所以说孔子一方面提出仁，以仁事礼，“人而不仁，如礼何？”（《论语·八佾》）想通过个人的道德完善去恢复礼乐秩序；另一方面他以礼成仁，通过礼来成就、实现仁，所以他讲“克己复礼为仁”（《论语·颜渊》）。

孔子对孟子的思想产生了深远的影响。我认为首先孔子提出了“仕以行道”（《论语 ·微子》：“君子之仕也，行其义也。”），就是一个士人或者一个君子，要通过出仕来实现自己的理想。那么士人要不要出仕？孔子认为当然是需要的。但是出仕的目的是什么？是行道，是实现理想，不是为了个人的利禄，所以他说：“不义而富且贵，于我如浮云。”（《论语·述而》）

这一点深深地影响了孟子及中国传统的士人。我们读《孟子》就可以发现，孟子对孔子这一方面的思想做了很多的阐发。

孔子思想被孟子所继承和发展，主要体现在仁的思想上。孔子谈仁谈义，但很少说仁义；而孟子则提出了仁义，认为是“居仁由义”（《孟子·尽心上》：“居仁由义，大人之事备矣。”），我们居住在仁中，行走在意识中，提出“由仁义行，非行仁义也”（《孟子·离娄下》：“舜明于庶物，察于人伦，由仁义行，非行仁义也。”）。

仁义是内在于我们心中的，是自然的由内而外的流露，是不容已的一种表现，而不是一个外在的规范、一种外在的约束，让我们去遵守它、服从它。孔子谈“性”说：“性相近也，习相远也。”（《论语·阳货》：“子曰：‘性相近也，习相远也。’”）他并没有提出性善论，而是认为这个仁是内在于我们心中的。这个仁是不是我们的性？他没有明确说。但是孟子提出了：“仁者，人心也。”（《孟子·告子上》）仁就是我们的心，就是我们的性。所以他提出了性善论，这是对孔子思想的一个很大的发展。

孔子讲爱人。孟子则发展出了仁政，他说“有不忍人之心”“行不忍人之政”。(《孟子·公孙丑上》：“人皆有不忍人之心。先王有不忍人之心，斯有不忍人之政矣。”)我们有不忍之心，实际上就是爱人之心、同情之心。但这种同情之心，要表现落实为一种仁政。这都是对孔子思想的一个发展。

孔子思想的另外一个层面就是礼。它包括制度、伦理规范、礼仪仪式等多方面的内容。对这一方面，孟子讨论得相对不足，他说“辞让之心，礼之端也”。(《孟子·公孙丑上》：“恻隐之心，仁之端也；羞恶之心，义之端也；辞让之心，礼之端也；是非之心，智之端也。人之有是四端也，犹其有四体也。”)这里礼主要是指礼仪、礼节。而荀子对这方面内容讨论得比较多。

所以，孔子的思想主要有两个方面：一个是他的仁学，一个是他的礼学。孟子主要继承发展了孔子的仁学，荀子主要发展了孔子的礼学。

孟子最崇拜的人——孔子

《史记·孟子荀卿列传》记载：“孟轲，邹人也。”孟子名轲，是邹国人。邹就是现在的山东邹城，位于曲阜的旁边。如果去曲阜，不妨顺便到邹城参观一下“三孟”——孟府、孟庙、孟林。

《史记·孟子荀卿列传》又讲孟子“受业子思之门人”。孟子一生非常崇拜孔子，他说：“乃所愿，则学孔子。”(《孟子·公孙丑上》)意思是：我最大的愿望，就是向孔子学习。但是孟子生活的时代距孔子已经有一百多年了，所以他没有机会亲自接受孔子的教诲。

孔子有一个孙子叫子思(前483—前402)，姓孔，名伋，字子思。

但是孟子离子思的时代也比较久远了，因此他也没有机会亲自接受子思的教诲，所以是“受业子思之门人”，即向子思的学生学习。

孟子的生平活动与孔子也相似：“道既通，游事齐宣王”，然后又“适梁，梁惠王不果所言”（《史记·孟子荀卿列传》）。就是说他的思想成熟以后，在社会上产生了一定影响，然后他开始游说诸侯，这一点和孔子非常相似。

但是他所宣传的主张并不为当时的诸侯所接受，所以司马迁（前145—？）说：“以为迂远而阔于事情。”（《史记·孟子荀卿列传》）意思是：当时的诸侯说你讲的这些太迂远了，太迂阔了。

《孟子·梁惠王上》的第一章，记载了梁惠王（前400—前319）和孟子之间的一段对话:“叟！不远千里而来，亦将有以利吾国乎？”意思是:老先生你不远千里来到我们国家，给我们国家带来什么利益，带来什么好处呢?

那孟子怎么回答呢？“王何必曰利？亦有仁义而已矣。”意思是：大王，您何必谈利益呢，我们谈谈仁义不好吗?

所以说，孟子给当时人留下的印象就是“迂远而阔于事情”（《史记·孟子荀卿列传》）。“迂阔”就是由此而来的。

为什么会产生这样一种情况呢？司马迁又说了：“天下方务于合从连横，以功伐为贤。”（《史记·孟子荀卿列传》）意思是：当时的形势是各诸侯国致力于合纵连横，彼此兼并、战争。合纵是“合众弱以攻一强”，就是中原的许多弱国联合起来抵抗强国，防止被强国兼并；连横是“事一强以攻众弱”，就是由强国拉拢一些弱国，反过来进攻另外一些弱国，以达到兼并土地的目的。（《韩非子》）

可是孟子“乃述唐、虞、三代之德，是以所如者不合”（《史记·孟子荀卿列传》），孟子所向往的是唐尧虞舜、夏商周三代那样一种孔子的追求。

所以说他的追求和当时人们的想法是不一样的，他和这个时代是格格不入的。那么这里就涉及一个问题：孔子为什么有这样一个追求？

孔子的特殊追求

其实我们读过《论语》就会知道，孔子“祖述尧舜，宪章文武”（《礼记·中庸》）。孔子的理想就是“三代”，孔子所崇拜的圣贤就是尧舜。这是孔子作为儒家的创始者，为后人确立的一个基本的价值导向，也就是唐虞三代之德。如果用一个概念来概括它，唐虞三代之德就是仁义。

孔子也好，孟子也好，他们一生所追求的就是仁义，他们所渴望实现的就是王道。所以，这和战国时期推崇的暴力、追求的霸道是格格不入的。从这一点来讲，孔子不被他所处的时代接受、理解，这是必然的。

我们常常说时势造英雄，在孟子那个时代，最活跃的阶层就是士。士本来是一个社会阶层。在天子、诸侯、大夫、士的等级中，士是贵族中最低的阶层，但是它又处在庶民之上。由于战国时代社会阶级的流动，即上层贵族的下降和下层庶民的上升，由于士阶层适处于贵族与庶人之间，是上下流动的汇合之所，士的人数遂不免随之大增，而且在社会上发挥了比较重要的作用。所以，凡具有一定的知识、文化、技能，且在社会上产生一定影响的人，都可以称为士。

士虽然地位较低，但是却成为当时最为活跃、最有影响力的阶层。不过，士虽然影响很大，但它的成分也是非常复杂的。其中影响最大的就是纵横之士，纵横就是合纵连横的简称。

所以说战国时代，纵横家成为炙手可热的人物。我们都知道一个非常有名的故事，是关于苏秦（？—前284）的。苏秦就是合纵的一个代表人物。当年他游说秦王不成，回到家里，结果妻子不下织布机，嫂子不给他做饭，父母不和他说话，让他尝尽世态炎凉。于是苏秦受到激励以后，闭门苦读，练揣摩之术，“读书欲睡，引锥自刺其股，血流至足”（《战国策·秦策一》）。著名的锥刺股的故事，就是从这儿来的。

等到苏秦终于练成揣摩之术，他自信地说：“这回我就可以游说当时的君主了，不怕人主不拿出他们的金银锦绣，也不怕我得不到卿相这样尊贵的地位了。”

后来苏秦游说成功，回到家乡洛阳。父母听说后出迎三十里，妻子不敢正视，侧着耳朵听他说话，嫂子跪在地上像蛇一样地爬行。

苏秦就问：“嫂子，你为什么以前那样傲慢，现在又这样谦卑呢？”

嫂子回答：“因为你的地位尊贵，钱财又多啊！”

> 归至家，妻不下纴，嫂不为炊，父母不与言。……乃夜发书，陈箧数十，得太公《阴符》之谋，伏而诵之，简练以为揣摩。读书欲睡，引锥自刺其股，血流至足，曰：“安有说人主，不能出其金玉锦绣，取卿相之尊者乎？”期年，揣摩成，曰：“此真可以说当世之君矣。”
>
> ……将说楚王，路过洛阳，父母闻之，清宫除道，张乐设饮，郊迎三十里；妻侧目而视，侧耳而听；嫂蛇行匍匐，四拜自跪而谢。苏秦曰：“嫂，何前倨而后卑也？”嫂曰：“以季子之位尊而多金。”
>
> ——《战国策·秦策一》

所以苏秦感慨道：“贫穷则父母不子，富贵则亲戚畏惧。”意思是：当一个人穷困落魄时，父母都不把他当儿子；而一旦富贵显赫，亲戚朋友都会感到畏惧。所以人生在世，怎么能忽视权势富贵呢？

苏秦曰：“嗟乎！贫穷则父母不子，富贵则亲戚畏惧。人生世上，势位富贵，盖可忽乎哉！”

——《战国策·秦策一》

苏秦的感慨，不是个人的一个感慨，而是一个时代的感叹，是一个时代价值观的体现。任何时代，能够坚守理想的只能是少数，大多数人还是随波逐流的。这种情况在《孟子》一书中也有反映。

《孟子·滕文公下》有这么一段记载，有一个叫景春（孟子的弟子）的人对孟子说：“公孙衍、张仪岂不诚大丈夫哉？一怒而诸侯惧，安居而天下熄。”意思就是公孙衍（？—前4世纪末）、张仪（？—前309）难道不是真正的大丈夫吗？他们一发怒，诸侯都会害怕；安静下来，天下就太平无事了。

公孙衍、张仪都是魏国人，他们和苏秦一样，都是纵横家的代表人物。

孟子说这怎么能叫大丈夫，“以顺为正者，妾妇之道也”。他们以顺从别人的意见为原则，这是小媳妇的做法。

他说：“居天下之广居，立天下之正位，行天下之大道。得志，与民由之；不得志，独行其道。”就是说我们住在天下最宽广的住宅“仁”里，站在天下最正确的位置“义”上，走在那天下最广阔的道路“礼”上。能实现理想时，就同人民一起走这条正道；不能实现理想时，就独自行走在这条正道上。

然后他又说："富贵不能淫，贫贱不能移，威武不能屈。"这才能称得上是大丈夫。所以在孟子心目中，"士"首先是一种精神信仰，是一种责任担当。他们关注于人间的政治秩序和普遍利益，具有类似于西方近代"知识分子"的基本性格。

这样一种士的品格是由谁奠定的呢？就是孔子。

孔子的奠基意义

余英时曾经说过：孔子儒家所代表的士，它绝不仅仅只是一个特殊的社会阶层，不仅仅是一群"劳心者"，更重要的是什么呢？他们以道自任，能够超越个人的私利，去关注国家民众的普遍利益。

所以孟子讲："无恒产而有恒心者，惟士为能。"（《孟子·梁惠王上》）意思是：没有固定的财产，却有固定的志向，只有少数的士人可以做得到。因为士"传食"于诸侯之间，没有固定的财产来源，但并不因此便为他人所"御用"，而是肩负着超越其个人利益的价值理念和人生理想。

这一点恰恰是孔子所奠定的。孔子提出了"士志于道"，便规定了"士"是社会基本价值的维护者，是"社会的良心"。孔子弟子曾参（前 505—前 434）发挥师教，讲得更明白："士不可以不弘毅，任重而道远。仁以为己任，不亦重乎？死而后已，不亦远乎？"（《论语·泰伯》）意思是：我们把仁看作我们的责任，那么它不重吗？我们只有到死才可以停止追求仁，那么它不远吗？

孟子正是受到了孔子的启发，所以他讲士应该"尚志"——使自己的志向高尚，而"尚志"就是"仁义而已矣"（《孟子·尽心上》）。一个士人，就应该把仁义作为他的最高理想。

了解了这一点，我们就可以明白孟子为什么这么崇拜孔子。他说：“自生民以来，未有盛于孔子也。”（《孟子·公孙丑上》）意思是：从古以来出现了很多的圣贤，可是没有谁能超过孔子。

我们今天读这句话的时候，也许觉得没什么了不起，可是在当时是石破天惊的。因为在孔子之前，尧、舜、禹、汤、文、武、周公这些人是被大家公认的圣人。他们不仅是有德，更重要的是有位。而孔子仅仅是一个布衣，是个普通的士人，可是在孟子的心目中，没有人能超过孔子。

孟子说：“麒麟之于走兽，凤凰之于飞鸟，太山之于丘垤，河海之于行潦，类也；圣人之于民，亦类也。”（《孟子·公孙丑上》）意思是：麒麟和走兽，凤凰和飞鸟，泰山和小土丘，黄河、东海和小水沟，都是一类。圣人和民也是一类，但“出于其类，拔乎其萃”。所以他讲“自生民以来，未有盛于孔子也”（《孟子·公孙丑上》）——自有人类以来，没有谁能超过孔子。

孟子就是在孔子仁、义的精神激励下，走上了一条成圣之路。

第二节

民众不爱国，国君怎么办？

孟子的生平与孔子大致相似，早年在家乡一带活动。“道既通”（《史记·孟子荀卿列传》），在社会上产生一定影响后，孟子便开始周游列国、游说诸侯。清代学者谭贞默（1590—1665）在其《孟子编年略》中说：“孟子四十以前，讲学设教；六十以后，归老著书。其传食诸侯当在四十以外。”意思是：孟子游说诸侯的活动主要集中在40岁到60岁的这20年间。一般认为谭贞默的说法基本反映了孟子的生平活动。

孟子是邹国人，其游说诸侯当然是从邹穆公（约前382—前330）开始的。《孟子·梁惠王下》“邹与鲁哄”一章，便是孟子早期游说诸侯的记录。“邹与鲁哄”是什么意思？“哄”，就是一个小规模的冲突，也就是一场战争。邹国与鲁国发生争斗，邹国的长官（有司）被打死三十多人，而邹国的百姓却在一旁看热闹，不去救助。这时孟子在邹国已有了一定的声望和影响，于是邹穆公便向他请教，该如何处置这些人。

“若都处罚他们，但法不责众；若不处罚他们，则咽不下这口恶气。你说该怎么办？”孟子是怎么回答的呢？孟子有没有抡起道德的大棒，砸向邹国的民众呢？没有。

孟子回答说："报应，这是活该。"孟子说，你看看你的这些有司平时是怎么对待老百姓的。在饥荒的年头，百姓年老体弱的弃尸荒野山沟，年轻力壮的四处逃散，沦落至此的差不多有近千人了。那么是不是你的粮仓里没有粮食？不是，粮仓里粮食满满的；是不是库房中没有钱财？也不是，库房里装满了财宝。可是官员们却没有一个人向上面去汇报。他们这是怠慢渎职，是残害百姓的表现。所以说，你怎么对待百姓，百姓就会怎么对待你。现在是老百姓报复你的时候了。

> 孟子对曰："凶年饥岁，君之民老弱转乎沟壑，壮者散而之四方者，几千人矣。而君之仓廪实，府库充，有司莫以告，是上慢而残下也。曾子曰：'戒之戒之！出乎尔者，反乎尔者也。'夫民今而后得反之也。君无尤焉。君行仁政，斯民亲其上，死其长矣。"
>
> ——《孟子·梁惠王下》

那么，怎么来化解干群矛盾？怎么解决邹国的干部和群众之间的对立问题？孟子说了，要实行仁政。实行仁政以后，百姓自然会亲近长官，愿意为国家卖命。从这里我们可以看到，孟子遇到了一个问题——民众不爱国，国君该怎么办？

孟子并没有一味地去责怪民众，为什么呢？这就涉及孟子的民本思想。孟子有一句非常著名的话："民为贵，社稷次之，君为轻。"（《孟子·尽心下》）意思是：国家的根本是民，其次是社稷，再其次才是君。设立君，目的就是为民众服务的，是保护民众的生命财产的，是使民众过上富裕的生活的。今天你失职了，你没有如此对待民众，怎么反而要求民众忠心耿耿地为你卖命？可见，孟子不是一个书斋中的思想家，他的思想，他的民本说，他的仁政说，是在面对当时具体的社会问题时一点一点形成，逐渐成熟的。

孟子的经典“对话”

在《孟子·公孙丑下》中还可以看到一个类似的事件。孟子到了平陆，对当地的长官孔距心（齐国大夫）说：“你手下的士兵，如果一天三次失职，你会开除他吗？”

孔距心说：“我哪会等到三次，失职一两次，甚至一次就把他开除了。”

孟子说：“既然如此，那么你失职的地方就很多了。你看这灾荒之年，百姓年老体弱的尸体被抛在山沟里，年轻力壮的逃荒四方，有近千人了，这是不是你的失职呢？”

孔距心说：“这不是我力所能及的。”意思是说，这是天灾，跟我没关系！

那孟子怎么回答？孟子说：“假如有个人接受了别人的牛羊为他放牧，那么他一定要为牛羊寻找牧场和草料。要是找不到牧场和草料，那是把牛羊送给主人呢，还是站在一旁，眼看着它们死去呢？”

孔距心说：“这就是我的过错了！”

后来孟子被齐王召见，说道：“大王的长官，我认识五位，能认识自己过错的只有孔距心一位。”接着他给齐王讲述了他和孔距心之间的对话。齐王听后说：“这是我的过错了。”

从这里我们可以看得很清楚，在孟子的观念中，君也好，官也好，都是上天委派下来，保护、服务百姓的。如果没有尽到职责，就是不称职的，就是应该被替换掉的。

孟子之平陆，谓其大夫曰：“子之持戟之士，一日而三失伍，则去之否乎？”

曰：“不待三。”

“然则子之失伍也，亦多矣。凶年饥岁，子之民，老羸转于沟壑，壮者散而之四方者，几千人矣。”

曰：“此非距心之所得为也。”

曰：“今有受人之牛羊而为之牧之者，则必为之求牧与刍矣。求牧与刍而不得，则反诸其人乎？抑亦立而视其死与？”

曰：“此则距心之罪也。”

他日，见于王曰：“王之为都者，臣知五人焉。知其罪者，惟孔距心。为王诵之。”

王曰：“此则寡人之罪也。”

——《孟子·公孙丑下》

孟子这个理念是当时的君王也不得不接受的。

《孟子·梁惠王下》中还有一个更生动的事例。孟子对齐宣王（？—前301）说：“如果大王您有一个臣子，把自己的妻子儿女托付给一个朋友照顾，然后自己到楚国旅游去了。等他回来的时候，发现自己的妻子儿女却在受冻挨饿，该怎么办呢？”齐宣王说：“当然要跟他绝交了，这算什么朋友？”

孟子又说："一个长官管不好他的下属，该怎么办？"宣王说："撤他的职。"孟子又问："一个国家治理不好，该怎么办呢？""王顾左右而言他"。意思是：宣王左右张望，想要谈别的事情。比如，今天天气不错，孟轲先生，我们来欣赏欣赏风景吧！

这里孟子通过三个设问，环环紧扣，层层递进，最后一句迫使"王顾左右而言他"，背后的潜台词是什么？君主不过是受上天之托的管理者。他具有对天下的管理权，而不具有所有权。如果不称职，同样可以易位。这就是孟子的民本思想。

孟子谓齐宣王曰："王之臣有托其妻子于其友，而之楚游者。比其反也，则冻馁其妻子，则如之何？"

王曰："弃之。"

曰："士师不能治士，则如之何？"

王曰："已之。"

曰："四境之内不治，则如之何？"

王顾左右而言他。

——《孟子·梁惠王下》

孟子民本思想的深远影响力

孟子的民本思想不仅在古代产生了深远的影响，也成为近代以来接受吸纳民主思想的一个理论依据。梁启超在《新民说》中就说道："国民者，一私人之所结集也；国权者，一私人之权利所团成也。……其民有权者谓之有权国；其民无耻者谓之无耻国。"他又说国家好比是树，权利思想好比是根，“其根既拔”，哪怕它的枝干崔嵬、枝叶繁茂，也一定会“归于槁亡”。

国家，譬犹树也。权利思想，譬犹根也。其根既拔，虽复干植崔嵬，华叶蓊郁，而必归于槁亡。

——《新民说》

梁启超先生（1873—1929）在孟子的民本说上更强调个人的权利，这样就把孟子的民本思想发展成了近代的民主思想。

讲到民本，自然就会涉及另外一个概念——民主，这也是社会主义核心价值观中的一个重要概念。民本和民主到底是什么关系？这里我们简单地做一个说明。孟子提出“民贵君轻”，可以说是古代民本思想的一个高峰，代表了当时的最高成就，但是它和民主还有很大的不同。

孟子虽然主张“民为贵”“君为轻”，但并不否认君主的特权地位。他认为君主的权力是“天予之”，是上天的赋予——尽管上天又是以人民的意志为根据的，但它和我们近代以来讲的主权在民的原则还是有很大差别的。而一般的人想成为天子的话，“德必若舜、禹”，道德必须像舜、禹一样，还必须“有天子荐之者”（《孟子·梁惠王下》），这样才可以实现。而且天子一旦即位之后，除非残暴“若桀、纣者”，天也不会废弃。（《孟子·万章上》）这是一种“君权天授”的思想，是一种神权政治，与近代的主权在民的民主思想自然是有所不同的。

另外，虽然孟子肯定国家的行政措施应当以人民的意愿为根据，认为人民的利益构成君主权力的基础，但他并不主张人民可以直接参与国家政治管理，并没有赋予人民监督、节制和罢免君主的权利。孟子所关注的主要是人民的生存权（生命、财产）以及受教育权，而不是人民的政治参与权。

诚如梁启超所言："孟子仅言'保民'，言'牧民'，言'民之父母'，而未尝言民自为治，近世所谓 of the people，for the people，by the people 之三原则，孟子仅发明 of 与 for 之二义，而未能发明 by 义。"（参见梁启超《老孔墨以后学派概观》）"of the people"是民有，"for the people"是民享，"by the people"是民治。孟子仅仅发明了民有、民享，但没有发明民治的思想。

那么与之相关，孟子也肯定了社会等级的合理性。他认为："劳心者治人，劳力者治于人；治于人者食人，治人者食于人。天下之通义也。"（《孟子·滕文公上》）他把经济学意义上的劳动分工与政治学意义上的社会等级完全等同起来，由社会分工的必要性论证社会等级的合理性，这与现代的民主观念也是不一样的。

尽管如此，孟子的思想，他的民贵君轻说在当时还是有着非常积极的意义的。

第三节

孟子的

“性善论”真相

孟子周游列国

孟子一生先后两次到过齐国，一次是在齐威王（前378—前320）时，一次是在齐宣王（？—前301）时。据我的考证，大概待了有八年之久。第一次到齐国，没有看到他和齐威王之间的对话记录，可能这个时候孟子的影响还不够大。但是孟子和齐国的大将军匡章（生卒年不详，齐国名将）结为好友，他们之间有两次对话都记载在《孟子》这本书中。

另外，《孟子·告子上》记载的孟子和告子之间著名的对话也发生在这个时期。之后，孟子因为听说宋王偃（？—前286）要行仁政，于是带着他的弟子来到宋国。在宋国，孟子遇到了他一生中一个非常重要的人物——滕文公（战国时滕国的国君）。

《孟子·滕文公上》有这样的记载，说滕文公还是太子的时候，他要出使楚国，在路过宋国时，拜访了孟子。“孟子道性善，言必称尧舜”，深深地打动了这位小太子。所以当这位太子从楚国回来时，又来拜访孟子。

孟子说："太子啊，难道你怀疑我说的话吗？道，只有一个啊。成覸对齐景公说：'他，是个大丈夫；我，也是个大丈夫，我怕他什么呢？'颜渊也说了：'舜是什么样的人？我是什么样的人？有作为的人也应该像舜一样。'……现在的滕国，长短折算下来，将近方圆五十里，仍可以治理成一个好国家。"能够治理好一个国家的，同样可以称王天下。

滕文公为世子，将之楚，过宋而见孟子。孟子道性善，言必称尧舜。

世子自楚反，复见孟子。孟子曰："世子疑吾言乎？夫道，一而已矣。成覸谓齐景公曰：'彼，丈夫也；我，丈夫也，吾何畏彼哉？'颜渊曰：'舜，何人也？予，何人也？有为者亦若是。'……今滕，绝长补短将五十里也，犹可以为善国。……"

——《孟子·滕文公上》

太子回到滕国，不久他的父亲滕定公去世。这时，新继位的滕文公想到了孟子，于是把孟子请到滕国，帮他推行仁政。孟子由此才在诸侯间产生较大的影响。

之后，孟子又先后来到魏国、齐国。此时，孟子的影响与之前已不可同日而语。《孟子·梁惠王上》的第一章中看到的梁惠王（前400—前319）就是魏惠王。因为魏国的首都在大梁（今河南省开封市西北），所以他被称为梁惠王。孟子到了魏国，梁惠王说："叟！不远千里而来。"马上接见了孟子。孟子第二次到齐国时，齐宣王也把他奉为上宾。

所以说孟子在滕国推行仁政，是他一生中非常重要的一个活动。那么，问题来了，为什么孟子"道性善，言必称尧舜"对滕文公产生了这么大的影响？

孟子的“性善论”真相

关于孟子的性善论，学术界有不同的理解。一般的理解，就是《三字经》的“人之初，性本善”，意思是：我们的性本然是善的，只是后天受到了污染，变得不那么善了。这是一种说法。也有学者认为恐怕不是这样。性善论应该是性向善。性只是有个善端，有了善端的话，扩而充之，才发展出了善。

对孟子的性善论，我的看法是，孟子是以善为性论。为什么这么讲？因为孟子说：“口之于味也，目之于色也，耳之于声也，鼻之于臭也，四肢之于安佚也，性也，有命焉，君子不谓性也。”（《孟子·尽心下》）意思是：我们嘴巴想吃好吃的，眼睛想看美女帅哥，耳朵想听 pop music，鼻子想闻着好闻的，四肢贪图安逸，这是不是性？孟子说这是性。但是“有命焉”，你能不能得到，还有“命”的限定。所以说“君子不谓性也”，意思是：一个有更高追求的人，不把这个看作是自己真正的性。

他又说：“仁之于父子也，义之于君臣也，礼之于宾主也。”（《孟子·尽心下》）意思是：父子之间做到仁，君臣之间做到义，宾主之间做到礼。“命也，有性焉”（《孟子·尽心下》），意思是：尽管它也有“命”的限定，但是因为我们有意志自由，所以说我们把它看成是性，而不把它看成是命。

成长环境当然对我们可以产生很多影响，但我们是成为好人还是成为坏人，首先是自己决定的。古往今来很多人在逆境中，在非常恶劣的环境中，经过努力还是成为好人，甚至是圣人，那就说明仁义礼智是我们可以掌握的。但是“口之于味”“目之于色”等不是我们可以掌握的。一个是求之在内者，一个是求之在外者。所以，孟子认为我们不应该把“口之于味”“目之于色”看作我们真正的性，而应该把仁义礼智看成是我们真正的性。

所以这里讲得非常清楚，人性中至少有两个部分，一个部分是“口之于味”“目之于色”等等，一部分是仁义礼智。我们不应该把前一部分看成我们真正的性，而应该把仁义礼智这一部分看成真正的性。

这样看来，孟子的人性论就是以善为性。因为把善的这部分看成性的话，性自然就善了。孟子性善论的问题并不在于人性为什么是善的，而在于人有没有善性，以及为什么要把善性看作真正的性。如果孟子能对这两个问题做出回答，那么他的性善论就成立了。

通过《孟子》一书，我们可以看到，孟子实际上就是这样进行论证的。比如第一点，人有没有善性？孟子说“有”。为什么有？他说“此天之所与我者”（《孟子·告子上》），意思是：这是老天赋予我们的。当然今天的我们可能不太容易接受这样的观点，因为这里有一个形而上的预设。但是没关系，孟子说我们在生活中还可以观察得到，还可以发现人确实是有善性的。

他举了一个非常著名的例子：“今人乍见孺子将入于井，皆有怵惕恻隐之心。”（《孟子·公孙丑上》）意思是：我们突然看到小孩掉井里去了，就会有怵惕恻隐之心，甚至会援之以手，把小孩子救上来。为什么这样做呢？不是“内交于孺子之父母”，不是为讨好孩子的父母；也不是要“誉于乡党朋友”，不是想让亲戚邻里给我送面锦旗，认为我是活雷锋；甚至不是因为“恶其声”，听到这孩子的哭声不高兴。这些都不是。它就是一种本能的反应，一个当下的呈现。这说明什么呢？说明我们一定是存在内在的善性的。

大凡一个人的善行有两种动机，一是发自内，是我们善性或者良心的呈现；一是来自外，是为了达到某种世俗功利的目的。我们把前者看作是真正的善，虽然后者也可以看作善，符合一般人对善的理解，但是它的道德力量就大打折扣了，不属于孟子所理解的善。

“怵惕恻隐之心”就是在没有任何目的，没有任何预期的心理状态下突然发生的，它显然是发自内，而不是来自外；只能是发自“不忍人之心”，发自人的内在善性，而不是出于外在的世俗目的，不是为了讨好孩子的父母，不是为了邀取乡党的美誉，甚至也不是因为讨厌孩子的哭哭啼啼。所以，“怵惕恻隐之心”的显露，足以说明人确有“不忍人之心”，也就是内在善性。

但这里要注意一个问题。如果说孟子通过这样一个例子，就证明了人性是善的，那这个说法是错的。通过具体的例子，怎么能证明人性是善的？人性是善的，是对人性的直言判断，即人性内容及其表现都是善的。这样一个事例显然是缺乏说服力的，因为既可以从正面举例，也可以从反面举例。可以举雷锋助人为乐，也可以举小偷偷人钱包；可以举清官廉洁自守，也可以举贪官贪污腐败；可以举梁山伯、祝英台对爱情忠贞不渝，证明人性是善的，也可以举潘金莲与西门庆勾搭成奸、毒害亲夫，证明人性是恶的。所以这种例子是无穷的。正面举一百个例子，也可以反面再举一百零一个例子。所以通过有限的举例，并不能说明人性是善的。

那孟子到底想要说什么？孟子想证明的是“人皆有不忍人之心”，也就是人皆有善性，而人皆有善性与人性是善的还不一样。

人皆有善性是说人性中有善的品质和禀赋，但不排除人性中还有其他的方面。

有人非要跟孟子抬杠，就找出来这么一个人。这个人从小到大都没有恻隐之心，没有是非之心，没有羞耻之心，什么都没有，他只做坏事不做好事。怎么看他呢？孟子说：“非人也。”他不是严格意义上的人了，他不在我们讨论的范围之内。所以说我们要论证人是具有善性的，是相对容易的，是难以否认的。

既然人是有善性的，那么为什么要把善性看作我们真正的性？孟子从几个方面做了论证，比如说“人禽之辨”“大体小体之别”。他说“人之所以异于禽兽者几希”（《孟子·离娄下》），意思是我们不同于禽兽的地方就那么一点点，而我们和禽兽相同的地方还有很多。既然如此，我们讨论人性只能讨论人不同于禽兽的那部分内容，而不能把我们和禽兽相同的那部分——比如说食色——看成是真正的性。生活中我们说一个人是禽兽，他肯定不高兴，那就是说我们人一定还有不同于禽兽、高于禽兽的那一部分。这，才是我们真正的性的所在。

孟子为什么要强调性善？更深层的意思是：我们只有以善为性，才能获得人格的平等，获得人的价值和尊严，甚至获得人生之乐，最后达到尽心、知性、知天的终极关怀。

孟子进一步说明了以善为性，到底有什么实际的意义。不以善为性行不行呢？孟子强调，作为一个人必须要以善为性，把我们的善看作真正的性。孟子讲：“有天爵者，有人爵者。”（《孟子·告子上》）“天爵”是“仁义忠信，乐善不倦”（《孟子·告子上》），即内在的善性和对此善性的自觉、喜好。

“天”的含义有二：一是尊贵，二是“此天之所与我也”。故天爵有着超越的来源，高于现实的人爵。“人爵”讲的是“公卿大夫”（《孟子·告子上》），就是现实中的权力、地位等等这些东西。人爵只有少数人可以获得，而天爵则是人人都具有的，是天赋予我们每个人的，这样就保证了每个人都有与生俱来的价值和尊严，都有实现其价值与尊严的可能，从而确立起人生的信念和方向。从人爵上看，人完全是不平等的，甚至于我们在比尔·盖茨、特朗普这些有钱有权之人面前，没有存在的意义了。

孟子强调，在世俗的权力、财富这些价值之上，还有终极性的、更为根本的东西，就是善性，这才是人之为人的根本所在。我们不否认还有其他的价值，像世俗的价值，但是人之为人的价值只能奠定在人的善性的基础之上，也就是你不能用人爵去衡量一个人的价值，只能用天爵。

孟子用“道性善”打动了滕文公

到这里，我们就可以明白，为什么孟子的“道性善”打动了滕文公。他讲：“彼，丈夫也；我，丈夫也。吾何畏彼哉？”（《孟子·滕文公上》）我们的人格是平等的。“舜，何人也？予，何人也？有为者亦若是。”（《孟子·滕文公上》）因为老天赋予我们善端，我们扩而充之，所以说“人皆可以为尧舜”（《孟子·告子上》）。意思是：我把我的善性充分地扩充、发展、实现出来，每个人都可以成为像尧舜那样的圣人。所以说我们每一个人都有一种内在的道德力量。孟子就是用这一点去打动曾经是纨绔子弟的滕文公的。孟子讲：“说大人，则藐之，勿视其巍巍然。”（《孟子·尽心下》）意思是：向达官显贵进言，要藐视他，不要被他的气势吓倒。你有什么呢！你不过是“堂高数仞，榱题数尺”，即住的房子大一些。可是“我得志，弗为也”，我有条件了，我不追求这些。你不过是“食前方丈，侍妾数百人”，你吃饭时阔气一些，排场一些。可是“我得志，弗为也”，我有条件了，我不追求这些。“在彼者，皆我所不为也”，即你所拥有的，都不是我追求的。“在我者，皆古之制也”，即我所追求的是符合理想的制度，所以说“吾何畏彼哉？”从人爵上看，从财富、地位上看，当然我们是不平等的；可是从天爵上看，我们是完全平等的。

正是如此，孟子把善性看作人的价值与意义所在，而善性又是天平等地赋予我们每个人的，只要扩充、培养我们的善性，“人皆可以为尧舜”，这样便从根本上保障了人与人之间平等的可能。虽然“夫物之不齐，物之情也”（《孟子·滕文公上》），人与人之间存在能力、才智的差别，存在财富、地位甚至是阶级的不平等，但在人格上又是绝对平等的。

孟子所认为的人格平等，是一种内在平等，一种精神上的平等，当然不同于我们近代讲的法律、制度上的外在平等，不同于我们今天说的法律面前人人平等，但它可以转化为追求外在平等的一种精神动力，可以为法律、制度上的平等提供精神、信仰上的支持。这是孟子性善论的意义所在。

还有一点要提醒大家，我们不要简单地把孟子的性善论理解为“孟子认为人性是善的”，这个说法是不准确的。因为《孟子》一书中只说“孟子道性善”“言性善”。而“道”和“言”是动词，意思是说孟子宣传、言说关于性善的一种学说、理论。所以不能把“道性善”“言性善”直接理解为“人性是善的”。

因为“性善”是孟子对人性的独特理解，是基于孟子特殊生活经历的一种体验与智慧，是一种意味深长、富有启发意义的道理。

所以理解孟子性善论，固然要重视孟子提出的种种理由和依据，更重要的则是要对孟子“道性善”的深刻意蕴有一种“觉悟”，而这种深刻意蕴不是“人性是善的”这样一个命题所能充分表达的。如果一定要用命题来表达的话，我认为孟子“道性善”至少应该用三个命题来表达：人皆有善性；人应当以此善性为性；人的价值、意义即在于他充分扩充、实现自己的善性。

第四节

理解和培养孟子的浩然之气

在《孟子·公孙丑上》中有一段讨论养气的文字，这就是著名的“浩然之气”章。由于这段文字同时讨论了知言、养气两个问题，往往又被称为“知言养气”章。这里主要来讨论浩然之气。

孟子的浩然之气

在这一章中，公孙丑（孟子的弟子）问：“如果先生担任了齐国的卿相，可以实现自己的抱负，即使成就了霸业和王业，也不足为怪。如果这样，您是否会动心呢？”

我们说过，孟子一生中两次来到齐国，一次是在齐威王的时候，一次是在齐宣王的时候。他第二次到齐国时被宣王奉为上宾，担任了齐国的卿相，所以公孙丑就向孟子提出了这样一个问题——如果可以实现您的抱负了，您是否会动心呢?

孟子回答说：“不会的，我四十岁时就做到了不动心。”

公孙丑问曰："夫子加齐之卿相，得行道焉，虽由此霸王，不异矣。如此，则动心否乎？"

孟子曰："否，我四十不动心。"

——《孟子·公孙丑上》

这里，首先我们要讨论一下什么是不动心。不动心，当然不是心不跳了。不动心代表了精神、心灵的一种成熟的状态，达到了不动心，就达到了一种自主自觉的状态。相反，若是没有达到不动心，就表示你的精神、心灵还处在一种不成熟的状态。

所以，凡欲成就伟大事业者都首先要做到不动心。我们留意一下，孔子在回顾自己的生命历程时说："四十而不惑"（《论语·为政》）。"不惑"其实就是不动心。什么最容易使人困惑，什么最容易扰乱人的心绪呢？显然是欲行道于天下而不得，身处穷困而不被世人理解。所以这里的"不惑"与"不动心"主要是就人生论而言的，而不是就知识论而言的。

孔子认为自己不再困惑，孟子则谓自己不动心，表明他很可能认识到了道德的好与坏以及个人的遭遇如何，不是个人可以控制的。对于个人来说，只要完善自己的德行，做一个有德的君子，便可以无愧于心。

公孙丑就说："如果是这样，老师您就超过孟贲（秦国著名武士）很多了。"

孟子说："这并不困难。告子（战国思想家）先于我做到了不动心。"

曰："若是，则夫子过孟贲远矣。"

曰："是不难，告子先我不动心。"

——《孟子·公孙丑上》

孟子在这里埋了一伏笔。他实际是说不动心有两种，一种是告子的，一种是孔子以及自己的。告子是战国时期一个著名的学者，一般认为他是齐国的稷下先生，年龄长于孟子。

战国时期各诸侯国出于争霸的需要，纷纷设官开馆、招徕人才。礼贤下士一时成为风气。齐国的稷下学宫可以说有突出的表现。稷下学宫前后延续了一百多年。因为它位于齐国都城临淄的稷门下，所以称为稷下学宫。我们讲的“百家争鸣”主要就是发生在稷下。不能一说到“百家争鸣”，就以为各个国家都有参与，其实不然。像秦国、楚国都不在此列，它们是以法为教、以吏为师。

只有稷下学宫，具有多元并立、平等共存、争鸣驳难、融合发展的特点。所以当时的儒、墨、道、法、阴阳、小说、纵横、农等各派的著名人物，纷纷登上稷下的政治、学术舞台，奏响了一曲百家争鸣的交响乐。因此，稷下学宫对中国文化的贡献是非常大的。齐国也成为当时文化的中心。孟子也好，荀子也好，一生都长期活动于稷下学宫。

孟子心中的真“勇士”

孟子曾经跟告子就“仁内义外”、“生之谓性”、人性善恶等问题展开讨论。《孟子》中有《告子》篇，就记载了他们之间的辩论。

公孙丑接着又问：“做到不动心有什么方法吗？”

孟子回答说：“有。北宫黝培养勇气，肌肤被刺不退缩，眼睛被刺不逃避。”

当时一些武士为了培养自己的勇气，故意用针刺自己，但是不躲闪。

这是北宫黝培养勇气的方法。

孟子接着说："他（指北宫黝）认为受一点点挫折，就像在大庭广众被鞭打了一样；不受普通百姓的羞辱，也不受大国君主的羞辱；把行刺大国国君看得跟行刺普通百姓一样；不畏惧诸侯，受到辱骂一定反击。"

北宫黝（齐国勇士）是当时的一个武士，另外一个武士孟施舍（战国时的勇士）培养勇气的方法和他有所不同。他说："把不能战胜的看作能够战胜的一样。如果估量了敌人才前进，考虑了胜败才交战，这是畏惧强大的敌军啊。"意思是：估算打得过，才跟对方打，打不过，就撤退。这实际上在气势上就被对方压倒了，这一定是畏惧对方。虽然不能保证一定能战胜对方，但是要保证自己能做到无所畏惧。

然后孟子说：孟施舍像曾子（前505—前435），北宫黝像子夏（前507—？）。这两个人的勇气，我也不知道谁更强些，但是孟施舍抓住了要领，抓住了根本。

曾子强调"吾日三省吾身"（《论语·学而》），向内下功夫。子夏认为"虽小道，必有可观者焉"（《论语·子张》），主张从洒扫应对做起，是向外下功夫。那么北宫黝养勇的方法是在每一件事、每一个人面前都要做到无所畏惧。而孟施舍养勇的方法则有所不同，只要培养"无惧"之心，有了"无惧"之心，在每一件事上、每一个人前，自然也就能够无所畏惧了。

所以，孟子把孟施舍和曾子、北宫黝和子夏做了类比，但是不论是北宫黝还是孟施舍，他们所培养的勇气都是"血气之勇"，而不是"道义之勇"，是小勇，而不是大勇。

孔子提出智、仁、勇三大德，还说："知者不惑，仁者不忧，勇者不惧。"（《论语·子罕》）又说："仁者必有勇，勇者不必有仁。"

（《论语·宪问》）意思是：有仁，可以杀身成仁、舍生取义，一定会表现出一种勇气来；但是只有匹夫之勇、血气之勇的人，不一定有仁。

因此，孟子提出了他理想中的勇。他说：“从前曾子对子襄说，你喜欢勇气吗？我曾在孔子那里听到过什么是大勇：‘自问理亏，即使面对乡巴佬，我也不威吓他；自问理直，即使面对千军万马，我也勇往直前。’孟施舍保持勇气，又不如曾子抓住了要领！”

曾子所讲的是一种大勇，是基于道义之上的勇，所以要高于北宫黝、孟施舍的匹夫之勇、血气之勇。

曰：“不动心有道乎？”

曰：“有。北宫黝之养勇也，不肤挠，不目逃；思以一豪挫于人，若挞之于市朝；不受于褐宽博，亦不受于万乘之君；视刺万乘之君，若刺褐夫；无严诸侯，恶声至，必反之。孟施舍之所养勇也，曰：‘视不胜犹胜也。量敌而后进，虑胜而后会，是畏三军者也。舍岂能为必胜哉？能无惧而已矣。’孟施舍似曾子，北宫黝似子夏。夫二子之勇，未知其孰贤，然而孟施舍守约也。昔者曾子谓子襄曰：‘子好勇乎？吾尝闻大勇于夫子矣：自反而不缩，虽褐宽博，吾不惴焉；自反而缩，虽千万人，吾往矣。’孟施舍之守气，又不如曾子之守约也。”

——《孟子·公孙丑上》

公孙丑接着就问了：“请问先生的不动心和告子的不动心，能讲给我听听吗？”

前面说过，孟子一开始埋了一伏笔，说告子先于他做到了不动心。不动心实际上有两种，一种是告子式的不动心，一种是孔子和孟子式的不动心。孟子于是就引了告子的话，说："不得于言，勿求于心；不得于心，勿求于气。"（《孟子·公孙丑上》）要注意，这个"言"不是一般的言论。它不是一个描述性的言论，而是一个规范性的言论。它更像是一种学说、教义、信条。

反过来说，得于言才可以求于心，得于心才可以求于气。所以告子认为言是第一位的。接受了一种学说、教义，然后让心服从于它、坚守于它，在心坚守于它的时候，进一步培养气，告子的观点是这样的。

但是孟子说："不得于心，勿求于气，可。"（《孟子·公孙丑上》）意思是：得于心，然后求于气，即心中理解、掌握它了，再进一步去培养我的气。这个是可以的。而"不得于言，勿求于心，不可"（《孟子·公孙丑上》）。意思是：接受了一种学说、教义，然后去信奉、坚守它。这是不可以的。

孟子和告子之间的根本差别

从这里我们可以看到孟子和告子之间的根本差别。因为我们从现实中可以看到，比如"9·11"事件中的恐怖分子，当他们驾驶飞机撞向世贸大楼时，也是无所畏惧的。但是他们是被教义、邪教束缚了心灵，被洗了脑。表面上看来他们大义凛然，可是他们没有想过世贸大楼里有那么多无辜的人，那么多无辜的生命在一刹那间将被毁灭。他们的行为已经是恐怖主义了。为什么他们会这样做？因为他们"得一言而求于心"，被教义、学说束缚住了，被教义、学说给洗了脑。

然后孟子又提出对于志和气的看法。他说："夫志，气之帅也；气，体之充也。夫志至焉，气次焉。故曰：‘持其志，无暴其气。’”意思是：志是气的统帅，气再充实到我们的身体。我们的志到了哪里，气随之也到了哪里。这个“至”是“到”的意思。所以，要把握住志，不要滥用气，也就是说要利用你的志去控制你的气。这个气指的是血气、情气。

公孙丑又问：“老师，既然你说‘志到了哪里，气也就随之到哪里’，又说‘要把握住志，不要滥用气’，这是为什么呢？”

公孙丑认为孟子说这话似乎多此一举了。因为志既然可以控制气，那我把握住志就可以了，我修养时从志下功夫就可以了，为什么说不要滥用气呢？难道我仅仅做到把握住志还不行吗？

孟子回答说，“不能这样来理解。”

当然，志可以控制、掌握气，但是气反过来也可以影响到我们的志，所以他讲：“志专一时能鼓动气，气专一时也能扰动志。那些跌倒和奔跑的人，都是由于气反过来扰动了他们的心。”

曰：“敢问夫子之不动心，与告子之不动心，可得闻与？”

“告子曰：‘不得于言，勿求于心；不得于心，勿求于气。’不得于心，勿求于气，可；不得于言，勿求于心，不可。夫志，气之帅也；气，体之充也。夫志至焉，气次焉。故曰：‘持其志，无暴其气。’”

“既曰‘志至焉，气次焉’，又曰‘持其志，无暴其气’者，何也？”

曰：“志壹则动气，气壹则动志也。今夫蹶者趋者，是气也，而反动其心。”

——《孟子·公孙丑上》

中国哲学中的“气”

说到这里，我们不得不论及中国哲学中一个非常复杂的概念——气。气是我们讨论中国哲学，包括儒学，绕不过去的一个概念。但这个概念又非常难以理解。有一年，我在牛津大学的皇后学院访问。牛津大学的一位女教授，听说有位研究中国哲学的学者来了，就来见我，要跟我讨论“气”的问题。我说很抱歉，这个问题我也说不清。为什么呢？因为气的范围太广泛了，几乎是无所不包的。

为了便于理解，我曾经把气做了一个区分。古人囫囵不分，我们今天还是得“分”。我把气分成了物质之气和精神之气。精神之气，又分为血气、情气和德气。像北宫黝、孟施舍所培养的主要就是血气，像郭店竹简中讲的喜怒哀悲之气就是情气。

气，实际上我觉得它就是一种能量，一种精神的活动，只要是精神活动都可以看作是气。但精神活动有不同的层面。情感欲望这方面，我们把它看成是血气；喜怒哀乐这方面，我们把它看成是情气；还有马王堆帛书中讲的仁气、义气、礼气，仁义礼智等道德的情感，我们把它称为德气。

回到文本中，公孙丑继续问孟子：“请问老师您擅长哪一方面呢？”孟子说：“我知言，我善养吾浩然之气。”意思是：我善于分析别人的言辞，我善于培养我的浩然之气。公孙丑又问：“请问什么叫浩然之气呢？”孟子回答：“难言也。”意思是：说不清楚。

因为气和个人的主观体验有关，很难客观描述。可是虽然难言，但还是可以说的。所以他讲：“其为气也，至大至刚，以直养而无害，则塞于天地之间。”（《孟子·公孙丑上》）意思是：这种气它最伟大，最刚强。

所以我们看到，这个气显然不是一般的气。它不是血气，也不是情气，而是德气。

他说："其为气也，配义与道；无是，馁也。"意思是：这个气它具有义和道的属性。所以，它显然是一种德气，不是一般的气。如果没有义和道的话，就气馁了。

后面这句话非常重要，这是理解这一章的难点所在。"是集义所生者，非义袭而取之也。"这里出现两个"义"，含义不一样。"集义"的"义"是个内在的义，是孟子说的"羞恶之心，义也"（《孟子·告子上》），是由我们内在的义不断集聚所产生的。"非义袭而取之也"的"义"是外在的"义"。意思是：不是一个外在的"义"来引导我们，占领我们的头脑，占领我们的思想而取得的。

所以，根本的差别就在这一点。孟子后面讲："我故曰：告子未尝知义，以其外之也。"意思是：告子不懂得义。因为他把义看成是外在的，而不是内在的。在孟子看来，义内在于我们的心智中，是由我们内在正义之心不断地积聚、生发而形成的，而不是有一个外在的义占据我们的心灵，束缚我们的头脑，成为主导者。比如那些恐怖分子，表面上看有浩然之气，但其实不是，它只是"义袭而取之也"。

所以说，浩然之气是由内心的义集聚产生的，不是义自外侵入而取得的。你只要做了一件有愧于心的事，气马上就会软弱无力了，这就是"馁也"。因此孟子说告子不懂得义，因为他把义看作是外在的。

如何培养浩然之气？

对于浩然之气，一方面要去培养；另一方面也不要设定主观目的，内心总想着明天要不要培养起来，明天能不能培养起来，什么时候能培养起来。这样就不对了。

对于气，既不要忘记培养，也不要助长。孟子后面举了个拔苗助长的故事，用这个故事说明，我们培养浩然之气，不能有主观的目的，不能心太急，否则就会像拔苗助长一样可笑。

李泽厚曾经说过，孟子的浩然之气“是两千年来始终激励人心，传诵不绝的伟词名句，它似乎是中华民族特别是知识分子的人格理想，很明显，这种理想的道德人格并不是宗教性的精神，而是具有审美性灼灼光华的感性现实品格；它不是上帝的忠诚的仆人，而毋宁是道德意志的独立自足的主体”（李泽厚《中国古代思想史论》）。所以说孟子的浩然之气在历史上产生了深远影响。

民族英雄文天祥（1236—1283）曾写过一首《正气歌》，对其进行了描述：“天地有正气，杂然赋流形。下则为河岳，上则为日星。于人曰浩然，沛乎塞苍冥。”意思是：浩然之气，基于宇宙间的各种不断变化的形体，在大自然中构成了日月星辰、高山大河；在天下太平、政治清明时表现为祥和之气；而在国家民族处于危难关头之时，就表现为仁人志士刚正不阿、宁死不屈的气节。社会的秩序靠它维系而得以长存，道义是它产生的根本。

文天祥还列举了历史上许多可歌可泣的人物。他们用生命实践表明，人们只有认识到自己行为的正义性，“仰不愧于天，俯不怍于地”（《孟子·尽心上》），才能理直气壮，立于天地之间而无所畏惧，表现出敢于压倒一切敌人或困难的勇气；才能在心中培养出至大至刚的浩然之气；才能心底无私，见天地之宽、日月之明；才能光明磊落，胸怀坦荡，坚毅刚强；才能在任何困难、压力、诱惑面前不动心，做到“富贵不能淫，贫贱不能移，威武不能屈”（《孟子·滕文公下》）。

孟子的浩然之气表达的正是这样一种道德人格、精神气节。它既是孟子对先贤道德生命实践的概括总结，同时也对我们今人有着深刻的启发意义。我们今天的年轻人也应该养自己的浩然之气，用浩然之气去解决人生中的种种问题。

养浩然之气有几点值得重视。第一点是“集义”，就是培养我们内心的一种正义感。只有“集义所生者，非义袭而取之也”（《孟子·公孙丑上》），才能培养出真正的浩然之气。所以这里还含有一种思想，即我们要独立地思考，不能盲从，被一种外在的教条、学说束缚了头脑。只有这样，我们才能真正培养出至大至刚的浩然之气。

第二点，要循序渐进。培养浩然之气不是一朝一夕的事情，而是一个长期磨炼的过程。在长期的修炼下，人的精神、气质、容貌都会得到改变。孟子提到的一个思想非常好——“践形”：“形色，天性也；惟圣人然后可以践形。”（《孟子·尽心上》）意思是：容貌本来是天生的，但是由于我们培养了我们的心性，培养了我们的浩然之气，我们的容貌中就焕发出一种独特的光彩，一种独特的精神风貌。

第三点，我建议大家不妨多读读《论语》《孟子》，从古代圣贤那里汲取人生的智慧，培养我们的浩然之气。今天我们虽然处于和平的环境，生活在富裕的时代，但遇到的问题一点儿也不比古人少。我在高校里教书，特别能理解年轻人，他们在成长过程中会遇到种种问题。这个时候，如果他们可以借助浩然之气，就能战胜生活中的一些困难，开辟光明的前景，获得一个精彩的人生。

第五节

“当今之世，舍我其谁”：孟子气概的自信

齐宣王时，孟子第二次来到齐国，所以《孟子》一书中记载孟子和齐宣王的对话特别多。一开始二人关系融洽，孟子对宣王也是循循善诱。我们所熟悉的孟子以宣王对牛的同情心来引导他对民实行仁政的故事，就发生在这一时期。

有一天宣王看到一头牛将要被宰杀，就命令手下人把它放掉。孟子于是抓住这件事，启发宣王：你对牛都有同情心，为什么不对民众有同情心呢？由此劝他要实行仁政。（参见《孟子·梁惠王上》）

但是有件事的发生使二人的关系急转直下。当时燕王哙实行禅让，把自己的王位让给了国相子之。这样做的主观动机可能是想使燕国快速强大，在诸侯的兼并战争中立于不败之地，但结果却事与愿违。

燕王把王位让给国相后，太子不干了。太子联合大将军发动叛乱，引发了一场内乱。在此情况下，齐人趁机出兵，很快就占据了燕国。这时，宣王就问孟子要不要吞并燕国，孟子回答：“取之而燕民悦，则取之。……取之而燕民不悦，则勿取。”（《孟子·梁惠王下》）孟子还是按他的民

本论给出了答案。意思是：如果燕国的百姓欢迎你，那就吞并；如果燕国的百姓不欢迎你，当然不能吞并。

结果齐国攻取燕国以后，并没有按照孟子所说的去行仁政，赢得燕国民众的支持。相反，齐国烧毁了燕国的宗庙，掠走了燕国的祭器，屠杀燕国的民众，结果激起了燕国人的激烈反抗。这时其他诸侯见齐国吞并燕国，实力变得强大，对他们造成了威胁，于是“诸侯将谋救燕”（《孟子·梁惠王下》）。意思是：诸侯联合起来，出兵讨伐齐国，救助燕国。齐国的军队被打得大败。

这时宣王还有自知之明，他说：“吾甚惭于孟子。”（《孟子·公孙丑下》）意思是：我对孟子感到很惭愧，没有听从他的教诲，没有及时行仁政，结果招致今天的失败。

可是一些拍马屁的人却还要为宣王文过饰非，惹得孟子非常不高兴，两人的矛盾就此激化。在这种情况下，孟子辞去官职，准备离开齐国。

孟子离开齐宣王

对于孟子的离开，宣王虽然做出了一些挽留的姿态，但并没有多少诚意。《孟子》书中有载，宣王对时子（齐国大夫）说：“我想在都城中送一栋大房子给孟子，给他万钟俸禄，让他培养弟子，给各国大夫和国人树立一个榜样，你去替我说一说吧！”但时子却没有去说，只转而告诉陈子（即孟子的弟子陈臻），让陈子去告诉孟子。你看，是宣王告诉了时子，时子又告诉了陈子，最后陈子才告诉孟子。所以说宣王没有任何诚意。

孟子致为臣而归。王就见孟子，曰：“前日愿见而不可得，得侍同朝，甚喜；今又弃寡人而归，不识可以继此而得见乎？”

对曰：“不敢请耳，固所愿也。”

他日，王谓时子曰：“我欲中国而授孟子室，养弟子以万钟，使诸大夫国人皆有所矜式。子盍为我言之？”

时子因陈子而以告孟子，陈子以时子之言告孟子。

——《孟子·公孙丑下》

孟子当然断然拒绝，决定离开齐国。不过孟子走到齐国边境昼这个地方时，却停留了三个晚上。这时一个叫“尹士”（齐人）的人就不高兴了。

尹士说：“如果你不知道齐王不能成为商汤、周武这样的圣王，那你就是识人不淑；如果你明明知道他不能成为商汤、周武那样的圣王，可你还到齐国来做官，那你就是为了取得俸禄。你不远千里来见宣王，你俩关系处得不好，宣王没有听从你的教诲，那你就离开，不好吗？可是你到了昼这个地方，却待了三个晚上，你为什么这么啰啰唆唆、磨磨蹭蹭的呢？我非常不高兴。”

孟子听说后说：“尹士他实在是不理解我。我不远千里来到齐国拜见宣王，是我愿意去做的。”

因为孟子想向宣王推行仁政，想借助宣王的力量，以施行仁政。

但是孟子又说：“宣王没有接受我的建议，我不得不离去，这不是我想要的，我是不得已啊！到了昼这个地方，我停了三个晚上，你觉得时间很长，可是我觉得还太快了点呢。我心里想什么呢？宣王或许还会回心转意吧，或许他会悔改吧，或许他会认识到自己的错误吧，他一旦认识到自己的错误的话，一定会派人来挽留我的。可是我等了三天他还没来，离开了昼也没见宣王来追我，这个时候我就下定决心离开了！即使我离开了，还是不舍得放弃宣王。因为齐国是一个大国，如果齐国能行仁政，那就可能一统天下。所以说：‘王如用予，则岂徒齐民安，天下之民举安。’（《孟子·公孙丑下》）”意思是：宣王如果用我的主张的话，岂止是齐国的民众能得到安宁，天下的民众都能得到安宁。所以说孟子不是为个人考虑，而是为天下人考虑。

尹士听说了孟子的话以后，就说：“士诚小人也。”意思是：我是以小人之心度君子之腹了。

孟子去齐。尹士语人曰：“不识王之不可以为汤武，则是不明也；识其不可，然且至，则是干泽也。千里而见王，不遇故去，三宿而后出昼，是何濡滞也？士则兹不悦。”

高子以告。

曰：“夫尹士恶知予哉？千里而见王，是予所欲也；不遇故去，岂予所欲哉？予不得已也。予三宿而出昼，于予心犹以为速，王庶几改之，王如改诸，则必反予。夫出昼，而王不予追也，予然后浩然有归志。予虽然，岂舍王哉！王由足用为善。王如用予，则岂徒齐民安，天下之民举安。王庶几改之！予日望之！予岂若是小丈夫然哉？谏于其君而不受，则怒，悻悻然见于其面，去则穷日之力而后宿哉！”

尹士闻之，曰：“士诚小人也。”

——《孟子·公孙丑下》

孟子离开齐国后，他的弟子充虞就问他：“老师，我看到您好像不太高兴。您以前不是教导我们说‘君子不抱怨天，不责怪人’吗？”孟子说：“彼一时，此一时也。”（《孟子·公孙丑下》）意思是：那时是那时，这时是这时。

孟子有一种想法，认为五百年必定有圣王出现，其间也会有闻名一世的贤人出现。从周朝到现在，已经七百多年了。从时间上说，已经超过了；从时势而论，也该有圣贤出现了。那我的主张为什么还行不通呢？只能说上天大概还不想平治天下。如果上天想要平治天下，当今之世，除了我还会有谁呢？我为什么不愉快呢？

孟子去齐，充虞路问曰：“夫子若有不豫色然。前日虞闻诸夫子曰：‘君子不怨天，不尤人。’”

曰：“彼一时，此一时也。五百年必有王者兴，其间必有名世者。由周而来，七百有余岁矣。以其数，则过矣；以其时考之，则可矣。夫天未欲平治天下也；如欲平治天下，当今之世，舍我其谁也？吾何为不豫哉？”

——《孟子·公孙丑下》

孟子就是带着这样一种坚定的信念，告别了当时的政治舞台，回到了自己的故里，教授子弟，著书立说，编写了我们今天看到的《孟子》一书。

理想遭到挫折之后该怎么办？

每读到这一章，我都特别有感触，当一个人带着理想走入社会的时候，他往往是充满坚定的信心的。可是当理想遭到挫折，看不到希望的时候，依然能保持这种坚定的信念的人，我想大概只有孟子了。

孟子为什么有这种信念？那是因为孟子坚信一点，就是，政治必须要符合人性，符合人性的政治才是最有前途的政治，仁政、王道较之暴政、霸道是符合人性的，是顺应历史发展的，所以说最终一定会实现。现在无法实现，只能说我的时代还没有到来！若到来，必定是仁政、王道的时代。

我们今天读《孟子》的时候，脑海里会有一个鲜活的孟子形象。他是一个坚定的理想主义者。而在当时人们的眼里，孟子则是“迂远而阔于事情”（《史记·孟子荀卿列传》），认为他是迂阔的、不切实际的。

所以说理想与现实是有距离的。当你坚守理想的时候，你是很难被人们理解的。固然我们可以说孟子对人性的复杂性缺乏反省，对历史的看法也未免过于乐观，但是孟子至少有一点是对的，就是真正的理想是需要坚守的。

在坚守一百年后，孟子的思想已在世人中广为流传，成为批判暴政、为民请命之人的精神动力。而在坚守了一千多年后，孟子思想已成为社会的指导思想，《孟子》一书也由子书上升为经书。至少在人们的观念中，王道战胜了霸道，仁政战胜了暴政。即便有如朱元璋之流，想凭借手中的权力挑战孟子的地位，也难以逃脱失败的命运。

所以理想在于坚守，只要它符合人性，符合天道，顺应了历史的发展，即使暂时无法实现，也不必怨天尤人。如果天下要得到平治，“当今之世，舍我其谁”。

两千年前的孟子坚守的仁政、王道，像一座灯塔，为我们指引了前进的方向。今天我们在仁政、王道之外，有了民主、法治的理想，虽然百年来我们国人追求法治、民主的道路坎坷曲折，但是想到孟子的坚守，我们就不应过分悲观。我们要拿出孟子“当今之世，舍我其谁”的气魄去坚守我们这个时代的理想，只要我们坚守，我们的理想就一定会实现。

孟子的这种自信来自哪里？其中一个重要的根源就是来自他所崇拜敬仰的孔子。

正是孔子提出的仁、义，为孟子提供了一种精神上的动力，这就是孔子的弟子曾参所讲的“仁以为己任，不亦重乎？死而后已，不亦远乎？”（《论语·泰伯》）孟子用他的生命实现了这种任重道远的精神，用他的一生践行了孔子所讲的仁义精神。

第二讲

墨子：来自 2500 年前的人生渴望：平等与博爱

作者孙中原：中国人民大学教授、中国台湾东吴大学客座教授、贵州民族大学兼职教授、中国墨子学会顾问，原副会长、中国逻辑学会原副会长。

第一节

劳动者出身的墨子是"半人半神"？

墨子创立的墨家，在先秦时期与儒家一起被认为是"显学"，只是后来被压制地下两千多年。那么，墨子到底是个什么样的人？墨子和墨家有哪些重要思想？墨家为何会被压制呢？

如果儒家跟墨家对话，我首先会代表墨家发表观点。墨家思想的优秀部分，概括起来是四个关键词：人民性、科学性、辩证法、逻辑性。

墨子与墨家的特殊排序地位

要讲人民性，首先要讲清楚墨子是什么人，墨家是一个什么样的学派。孟子说"知人论世"，就是要知道这个人，就要知道他的时代。要讨论墨子及墨家思想，也要知人论世。

史学家司马迁的父亲叫司马谈，也是个史官。《史记》的最后一篇《太史公自序》，里边引述了司马谈的一篇文章《论六家要旨》。六家其实就是诸子百家。司马谈把诸子百家概括为六家，论述了每家的主要思想、优点、缺点。我们研究历史、中国文学、中国哲学，都离不开司马谈的这些“指导思想”。后来，东汉班固写的《汉书·艺文志》，成为中国最早的史志目录。

在这本书中，班固把诸子百家概括成九流十家。十家包括小说家，九流不包括小说家。九流就是九个学派，他认为这是典型的学派。小说家也是一个学派，但是他认为不够典型，都是街谈巷议、小说故事，所以他把这一派只算小说家。九流十家的说法流传到现在，变成一个成语。

我们曾经编过《中华大典》，我们现在编古籍、分学派的话，会把一些中国传统的学科，比如说天文学、医学、农学等等这些具体学科都编进去，所以变成十三家。如果要给中国传统文化排序，那么先秦的学派最重要的就是儒家和墨家两派。战国末期，韩非子所著《韩非子》里边有一篇文章叫《显学》。“显”就是“明显”的“显”，“学”是“学派”的“学”。显学就是最著名的学派。

春秋末期到整个战国时代的几百年里最重要的学派，韩非子概括说：“世之显学，儒墨也。”“儒墨也”，就是儒家、墨家两家。“儒之所至，孔丘也。墨之所至，墨翟也。”（《韩非子·显学》）也就是说，儒家的领袖是孔子，墨家的领袖是墨子。

假如以春秋末期到清朝末年为期限，各学派又可以做另一种排序，排在前面的就是儒、道两家。儒、道两家有什么特点呢?

儒家，是“在朝”人喜欢的思想，在朝人就是在职的官僚。儒家的代表人物是孔子、孟子，所以儒家思想也叫“孔孟之道”。它是统治阶级的主流思想，是各个朝代主流的意识形态，是跟国家政权结合的。古代的每个读书人一辈子都在学儒家著作、儒家思想。那是在朝的思想。

道家，是“在野”人喜欢的思想。道家的代表人物就是老庄。老庄韬光养晦，不在职了，休养生息。退一步，准备再起。

其实，道家思想跟儒家思想也有共同点，都是想当官。儒学是当官的指导思想；道家也想当官，只不过道家的人不受皇帝重用，没有条件和机会，但是他随时准备着东山再起。这是在野人的指导思想，是道家思想：以退为进，韬光养晦。

所以说，从中国几千年主流思想来看，学派的主流是儒家与道家。

假如九流十家到十几家再排一次序的话，最主要的学派是四家：儒、道、法、墨。其中，儒家是最主要、最主流的；道家是中国传统文化的主流，不过是在野的；法家很重要，也是在朝的。汉朝的指导思想表面上是儒家，叫“儒表”，其实是“法里”，内在是法家。这是什么意思？有一种说法，儒家起到“牧师”的作用，即传道，给人讲道理；法家是强调“严刑峻法”，严刑就是严厉地执法，峻法就是苛刻的法律。

墨家扮演的角色又是什么呢？有人形容墨家是地下党。为什么是地下党？因为墨家是不受重视的，是受批判、受打击的。它们是受独裁、受专政、受镇压的，从而变成隐蔽的、地下的，仅靠一点生命力活着。它渗透在农民起义的代表人物里，农民起义的领袖部分接受了墨家的思想；它还隐藏在小说、民间文学、口头文学里，隐蔽地、曲折地挣扎着，在暗地里活着。

儒家是主流，是洪流；墨家是逆流，是潜流，潜藏的、潜在的、隐蔽的一种潮流。整个来说，墨家是断绝了的、终结了的、被镇压的、被排挤的。

墨子的社会地位

一个人的思想跟他的出身经历有很大关系。人总是离不开社会，人是生活在社会中的，是社会的一分子。一个人持什么思想跟他的社会地位有直接关系。墨子或墨家为什么持有这样的思想，跟他的出身有关系。

墨子是工匠出身，这点毋庸置疑，因为历史上有很多记载。有一个记载，说他会制木鸢。木鸢就是木头做的老鹰，相当于现在的风筝：把木头、木片、竹片扎起来、糊起来，然后放到天上。（《韩非子·外储说左上》：“墨子为木鸢。”）他说他会做车辖。什么叫车辖？车辖就是车挡。他说木匠做一个车轴，而我会做一个车挡，而且是“须臾”，也就是说一小会儿我就把车挡做好了，可以拉三千斤重的物品。会做车辖、车挡，那就是会造车，会造大车。（《墨子·鲁问》：“翟之为车辖。”）

《墨子》一书中记载，墨子会做各种各样守城的器械，所以说他精通木工，熟悉百工。这就形成墨子跟墨家思想的特点，在《墨子》和《墨经》（《墨经》是《墨子》的重要组成部分）里，就有了各门科学，后文会讲分 18 门学科，自然科学、人文科学的内容都有，特别是自然科学，跟工匠的技术有关系。因为墨子对各种工匠都熟悉，所以就总结工匠的各种技术，上升到各种科学，比如力学、光学、简单的机械学、数学等等。这跟工匠技术有关，也说明出身决定了思想。

还有，墨子的得名应该和长相有关系。墨子的“墨”是笔墨纸砚的“墨”。确实也很巧，墨子他长得非常黑，墨黑、黢黑。中国有一个词叫“黎民”，指老百姓。“黎民”的“黎”，古意是黑，或者叫“黔首”，意思是长得黑的人。用“黎民”“黔首”来代表老百姓。为什么老百姓就长得黑？因为辛苦劳累，风吹日晒，所以跟白面书生和儒家子弟不一样。

墨家的子弟，没有一个白面书生，都长得非常黑：不仅墨子本人长得很黑，墨家的第二个代表人物叫禽滑釐（墨家的“第二把手”），也长得非常黑。

墨子的其他弟子也都是这样子，皮肤粗糙，长得很黑。这就说明他们是不脱离劳动的。

《荀子》有一篇文章叫《王霸》，总结几千年的王业、霸业，比较了儒家跟墨家学说不同的社会基础。

他认为，儒家学说是“君子之道”。这是他的原话。君子是贵族君子；圣王就是当皇帝的、国家的最高统治者。墨家是役夫之道。役夫之道就是劳动者的道理，干粗活的、供人役使的这些人的道理，就是劳动者的道理。

墨子和墨家为什么会有人民性，富有人民精神、人文精神？因为他出身于基层，是劳动者，不是统治者，不是当官的，所以他就富有人民性，这是他的社会基础。

所以，荀子说儒家学说是君子、帝王、圣王的道理，用我们现代的话说是封建贵族的道理。而墨子是劳动者的圣人。

毛泽东在《毛泽东评点二十四史》中这样评点墨子：“墨子是一个劳动者”，这是他的出身。墨子是一个劳动者，“他不做官”，他是老百姓，“但他是比孔子高明的圣人”。（原文为：“墨子是一个劳动者，他不做官，但他是比孔子高明的圣人，孔子不耕地，墨子自己动手做桌椅子。”见《毛泽东评点二十四史》精华解析本，中国档案出版社 1998 年版）毛主席说孔子自己不耕地，骂耕地的人，轻视耕地的人，可是墨子自己动手做桌椅子。

所以说，墨子是劳动者的圣人，墨家是劳动者的学派，墨学是劳动者的学说。这是全部问题的本质。

半人半神的墨子

我们现在知道孔子的出生年月日、具体时辰、地点。这是因为孔子始终是统治阶级的圣人，在历史上有详细的记载，史不绝书。

但是墨子这个人很怪，怪到什么程度？墨子是一个半人半神的人物。为什么呢？他缺乏历史记载。因为他的学说是“地下”的学说，他不被重视，受挤对，所以关于他的史料都丢掉了，连司马迁都没有记。

司马迁写了很多人，但对于墨子他没有留下详细的传记，只是在《史记·孟子荀卿列传》末尾对墨子用 24 个字进行了介绍，而且 24 个字里还有好几个是模糊的词句，不能下断语。

> 盖墨翟，宋之大夫，善守御，为节用。或曰并孔子时，或曰在其后。
>
> ——《史记·孟子荀卿列传》

司马迁说“盖墨翟”，一开始就说“盖”。“盖”是大概、可能的意思。

然后又说，“宋之大夫”，因为墨子曾经止楚攻宋。但他又说错了，仅凭这么一个历史活动，就说他做过宋国的大夫，是不合理的。事实上，墨子并没有做过大夫。

墨子止楚攻宋以后，从鲁国出发到楚的国都郢（今湖北江陵），一千里路走了十天十夜。到了宋国，宋国守城的人都不让他进城门，他哪里是宋国大夫？他在宋国的城门外淋了一夜大雨。因此，说他是“宋之大夫”也是假的。

“善守御”，这倒是真的，就是说他善于守城。

“为节用”，是说他主张节俭。《墨子》里有《节用》这一篇文章，司马迁这是说对了的。

接着的两句话就非常模糊了：“或曰并孔子时，或曰在其后。”司马迁说墨子可能是跟孔子同时代的，也可能是在孔子死了以后才出生的。他居然连墨子生活的时代都弄不清楚。跟孔子同时，这是不可能的，因为孔子从来没说过墨子。墨子绝对不是跟孔子同时代的人，而司马迁居然说“或曰并孔子时”。

之后司马迁又用了一个模糊的词句“或曰在其后”，意思是：或者是在孔子之后。实际上墨子的确是在孔子之后出世。孔子生于公元前 551 年，卒于公元前 479 年，是春秋末期的人，即公元前 6 世纪末；墨子绝对是战国初期的人，也就是公元前 5 世纪的人。

一般的人也不清楚墨子的出生年，就说他是半人半神。任继愈[1]考证了半天，说墨子于公元前 480 年出生，死于公元前 420 年。这倒是整整齐齐的 60 年。

可是清末研究墨子的大家孙诒让（1848—1908），把《墨子》一书里出现的所有历史人物、历史事件（有名字的、有国别的这些事件）全部都罗列出来，列了个《墨子年表》，一共是 93 年。照此来说，那就是墨子活了 93 岁。当然这是假设性的，是不可能的。为什么？因为《墨子》一书在战国时期并没有成形，是零零散散的、一篇一篇存在的。

到汉代刘向奉皇帝之命编国家图书馆的藏书——宫中藏书时，看到了记载《墨子》的一大堆竹片木片，就把它们整理了出来，编成了71篇。刘向认为这些都是墨家思想，或者接近墨家思想，或者跟墨家思想沾边，只要他判断是墨家思想，就编在《墨子》里。实际上现在看来，刘向编的《墨子》一书里有个别篇章也掺杂了别家的思想。

班固整理《汉书・艺文志》的时候，也说有 71 篇，就写在图书目录里头了。班固看见了 71 篇，他才这样写的。但是这 71 篇也许后来丢失了，

[1] 任继愈（1916—2009），字又之，山东平原人。著名哲学家、佛学家、历史学家，国家图书馆馆长、名誉馆长。师从汤用彤、贺麟。

没人能看见。

《汉书》以后，一直到明代《道藏》里才又出现《墨子》。《道藏》是道家著作的总集，是奉皇帝的命令由道家的领袖人物编成。我们现在能看到《墨子》，要感谢《道藏》。这也让人感到奇怪：为什么墨子的书在社会上没有了，却出现在道家的《道藏》里？

因为墨子有个缺点：讲天志、明鬼。他认为世上是存在神鬼的。当然这在现在看来是错误的，但是在当时墨子有他的意图：他讲老天爷是有意志的，鬼是存在的，是要让老天爷和神鬼来帮助他说话。这恰恰证明墨子和墨家思想具有软弱性、局限性。他是基层的劳动人民，没有威望，要宣传他的学说，那找谁来发声？于是，他拉了老天爷、神鬼来替他说话。

拉他们来帮自己说什么？说兼爱、尚贤、尚同、非攻这些学说。这是很有趣的。

这是墨子的缺点，但是我们着重讲墨子的优点。墨子写了十篇文章，其中八篇是对的，只有《天志》《明鬼》这两篇是不对的，我们是反对的，因为它具有迷信思想。

《墨子》得以流传的偶然性

为什么《道藏》会收入《墨子》？这是因为东晋的一位道教领袖葛洪（同时也是著名的医药学家），他论证墨子到汉武帝的时候还活着，而且虽然已经50多岁的样子，但体力好，说话铿锵有力，长得也不显老，充满生命力。

葛洪把墨子说成是道教的领袖，说在道教里头墨子是地仙。这个也是拉大旗，作虎皮，就是拉墨子来壮大道家、道教的阵容、阵势。

可见，当时墨子其实名气很大。孟子就惊呼，在战国时期的250年里头，“天下之言不归杨则归墨”（《孟子·滕文公下》）。意思是天下之言不归杨朱就归墨翟。杨朱是“拔一毛而利天下，不为也”（《孟子·尽心上》），而墨翟是“摩顶放踵，利天下，为之”（《孟子·尽心上》）。摩顶放踵就是即便从头顶到脚跟都磨伤，只要对天下有利，都可以干，都愿意干！

可见，墨子在战国时期是很有名气的，所以葛洪要借墨子来壮大道教，把墨子假托成道教的地仙，搜集了已经中断了的《墨子》，把它编到《道藏》里头。

明代编《道藏》的时候把《墨子》收进来，就是这样一个理由和背景。

我们现在能看到《墨子》一书，要感谢葛洪，感谢道教，感谢《道藏》。我也写了80本著作，研究了《墨子》，写了《墨经》。我也要感谢他们。

第二节

墨家处于“地下”两千年而不亡

我们首先要解决一个问题：墨子跟墨家精神，为什么在两千年的封建社会里一直处在地下状态？两千年指的是从秦始皇统一中国一直到清代末期。

墨家思想的地下状态

为什么墨子、墨家思想一直处在地下状态？简单的回答就是：墨子和墨家思想，具有坚决彻底的人民性。

他为人民立言，为人民发声，为人民说话，但统治者不高兴、不喜欢，儒家不喜欢。

墨子是劳动者的圣人，墨家是劳动者的学派，墨学是劳动者的学说。我们在新时代，实现中华民族复兴的伟大梦想，离不开墨子、墨家与墨学。

汉武帝时期，有一个大儒董仲舒，他提出“罢黜百家，独尊儒术”的口号，就是只尊奉儒家的学说，把其他各家的学说都罢黜。“罢黜”就是排斥掉，不要了。

这个口号被汉武帝接受了，并贯彻执行，一直持续到19世纪末，封建时代结束。所以，儒家太兴盛了，与其对立的墨家只能一直处在地下状态。

两千年封建社会，历代儒家都在发展壮大，没有一个儒家代表人物不骂墨子，不骂墨家，不骂墨子的思想。所以墨子及墨家思想在整个封建时代是受镇压的。但我们现在又为什么要关注墨子及其思想呢？正是因为它的人民性、科学性。

墨家的"人性论"

墨子和墨家主张全人类有共同的人性。

我为什么要讲这个理论观点？因为现在是全球化的时代，强调全世界全人类的互联互通，要加强建立人类命运共同体。若没有共同人性，人类之间只有战争，互相残杀，也没什么互联互通，怎么能建立命运共同体？而墨家早就提出全人类有共同的人性这样一个理论观点，我觉得非常重要，有很强的现实意义。

但墨家的这个观点，跟儒家是对立的。因为儒家适应的是封建宗法制。

宗法制，简单来说就是：父亲的血统传给儿子，这叫血统；父母的血统传给子女，这叫宗法。皇帝的血统传递给皇子，占优势的是正妻生的第一个儿子，被称作嫡长子，可以继承皇位。正妻生的孩子才有正统血统。这是儒家的"亲亲尊尊"，意思是亲近血缘关系近的人，尊敬尊贵的贵族。但墨家的思想是兼爱，讲人与人一律平等，不分亲疏尊卑。

《墨子》有一篇文章叫《非儒》，就是用来批判儒家，否定儒家的。文章第一句话就反对儒家的"亲亲尊尊"，所以墨子和墨家主张共同人性，这个论点跟儒家的宗法制、血统论的思想是对立的。

墨家的共同人性论和儒家血统论比较的话，哪个更具有优越性呢？

我认为，墨家认为人类有共同的人性，这个理论比儒家血统论要优越。墨子说所有在天地之间、在四海之内运行的都有这样一个性质，共同的人性，圣王也不能更改。他说譬如天地又生上下、阴阳、人禽、男女，谁能改呢？

什么是共同人性？首先就是人都要吃饭穿衣，累了休息。这些是人人所共有的，只要是活着的人，离开这些就不行。不吃饭不穿衣不行，没有男女之别也不行，因为需要繁衍生息，传宗接代，这是人类共同的人性基础。我们讲经济基础决定上层建筑，经济基础首先就是生产力——吃喝拉撒睡、吃饱穿暖等等，这就是共同的人性。

有人通俗地把血统论解释为：龙生龙凤生凤，老鼠的儿子会打洞。这是墨家坚决反对的论点。为什么呢？墨家认为这就是说尊贵的人永远尊贵，卑贱的人永远卑贱，劳动者永远卑贱，劳动者永远不能参与国家治理，永远不能当领袖。所以墨家是坚决反对血统论观点的。它是代表劳动人民说话的。

儒墨争论

孟子是孔孟之道的“第二把手”。孟子把墨子、墨家思想骂得可谓体无完肤、狗血喷头。

> 墨氏兼爱，是无父也。无父无君，是禽兽也。
>
> ……
>
> 杨墨之道不息，孔子之道不著，是邪说诬民，充塞仁义也。仁义充塞，则率兽食人，人将相食。吾为此惧，闲（捍卫）先圣之道，距杨墨，放淫辞，邪说者不得作。

……

能言距杨墨者，圣人之徒也。

——《孟子·滕文公下》

陆游的《杂兴·孟子辟杨墨》中有这么几句诗：“孟子辟杨墨，吾道方粲然。”“伐木当伐根，攻敌当攻坚。”

什么意思呢？“辟”就是排除的意思，把它打到地下状态，这叫“辟杨墨”。杨是杨朱，墨是墨翟。“吾道方粲然”，吾道指的是孔孟之道，我们的孔孟之道才能放光辉。就像砍树，你要把根砍出来，挖出来；打敌人，要把敌人的坚固堡垒攻掉。

陆游写这个诗的意思是说孟子批杨朱、骂墨子墨家思想。孟子攻击墨家思想是“邪说”“淫辞”。“淫辞”就是指胡说八道、过分、荒谬的话。墨子讲兼爱，讲兼爱就是无父无君。孟子认为墨子的学说相当于率兽食人，就是率领一大群野兽——狼虫虎豹来吃人，担心墨家学说把儒家学说打倒，因此要捍卫儒家的学说，攻击墨子。

所有儒家的著名知识分子都对孟子亦步亦趋，没有一个反对孟子这样说的。我统计了《四库全书》里的所有著作，有24卷25个地方长篇大论地发表了孟子的前述说法。

但事实是墨子根本没有说过“无父无君”这样的话。

墨子的原话是：

当察乱何自起，起不相爱。臣子之不孝君父，所谓乱也。子自爱不爱父，故亏父而自利。

——《墨子·兼爱上》

意思是，社会混乱是怎么引起的？是由不相爱引起的。做臣子的不孝国君，做儿子的不孝父亲，这样会造成社会混乱。所以墨子主张臣子要尊重君主，儿子要尊重父亲，要讲孝慈。

在整个封建时代，可以说政治环境是非常恶劣的。有人替墨子说一句半句公道话都不行。

我举个例子。18 世纪清朝的一个文人，名叫汪中（1744—1794），家里很穷，34 岁才考了个秀才。后来他说孟子骂墨子是禽兽，这就是冤枉、污蔑。说完以后他写了本书，给《墨子》这本书作了个序，结果马上被大知识分子翁方纲（1733—1818）说成是“名教罪人”，相当于说和他们之间是敌我矛盾。

“墨”，是墨家的自称，就像儒家以“儒”称儒者一样，墨家的人写书的时候说他们是墨者。翁方纲说应该给汪中扣上一个“墨者”的帽子，把秀才这个帽子给他摘下来，不让他当秀才。但是汪中活了 50 岁，一直很穷，直到去世，也没被杀头。我想用这个例子来说明，封建社会时期，为什么墨学和《墨子》处在地下状态。

第三节

兼爱思想的特殊意义

墨家眼中的劳动者地位

先来看墨家的人民性。

墨家在《墨子》里明确说：人跟动物的区别就是人会劳动。可见，墨子是歌颂劳动的，并且从理论上论述了人跟动物的区别是人能劳动，动物不能劳动。动物吃现成的，住的方面是有个树洞就钻进去了。而人不一样，人要自己生产，要劳动才有吃有穿。所以墨子有劳动的观点。劳动生产观，这是我们现在所主张、所肯定的一个观点。

> 今人固与禽兽、麋鹿、飞鸟、贞虫异者也。今之禽兽、麋鹿、飞鸟、贞虫，因其羽毛，以为衣裘，因其蹄爪，以为裤屦，因其水草，以为饮食。故唯使雄不耕稼树艺，雌亦不纺绩织纴，衣食之财，固已具矣。今人与此异者也：赖其力者生，不赖其力者不生。
>
> ——《墨子·非乐上》

既然劳动是最尊贵的，劳动处于本位，劳动应该是社会的基础，那么劳动人民应该有人权。人权首先是劳动、吃饭、穿衣、休息、受教育的权利等等。

墨子还认为人民是最有智慧的，这叫作群众智慧观。他说的话很形象：一只眼睛看不如两只眼睛看，一只耳朵听不如两只耳朵听，一只手操作不如两只手操作，所以要让别人的耳朵帮着你听，要让别人的脑袋帮着你思考，让别人的嘴帮着你说话，等等。这说明群众是有智慧的，相当于我们现在说群众路线、民主集中制，需要集中群众智慧。

> 一目之视，不若二目之视。一耳之听，不若二耳之听。一手之操，不若二手之强。
>
> ——《墨子·尚同下》
>
> 夫唯能使人之耳目，助己视听。助之视听者众，则其所闻见者远矣。使人之唇吻，助己言谈。助之言谈者众，则其德音之所抚循者博矣。使人之心，助己思虑。助之思虑者众，则其谋度速得矣。使人之股肱，助己动作。助之动作者众，则其举事速成矣。
>
> ——《墨子·尚同中》

而且，墨子认为人是最有力量的。这里我要说明一点，墨子其实有一个缺点（消极的思想）体现在《天志》里。他认为天是有意志的。但是他在《墨子·非命》一文中反对儒家的“命”。儒家代表著作《论语》里说“死生有命，富贵在天”（出自《论语·颜渊》）。墨子、墨家是坚决反对天命观的，认为没有什么命，没有什么命定论，认为人定胜天，不能靠天命而要靠人力。比如说周武王把纣王打倒，国家振兴了；商汤把夏桀打倒，国家振兴了。墨子认为人力最重要，天命不重要。

人民价值观就是指人民是最有价值的。儒家的孟子有“民贵君轻”的论点，就是指老百姓是贵的，君是轻的。这话当然是好的、积极的，劝君主要尊重人民，但是孟子“民贵君轻”的论点和立场，还是站在巩固封建宗法制统治的角度确立的，为了巩固君主的统治，不要让民众造反来推翻统治者。（《孟子·尽心下》引孟子说：“民为贵，社稷次之，君为轻。是故得乎丘民而为天子，得乎天子为诸侯，得乎诸侯为大夫。”朱熹注说：“盖国以民为本，社稷亦为民而立，而君之尊，又系于二者之存亡，故其轻重如此。”）

还有另一位儒家的代表——荀子，他说“水则载舟，水则覆舟”（《荀子·王制》），意思是君主像船，人民像水，人民这个“水”可以把“船”承载起来，让“船”浮起来，也可以让“船”颠覆。

这当然也是好的、积极的，但是荀子还是站在君主的立场：意思是君主是坐船的，人民是在船底下，用肩膀扛着这个船，把这个船承载起来的。这是儒家的民本思想。

而墨家的人本思想、人民价值观比儒家的更前进、更激进、更积极。

墨子提出的判断真理的标准有三条，其中一条叫“下原察百姓耳目之实”。（这三条标准分别为“上本之于古者圣王之事”“下原察百姓耳目之实”“发以为刑政，观其中国家百姓人民之利”。）是说要考察老百姓听见了什么、看见了什么，老百姓面前有什么实际的状况，要把这些作为制定政策的标准。还有，要考察国家的政策符不符合人民的利益。怎么考察呢？他说：“观其中国家百姓人民之利。”“观其中”就是看政策法规是否符合老百姓的利益，这是他立言的标准。这说明他认为人民的话是最有价值的。

儒家是轻视劳动的。《论语》里记载孔子有个弟子叫樊迟，也叫樊须[1]。他说他想种菜，想种庄稼，想让孔子教他。孔子骂他：“小人哉，樊须也！”意思是：你想学劳动，想种菜、种地，这不是我们儒家该做的事儿。（《论语·子路》：“樊迟请学稼圃，孔子斥：‘小人哉，樊须也！’”）

孔子的学说叫“学而优则仕”，学习优秀了则当官，行帝王之道，而不是去做体力劳动者。而墨子提倡兼爱，认为全人类平等，富有人民性。

墨子的“兼爱”观

这一部分讲墨家富有人民性的最后一个要点：兼爱平等观。

墨家最著名、最要害、排在第一位的学说就是兼爱。

兼爱是墨家思想的出发点、归结点。甚至有人说兼爱是墨学之宗旨。（清朝末年学者曹耀湘《墨子笺》说：“兼爱者，墨氏之学之宗旨。”）

梁启超也说，墨学的纲领就是一个观念——兼爱，所以兼爱是墨家最主要的学说。

《说文解字》是如此解释“兼”的：从甲骨文到金文（钟鼎文），兼字的形状就是一只手握着两株稻子，稻子是完整的，包括茎、秆、穗的稻子，这就是“兼”的造字形状。 古人在公元前3000年造这个“兼”字的时候就是这个意思。

兼爱的意思就是所有的人都爱。在《墨子》一书里，“兼爱”这个词也会换成别的词：尽爱、俱爱、周爱。这四个词是可以互换使用的。

展开解释就是说：所有的人，不分民族，不分阶级，不分等级、亲

[1] 樊须是孔子七十二贤弟子内的重要人物，继承孔子兴办私学，在儒家学派广受推崇的各个朝代享有较高礼遇。唐赠“樊伯”，宋封“益都侯”，明称“先贤樊子”。

疏、住处、你我、主仆、时代，你能想到的人的所有差别都不考虑——只要是人，都要普遍、深刻、彻底、穷尽地爱，不要漏掉一个。这是他强调的兼爱的意思。

从公元前5世纪一直到战国末期的公元前3世纪，在墨家整个发展过程中留存至今的著作有53篇，所有的篇章里都在论证兼爱，一直论证到底。

假如现在用一句话来对兼爱的意思加以解释，就是所有的人应该爱所有的人。主体是所有的人，对象是所有的人。用的词是“应该”，意思是“这样比较好”，就像真善美一样，是一种理想，是墨家想要实现的理想。

所以从墨子开始一直到后期墨家250年的时间里，墨家想了很多的论据、论证，从十几个角度来论证兼爱，这是很彻底的。

我现在把这几个角度简单地说一下：爱的整体性，就是对人类整体整个都爱，一个不漏；爱的周遍性，也是一个不漏。即使你不知道这个国家有多少人，也不妨碍爱；你不知道这个人住在哪，也不妨碍爱。爱你也爱我，谁都爱，这是墨家兼爱的彻底性。

墨家兼爱思想的潜在影响

墨家一直都处在地下状态。因此墨家思想是隐蔽的思想，是潜流，是潜在的思想。

民间小说、民间故事，农民起义领袖的一些言论，多多少少会体现墨家的思想。如《水浒传》的梁山泊[1]里，不管你原来是干什么的，是否当过官，

[1]“梁山泊”最早见于《资治通鉴》，文献中也作梁山泺，位于山东省西南部梁山县境内，由梁山、青龙山、凤凰山、龟山四主峰和虎头峰、雪山峰、郝山峰、小黄山等七支脉组成，占地面积3.5平方公里。梁山泊原址已经干涸，横跨东平、梁山、汶上三县的东平湖和梁山县马营镇的“水泊遗址”（湿地）均为古梁山泊的遗存水域。

既然到了梁山泊，到了宋江手下，大家都是哥们儿，一律平等。兼爱就是大家一起爱。农民起义组织里的这种思想，就是墨家思想。

但兼爱思想不是官方的指导思想，在儒家知识分子里不流行。

用现在的话来分析，兼爱其实是最彻底的人文主义、人道主义。人文主义是对应“神文”来讲的，人道主义就是把人当人，这叫人道。人人都有人权，有自尊心，有民主自由，有个人的权利。所以兼爱是一种最彻底的人文主义、人道主义。

人民性主要讲的是什么意思？墨子是劳动者出身，他替劳动者说话。他的重要观点都是替劳动者说话的：劳动是重要的；人民有权劳动，人民有吃喝穿住的权利；人民的话最重要，应该听；国家政策应该适应人民的需要；讲兼爱；等等。这就是墨家主要的社会科学思想，主要是人文思想体现了人民性。

第四节

墨家科学思想的产生

《墨经》奇特的“现代气味”

讲墨子和墨家的科学思想，就是讲他思想里的科学性、科学精神。世界最著名的一些科学家，都肯定了墨家思想的科学精神、科学性。

比如李约瑟（1900—1995）。李约瑟是世界顶级科学家、化学家，同时也是一名科学史家。他从第二次世界大战以后就到中国来研究中国的科学思想，研究《墨经》，跟钱临照[1]交朋友。

李约瑟著有一部《中国科学技术史》。这本书非常重要，非常有分量，非常厚重。中国组织了很多懂外语的人，翻译了很多年，才把它翻译出来。在这本书里，他就写了《墨经》。

他用最热情的语言来讴歌《墨经》的科学思想，说墨家完全信赖人类

[1] 钱临照（1906—1999），江苏无锡人，物理学家、教育家，中国科学院学部委员、中国科学技术大学前副校长，曾留学英国专门学习光学。早期研究《墨经》中的物理学内容，长期指导中国物理学史的研究工作。中国金属晶体范性形变和晶体缺陷研究以及物理学史研究的奠基人之一，中国科学史事业的开拓者。

的理性，这种科学性明确奠定了自然科学的主要基本概念，这很了不起。[1]端、点、线、面、体都有，由此建立了一个科学方法的系统理论。

而且他说《墨经》里有些科学定义“具有奇特的现代气味”。比如说《经上》有一百条，其中一大部分是定义，比如第一条“故，所得而后成也”就是对原因的定义。这很了不起，这是现代哲学才讲的。

“故”就是原因，原因是“所得而后成”的，也就是你得到故这个原因，原因存在了，那么结果就产生了。

举个例子说，如果天下雨，那么下雨是原因，地湿是结果。根据我们的生活经验，我们知道一旦天下雨了，很快就可以推理出来，现在地湿了。他说：“湿，故也，必待所为之成也。”意思是得到天下雨的原因和条件的话，那么地湿这个结果也就出现了。这是一种必然联系，因果关系。

这是《墨经》第一条，说明《墨经》的科学定义的确具有奇特的“现代气味”。

梁启超与胡适对《墨经》科学思想的评价

也有其他重视现代科学的哲学家，重新发现和发展墨家思想，通过写书来肯定、歌颂、评价它。

梁启超、胡适都是现代科学思想的开拓者，也是顶级的学者。他们都高度评价了《墨经》的科学精神和理念，尤其是梁启超。

梁启超是戊戌政变的参与者，政变失败以后，流亡日本学习了英文、日文，也研究《墨经》的科学思想。关于墨家思想，梁启超一辈子写了三本书。

[1] 原文为：“完全信赖人类理性的墨家，明确地奠定了在亚洲可以成为自然科学的主要基本概念。”“更重要的是这样一个广泛的事实：它们勾画出了堪称之为科学方法的一套完整理论。”

第一本是《子墨子学说》，其中涉及墨子的论理学，也就是墨子的逻辑学。1904年梁启超在日本创办《新民丛报》。他在这份报纸上连载墨子学说，后来印成书叫《墨学微》，微就是微小，意思是墨学探秘。

1920年前后他又写了两本书：一本是《墨子学案》，是对墨子学说的系统整理；还有一本是《墨经校释》，是对《墨经》原文的注释。所以梁启超一辈子写了三本与墨子墨学相关的著作。

梁启超肯定了墨家的科学精神。他说在我国古籍中与现代科学精神相符合的只有《墨经》。（原文为："在吾国古籍中，欲求与今世所谓科学精神相悬契者，《墨经》而已矣，《墨经》而已矣。"）他说"《墨经》而已矣，《墨经》而已矣"，反复咏叹，可见其对《墨经》的赞叹程度。

我们已经说过，儒家没有科学思想，道家也没有，其他诸子百家也没有，只有《墨经》有，这就是墨家独特的地方。

胡适也认为墨家有科学精神。《墨经》有各种科学记载，有光学，有力学，有科学实验。胡适说《墨经》是现存的中国古代科学成就的证据。这一本书说明了中国古代有科学思想，这是证据。（胡适评价说：墨家"实有科学的精神"。"试看《墨辩》所记各种科学的议论，可以想见这种科学的方法应用"。"墨家论知识，注重经验，注重推论。看《墨辩》中论光学和力学的诸条，可见墨家学者真能做许多实地试验。这是真正科学的精神"。"这四篇著作是现在仅存的古代中国科学成就的证据"。）

为什么墨家会有科学思想？

为什么墨家会有科学思想？《墨经》里的一句话可以为我们做解释。

这一句话是："巧传则求其故。"（《墨子·经上》）"巧传"就是手工业技巧，手工业技巧一代一代传下来。

而墨家的责任是“求其故”，即探求原因，把各类工匠的经验上升到理论，讲清楚因果联系，建立命题，进行论证，这就是科学，这就是墨家的自然科学思想。“巧传则求其故”这六个字表明墨家科学思想产生的原因、机制、过程、方法。

《墨经·小取》里有这句话：“摹略万物之然。”就是说反映万事万物的本来面目，是我们认知的任务。

墨子有很多学生，但墨子的学生不像孔子的学生。孔子的学生都是很文雅的，如子贡、子夏、子游等等，都是很文明的形象，白面书生。相比之下，墨子的学生都是很粗俗的，名字起得也都特别粗俗。有一个叫耕柱子，耕就是耕地的人，而盖房子需要柱子，老百姓喜欢什么？柱子，所以给孩子起名叫柱子。

墨子还有一个学生叫跌鼻。我猜想是他小时候淘气摔倒，把鼻子跌坏了，有一点残疾，所以叫跌鼻。

《墨子》里有这样一个故事：墨子特别忙碌，日夜不休地宣传学说、教育弟子。有一次，墨子生病卧床，跌鼻一推门进来，说：“您是圣人，怎么会生病？”在墨子开展社会活动时期，他的弟子都尊称他是圣人。

面对“您是圣人，怎么会生病？”这个问题，墨子是如何回答的呢？原话是：“人之所得于病者多方，有得之寒暑，有得之劳苦。”意思是，人生病有很多原因，有时候是因为冷热，有时候是因为过于劳累。

这里（寻求生病的原因）不讲神不讲鬼，无论“得之寒暑”还是“得之劳苦”都是自然原因，就是说人生病的时候，要从自然气候、从劳苦状况来探求得病的原因，冷热可以调整，累了可以休息。

还有一个故事。墨子从鲁国出发（《墨子》里记载墨子好多活动都从鲁国出发，就说明他是鲁国人），到齐国游说（齐国跟鲁国是邻国。从鲁国曲阜到齐国临淄，中间有些河流，淄水就是河流，临淄就是临着淄水的）。

在路上，他快到淄水的时候遇到一个算卦先生。算卦先生跟他说：“今天天上的神仙在北方杀黑龙，您长得黑，到北方去不吉利。”所以极力劝墨子不要去。墨子不听。墨子这时候不信神了，硬着头皮去了齐国。去了之后，果然如算卦先生所说，他遇到淄水暴涨，根本过不去，就回来了。

从齐国返回鲁国的路上，他又碰到那位算卦先生。算卦先生说：“我告诉你不能去北方，你一定要去，果然还是去不了。”墨子这时候就指出算卦先生的迷信谬论，不符合事实，是用自己也不信的鬼话骗人。可见这时候他开始讲科学、批判迷信了。

《墨经》的版本与内容构成

前面我说墨子有个缺点，就是在《天志》《明鬼》这两篇文章里提倡迷信思想。墨子主要有十大观点，其中“兼爱、非攻、尚贤、尚同、节用、节葬、非乐、非命”这八大观点是合理正确的，《天志》《明鬼》这两篇文章的观点则是不对的，是迷信的。

因为墨家的思想有一个发展过程。它经过战国中期的辩论，到战国末期，即公元前3世纪时出现了《墨经》。《墨经》是战国末期的著作，跟荀子、公孙龙子（名家离坚白派的代表人物）同时代，此时秦始皇已经快统一中国了。这个时候的《墨经》没有一个字讲天志、明鬼，也就是说墨子的迷信思想已经被彻底清除，全是讲科学的。

《墨经》一共183条，每一条都在讲科学，主要是《经上》和《经下》

这两篇。

其中，100条《经上》全是定义与分类，这是判断《墨经》具有科学性的一个依据。

我有一个研究项目题为“《墨经》绝学的E考据和元研究”。《墨经》从汉代到清代没有人研究，算是绝学。我们现在来重新研究它。

我把《墨经》的科学思想分成18个门类。当然在古代它没有分科，但是《墨经》的183条内容，已具备根本的科学思想。现在我们认为它们是可以像百科全书条目一样合在一起的。

我们现在做研究时分科进行，就是分析综合的思维方法。

在逻辑方法中有一种叫分析和综合。不分析就得不到综合的结果，还要与现代科学、世界科学比较。比如光学，《墨经》是真的有光学，有关光学的内容很集中，没有乱摆在一起，是系统的光学。这个光学了不起，跟现代光学理论是一致的。

通过综合分析方法，我们得出:《墨经》包含光学、力学、简单机械学、数学和物理学等5门自然科学，以及逻辑学、方法哲学、认知哲学、科技哲学、本体哲学、历史哲学、经济学、政治学、伦理学、教育学、语言文学、艺术美学与军事学等13门人文科学。

墨子与“墨子号”

我国成功发射了一颗量子卫星，首席研制专家是中国科学技术大学常务副校长潘建伟。潘建伟30岁左右时从维也纳留学回来，他与外国科学家联合研制发射的这颗量子卫星叫“墨子号”。为什么叫“墨子号”？

潘建伟是中国科学技术大学副校长，继承了钱临照的思想。他联络一些科学家，成立了一个学术团队，在上海、北京办了一个墨子沙龙，去研究墨子思想。在沙龙的第一次演讲中，他几次讲到墨子，并把量子卫星研究跟墨子思想研究结合起来，认为他的量子卫星首先是受了墨子的启发。

《墨经》涉及光学的内容有八条，包括光的直线传播原理、小孔成像实验、把光线分析为粒子等。我们现在将粒子叫作微粒，微小的粒子，是一粒一粒的。而古希腊哲学家说的原子其实就是粒子，原子就是最小的不能分割的微粒。《墨经》的原话叫端，极端的端。

既然《墨经》论证了小孔成像原理，论证了光的直线传播原理，所以我们可以说它既有实验又有科学想象。

想象的结果是什么？光在传播的过程中，人站在窗户外，墙上有个小孔，人的影像被太阳光照射到屋里，在屋里面的墙上形成倒影。墨子分析光线直线传播时，不是在数学上证明。尺子是直线，是无数的端、无数的点构成的，那么光线也是这样，光线是沿直线传播的，构成光线的是一粒一粒的光子。

端翻译成现在的话就是光量子，用潘建伟的话说就是光线的量子。所以在《墨经》里已经有了光量子的概念，叫端，引申到数学上叫点，引申到物理学上叫微粒。墨子用无宇、无厚来形容，所以我替潘建伟把《墨经》里的情况解释得更清楚。

潘建伟只是说在《墨经》里有光的直线传播原理，并且有一定意义上的光量子的概念。“有一定意义上”，就是说还不完全是现代科学里详细的意义，而是很笼统很模糊的一点点意义。只要和光量子的概念沾边那就是端。将来我在“《墨经》绝学的 E 考据和元研究”项目报告中要把它写清楚，把古代的科学跟现代科学、中国的科学跟外国的科学的比较说清楚。

《墨经》的光学理论非常系统，既有本影也有半影。对这个道理，中外科学界的看法绝对是一致的，古代科学跟现代科学也是一致的，这就叫古今中外相贯通，本质上是一致的。尽管语言不一致、表达不一致。

《墨经》的科学实验特点

《墨经》不仅体现了光学，也有力学。它有趣地给力学下了定义，而且关于力的定义接近于我们现在学习的牛顿力学。在《经上》中有这么一条关于力的定义：“力，形之所以奋也。”奋就是运动加速度，翻译成现代的话就是说这个形体有一种内在的力。这个力导致物体运动的速度在改变，在不断地加快，力是使物体运动状态改变的原因。这一定义接近于牛顿力学原理、伽利略的力学原理。

《墨经》里举的例子是人举重：人吃饱了饭才有力气举重，举起重物，搬运重物。它还有实验，讲得也很详细：盖房子需要砌砖堆墙，凡是从下往上堆起来的，一定要有支撑。没有支撑房子就会倒塌。这种实验有点像现代实验。怎么做这个实验呢？

《经说下》第130条说：“方石去地尺，关石于其下，悬丝于其上，使适至方石。不下，拄（支撑）也。胶丝去石，挈也；丝绝，引也。未变而名易，收也。”

意思是：拿两块砖头，底下放一块，上头放一块，上头这一块是悬空的，底下这一块做它的支撑基础。做实验的时候，用一条丝绳——胶丝——粘在上边的石头上，把它吊起来，这时候丝线不断绷紧，甚至断掉。丝绝，就是丝线断了，丝线如果断了，表明什么？结论“引也”什么意思？引指的是引力，是说地面对悬空的砖头有引力，所以丝线断了。怎么样使上面的砖头不掉在地面上？底下垫一块砖头支撑。

所以在《墨经》里，关于力学的实验证明了地面对于悬空的物体有引力。这不得了，这是万有引力实验。

古代人没有明确的地球的概念，但是墨子论证了地面对悬空物有引力，有支撑才不会倒塌，没有支撑就会倒塌，说这是由于地面引力引起的。

《墨经》除了有系统的光学和力学外，也有简单的机械学。

简单机械主要是杠杆。杠杆在古代非常发达，日常生产生活都使用，比如民众打水。在打仗的时候，他把杠杆原理应用到守城器械上，出现了抛石机，放箭抛石都有机器。在《墨子》里有 11 篇详细记载了怎么制作守城的器械。简单机械学也是一门科学。

《墨子》里还有数学概念。我列举了12个概念，有点线面体、方圆平直、相切相离交错交叉等等。

《墨子》的物理学就是讲世界的构成，世界由微粒构成。

我研究出《墨经》涉及的自然科学有5门，力学、光学、数学、物理学、简单机械学；而社会科学有13门，最系统的是逻辑学，排在最末的是军事学，还有政治学、经济学（等价交换的规律）等等。因此，我研究后得出《墨经》的科学分类一共有18门。

第五节

特立独行的墨家科学思想

墨家科学思想与儒家思想的比较

讲到墨家的科学思想，我要把它跟儒家与道家、跟外国的思想做一个比较。我们首先跟儒家比较。

儒家传统重视政治、伦理，轻视科学，这一点可以通过儒家经典找到证据。我写了本书叫《五经趣谈》，详细讲了儒家的著作，其中有一本叫《礼记》。

在《礼记》里有篇文章的原话是："作淫声异服、奇技奇器以疑众，杀。"

"作淫声"在古代的意思是过分的音乐。中国的统治阶级不喜欢淫声，淫声是过分的音乐，是新的音乐。他们认为要欣赏传统的音乐，不要用新音乐把人们的心搞乱了。

"异服"也不行，服装要有制式、有规范，不能随便做一个奇装异服。所以，音乐不能随便改，服装也不能轻易地更改。

“奇技”就是奇怪的技术，各种奇怪的技术都不能用；“奇器”是各种奇怪的器具，这些也不能用，因为它们会扰乱老百姓的心。如果用了这些是要杀头的。郑玄是儒家的一个大注释家。郑玄注解说鲁班就是个典型。为什么呢？因为鲁班做奇技、奇器，鲁班这种人应该杀。

所以，科学技术怎么可能在儒家的经典著作里存在呢？它认为发明奇装异服、发明奇怪技术的人都是要杀头的，又怎么能有发明，怎么能有科技？可以说，儒家的著作里绝对没有系统的科学思想，只有《墨经》里有。

所以墨家在诸子百家里是独特的，因为它有系统的科学思想。

孔子和科学比较沾边的观点是他曾经提倡大家学《诗经》。《诗经》有300篇要学习。他教导子贡这些弟子们要好好读。为什么要读《诗经》？可以学习它的语言，将来做外交工作的时候，可以跟人辩论，宣传自己的思想，批判别人的思想，这样比较容易说服人。也就是说儒家学习的是《诗经》里的语言艺术。

如果非要说儒家也有自然科学思想的话，可以看一下“多识鸟兽草木之名”这个观点，是说因为《诗经》里讲了各种各样的花草树木，读《诗经》时可以了解花草树木，记住它们的名字，作诗的时候会用到。只有这句体现了儒家的自然科学思想，只是这种自然科学思想太薄弱，过于表面化。

而墨家的科学思想是系统的，跟现代科学是一致的。

墨家科学思想与道家思想的比较

道家也没有科学思想。为什么这么说呢？《庄子》里有文章可以作证。墨家讲简单机械学。简单机械主要是指杠杆，用杠杆原理来发明那些器械，打水浇地都可以用。《天工开物》[1]记载，古代有一种用来浇地的器具叫桔槔机（俗称“吊杆”，古代汉族农用工具，是一种原始的汲水工具。商代在农业灌溉方面，开始采用桔槔。始见于《墨子·备城门》，作“颉皋”），比人力效率高一百倍。而《庄子》里记载的人力是怎样浇地的？

他宁愿“凿隧而入井”，就是打井打到水源位置，从这个洞里钻进去打水，然后“抱瓮而出灌”——怀里抱着或者肩膀扛着一个瓦罐去浇菜地，“用力甚多，而见功寡”，也不愿意用桔槔机提高效率。为什么？他有他的理论。这个理论就是老子庄子的理论，原话是这样说的：“有机械者，必有机事。有机事者，必有机心。”意思是你用了机械后，你就会投机倒把，“机事”就是干投机倒把的事，就会坑蒙拐骗。（《庄子·天地》）

《庄子》里面这个老人的话，其实体现的是老子庄子的思想。

老子庄子是讲究“绝巧弃利”，不要技巧、不要利益。“人多利器，国家滋昏”（《老子》），发明这些科学技术，国家就会混乱了；“人多技巧，奇物滋起”（《老子》），人的技巧多了，各种奇怪的器具也就会出现。这是老子庄子的思想，说穿了就是反对技术革新，反对研究科学技术。

墨家思想跟古希腊思想的比较

古希腊的科学家叫自然哲学家。什么叫自然哲学家？就是研究自然科学的哲学家，关注自然界的原理规律。

[1]《天工开物》：世界上第一部关于农业和手工业生产的综合性著作，是中国古代一部综合性的科学技术著作。作者是明朝科学家宋应星，初刊于1637年，即明崇祯十年。外国学者称它为“中国17世纪的工艺百科全书”。

最著名的一个人叫德谟克利特[1]。他说过这样一句话："我宁愿找到一个因果的说明，而不愿意获得波斯的王位。"

这是北京大学编的《西方哲学史》原著里的一句原话：他宁愿找到一个因果的说明，也就是探求因果联系，而不愿意去当波斯的国王。我把这句话改造了一下，用七个字来表达就是"求故胜当波斯王"。求故就是《墨经》的思想。

我们在前面说过《墨经》有一条定理——"巧传则求其故"，对于手工业技巧要探究原因，要探究原因，就要建立命题，建立了命题，再进行论证就是科学思想。探究因果联系这一点是很重要的，说明墨子与德谟克利特的思想是相通的。

再来跟亚里士多德做比较。亚里士多德有一本书叫《形而上学》，这个书名不论用古希腊文、拉丁文还是英文，基本上都念作"metaphysics"。Physics 是物理学，meta 是之上、之外，在物理学之上进行哲学解释就叫"metaphysics"，即形而上学。商务印书馆 20 世纪 50 年代出版的《形而上学》一书，译者叫吴寿彭，是一位老学者。他是用文言文翻译的，把"metaphysics"翻译成"形而上学"，跟《墨经》里的话非常像。所以我就喜欢引用吴寿彭翻译的《形而上学》一书的内容。

这本书翻译得非常好，其中有几句非常适合用来评价《墨经》。亚里士多德说："技术家较之经验家更聪明。"技术家有经验。当木工当了几十年，老木工就会做木器家具。技术家比经验家文化水平更高一些，为什么？因为技术家知道原因，而经验家不知道。"知其然不知其所以然"是《墨经》的原话。经验家是按经验办事，就是我们说的经验主义者。技术

[1] 德谟克利特（约前 460—前 370），出生在色雷斯海滨的阿布德拉的商业城市，古希腊伟大的唯物主义哲学家，原子唯物论学说的创始人之一。

家比经验家高明在哪里？高明就在于知其然，也知其所以然。

技术家之上有大匠师如鲁班，墨子其实也是大匠师。比一般的工匠更厉害的叫大匠师，像总工程师。如果匠师是工程师的话，大匠师就是总工程师。他说大匠师应该更受尊敬，因为他比一般的工匠知道得更深，也更聪明。他们为什么更聪明？因为他们不光会操作，而且有理论，懂原因，所以说理论比生产有更高的智慧。

我们用亚里士多德的原话来评价《墨经》非常贴切。《墨经》的科学技术理论就有这个高度，就有亚里士多德所说的理论家、大匠师、技术家的高度，而不是经验家的高度。《墨经》已经把工匠的经验上升到各门科学的原理了，有定义有分类，有命题有论证，这就变成系统的科学了。

第六节

作为墨家“要害”的辩证法

墨家的“要害”

墨家思想的一个要害就是辩证法。

辩证法是现在的词，从古希腊文、拉丁文到英文，大体上是用dialectic一词，在古希腊文里是“对话法，归谬法，辩论术，方法论”的意思。

中国古代的逻辑学也是关于辩论的学问，出自《墨经·小取》。这是专门的一篇逻辑学文章，只有900字。为什么叫小取？因为它的篇幅以现在的眼光来看特别短小。尽管如此，它却是一篇系统的逻辑学论文。

在古代，900字其实非常多了，《老子》只有5000字，《论语》1万多字，《孟子》才3万多字。

《墨经》总共只有8000多字。但它是系统的逻辑学论文，这在中国古代是绝无仅有的。因为古代文献比如将近10亿字的《四库全书》，居然只有一篇文章专门讲逻辑，就是《小取》。它的第一句话是：“夫辩者，将以明是非之分。”这辩学就是逻辑学。

Dialectic 在古希腊最初就是指对话。对话就是辩论，最终发展成一门学问，这一门学问就是逻辑学，即辩论的一种学问。实际上中国也是这样，梁启超认为《墨经》的“辩”就是西方的逻辑，“辩”和逻辑是对应、等值的概念。

Dialectic 是古希腊文，我们现在叫辩证法，也叫方法论，也就是李约瑟说的科学方法论。为什么叫辩证法呢?

“辩证”这个词的出现也有一个过程，最初翻译为“对话法”，后来才翻译成辩证法，流传至今。

辩证法是很重要的一个方法论，只不过形而上学的概念变成坏的、负面的了。我说过，这是物理学之上、物理哲学的意思。

其实“形而上学”这个词是有歧义的。一个意义是反辩证法的，固定的、静止的、片面的；另外一个意义是正确的，就是物理学的哲学，自然科学的哲学。

辩证法最早是对话的方法，然后发展到系统的方法论，就成了哲学思想。所以我讲墨家思想的要害是辩证法。

《墨经》辩证法思想的闪光点

说起中国思想史、哲学史上的辩证法，除了《墨经》的辩证法外，就是《易经》的辩证法思想了。《易经》的辩证法思想是非常厚重的，值得我们学习和推崇。但是《墨经》的辩证法，绝对不亚于《易经》的辩证法，甚至可以说与之并驾齐驱。

《墨经》有许多闪光点，或者叫学术增长点，从中我们可以引发出很多理论。

第一个是“两而勿偏”的思想。

《墨子·经说上》说：“权者两而勿偏。”权即权衡。抽象来源于具体，权最早是指秤锤，衡指秤杆。秤锤和秤杆构成秤，用来称重量。后来引申抽象为权衡的意思。

权衡的过程就是思维活动的过程。

动脑在古代被说成是动心，就是用心。《墨经》认为，脑子想问题的时候，要“两而勿偏”，就是任何事情都有两面性，譬如说有好坏、利弊、优劣、长短、大小等等。

墨家思想整体是好的，但也有坏的，其中《墨子》提倡的“天志”“明鬼”就不好。而儒家虽然讲仁义道德，但儒家是为统治阶级服务的，这也是其不好的一面。“权者两而勿偏”就是说想问题的时候要考虑两面性，不要只考虑一面。

《墨经》有一大套形容“两”和“偏”的概念（也叫范畴，范畴就是大概念）。我至少可以概括出四个：兼、二、尽、俱。其中的“二”就是指两面，它是一个集合。比如说夫妻是两个，丈夫是其中一个，妻子是另外一个。（《墨子·经上》说：“见，体、尽。”《墨子·经说上》说：“特者体也，二者尽也。”）

这个命题还牵涉整体和部分的关系。比如“二之一”“尺之端”的概念。“二之一”中，“二”是一个集合，“一”是其中的一个元素；“尺之端”中，“尺”是直线，“端”是其中的一个点。

《小取》中也有个定义：“或也者，不尽也。”“或”是一部分，比如说有人是黑的，有人不是黑的。比如说我今天去找我儿子，他在上大学，那么他或者在课堂，或者在宿舍，或者在饭厅。我就去这几个地方找他。

这就是选言命题（又称为析取命题，是反映事物的若干种情况或性质至少有一种存在的命题）。特称命题（含有“有的”的命题）是指：他有时候在教室，有时候在食堂，有时候在图书馆，有时候在操场，等等。

《墨经》还有一个命题是“同异交得”。《墨子·经上》里面有一个描述、叙述、论述的方法，就是抽象的命题、概念都附带有例子。这是一种论证方法，原话是七个字：“同异交得放有无”。

“交”是交替交错，互相的意思。比如说一块石头，既坚又白，那我就要摸到它是坚的，又要看到它是白的；“得”是占有、把握、认识。这句话的整体意思是：认识一个事物的时候，既要看到它相同的一面，也要看到它相异的一面，要两面都看到。《墨经》在讲抽象的概念时，一般都有一两个例子，但这一条特别举了十四五个例子。

第三个命题说人勇敢。墨家说侠义精神会让人敢于拼搏，但是《墨经》里专门有一条讲这个“敢”有两面。人有勇敢的一面，就是说做某件事情时“敢”，做另外一些事情时又未必“敢”。举个例子，武松敢打虎。但是我们想象假如武松不会游泳，海里有一个人快要淹死了，正在大声呼救。此时，武松从海边走过，他不会游泳，他就不敢下去救人。敢于上山打虎的武松，由于不会游泳，而不敢下海拯救溺水的人。敢或不敢，都统一在一个人身上。

再举个例子，会数学计算的人，可能不会演讲辩论。数学家陈景润会算数学题，但是他不会辩论。因为数学计算是一种能力，演讲辩论又是另外一种能力。会讲会说的人不见得会算，会算的人不见得会说。

再比如，任何一件事情都可以说是既久又不久。比如说一棵树长了50年，第51年的时候被做成了桌子。50年的时间够长的了，它比49年要长；可是它又是短的，比55年要短。任何一件事情的存在都是既长又短，这是很容易理解的。

《墨子》还有一个命题非常好。原话是："甘瓜苦蒂，天下物无全美。"这话说得多好，瓜是甜的，蒂是苦的，然后概括出一个哲学命题是"天下物无全美"，就是天下的事物没有完美的。

中国传承发展的辩证法思想

前文说过，中国的科学思想从《墨经》之后是断了的，因为儒家和道家都不怎么讲科学。但在中国哲学史、中国思想史或者中国文化史上，辩证法是一个传统，是非常发达的。诸子百家各派都有辩证法思想，从古到今未曾中断。从夏商周开始就有易经、易卦、易传，它们里面就含有辩证法思想。

这种辩证法思想一直被继承下来。道家也很讲辩证法，《老子》中就有"反者道之动""物极必反"的思想。"韬光养晦"也是辩证法。《老子》《庄子》有很多辩证法。儒家更不用说，也有很多辩证法；其他各派，比如《孙子兵法》中就有丰富的辩证法思想。

所以在中国历史上，辩证法思想一直在发展，没有中断，而且是非常发达、非常系统、非常精彩的。但墨家辩证法思想有更高的高度、更深的深度，以及厚重的科学分量，非常值得后人继承和发展。

第七节

从理解墨家逻辑学开始读懂《墨子》

《墨经》分狭义《墨经》和广义《墨经》。狭义的《墨经》就是四篇，其中有《经上》《经下》。“经”这个字在中国古文言里是基本规律的意思，是中国古代著作的一种体裁。经学、经书就是讲解基本规律的学问和书。儒家有儒家的经，音乐有音乐的经，兵家有兵家的经如《孙子兵法》，各家各派都有自己的经。《墨经》的“经”分上下。

墨家思想到公元前3世纪战国末期，发展到高峰，可以总结概括了，所以形成了《墨经》。一篇写不完，写成两篇，就是《经上》《经下》。

《经上》是定义，有100条，比如“故，所得而后成也”“体，分于兼也”，都是些简单的命题、定义划分。每一条都很短。

比如对义和利的定义，墨家讲的义跟儒家讲的义不一样，是指政策法规都从人民的利益出发，给人民以实际利益，不是空讲利益。墨家是用利来定义“义”的。而在儒家那里义和利是对立的概念，比如说君子谋于义不谋于利，只讲义不讲利；“君子喻于义，小人喻于利”，就是君子讲义，小人才讲利。这是儒家对义和利的片面理解，把义和利分裂了。

《经下》有83条，每一条都是命题和论证的结构。比如，对于“欲”的命题，纵欲主义者主张任何欲都是有利的，甚至于拚命喝酒也是。杨朱属于纵欲主义。而禁欲主义者则不要任何欲望，消灭任何欲望，待着不动。老庄是禁欲主义——吃最差的，穿最差的。庄子就说过他想学猪，猪在烂泥里头打滚最舒服、最快乐。但《墨经》对“欲”的认识是“无欲恶之为益损也。”它是一个命题，意思是不能笼统地说欲望一定是有利的，或者一定是有害的，而要考虑具体情况。

墨家不反对喝酒，但主张喝酒要只喝一点。《墨子》有一个记载：禽滑釐做守城器械做了很久，很疲惫了。于是墨子带着酒和菜与禽滑釐一起到泰山上，坐在泰山的茅草上喝酒。他说：“禽滑釐你这一天太累了，现在我们俩在这儿喝酒，你感觉怎么样？舒服吗？”

但禽滑釐马上又与他讨论起学问和工作来，问他守城技术、如何写文章等。所以这一条“无欲恶之为益损”也是一个论证。

《经说》是举例子，《经上》有《经说上》，《经下》有《经说下》，一篇“经”配一篇“说”。

“经”是基本规律。“说”是解释，展开发挥，举例子。墨家认为“说在宜”，就是论证的时候，你要告诉大家应该讲分寸，对欲望要具体分析，有分寸就好了，有分寸就是有利的。不讲分寸，超过了或者不够，那就是有害的。

区分广义《墨经》和狭义《墨经》的重要意义

《墨经》还有《大取》《小取》两篇。“取”是采取的意思，就是我采取哪一面。

比如说我经常走在深山老林，遇到了强盗要来杀人越货，怎么办？采取什么策略？这就是取，取利或害。面前有利有害的时候，我怎么办？怎么从“利”之中取大，“害”之中取小？不得已受害的时候，我要考虑大局还是小局，小局受害不影响大局的话是可以接受的。《大取》就讲这些道理。《大取》篇幅长一点，近 2000 字，已经算长篇幅了。

《小取》900 字， 是一篇逻辑学的教学大纲，主要是一个个定义，对每一种辩论方式都有个定义，都有解释。这是《小取》，篇幅短。

所以，逻辑学是《墨经》的结构。整个《墨经》就是讲逻辑学的。这个结构涉及光学、力学、机械学、数学、物理学等，具体内容涉及各门科学，但是它的整体结构是逻辑学：《经上》是定义，《经下》是论证，《大取》是讲利害，《小取》是逻辑学教学大纲。《经上》《经下》再加上《大取》《小取》就是广义的《墨经》。

区分广义《墨经》与狭义《墨经》是有意义的。狭义《墨经》完全不讲鬼神。但《大取》《小取》举例的时候是有鬼神的，不过我不认为它是彻底的迷信，它只是利用了墨子的思想。《小取》有这么一个推论：鬼不是人，但是哥哥的鬼是哥哥这个人。就是说在抽象的意义上鬼是鬼，人是人，是两类东西，人不是鬼。但是假如我今天上坟，上哥哥的坟，我祭祀的就是哥哥的鬼魂，也就是祭祀哥哥这个人。在具体意义上，哥哥的鬼魂就是哥哥这个人，哥哥的鬼魂在坟地里头是代表哥哥这个人的。这是他举的推论的例子，说明一个抽象的意义和具体的意义是有差别的。

狭义的《墨经》非常严密，5700 多字，加上《大取》《小取》就是 8000 多字，加上现代标点共 1 万字左右。

《墨经》是刘向编成，《汉书·艺文志》说是有 71 篇，但是谁也没看见。到了明代，1445 年在《道藏》里收录了 53 篇，《墨子》的大部分篇幅还在，能看见墨家的思想全貌，《墨经》也全都在。但是明代依然没有人研究《道藏》里的《墨经》，它还是绝学。

到什么时候才开始研究它的呢？梁启超是第一人，胡适是第二人。胡适比梁启超小了几岁。

梁启超在日本已经在《新民丛报》，写《子墨子学说》了。那时候胡适还在上海上中学。胡适在美国上学的时候读了哥伦比亚大学农业经济系，后来才改读哲学，导师叫杜威。他后来在读杜威的博士的时候，博士论文是用英文写的，题目叫《先秦名学史》。这是他自己取的一个中文题目，全文都是英文。该论文的英文题目翻译过来是《中国古代逻辑方法的发展》。他用括号标了几个汉字，后来在 1922 年由上海亚东图书馆出版。

所以近现代对《墨经》的研究是从梁启超、胡适开始的。梁启超开始真正懂得《墨经》的一部分思想，胡适在梁启超的基础上进一步研究了《墨经》的逻辑学思想——《先秦名学史》。名学是逻辑学在清末时候的译名。严复翻译的英国逻辑学著作叫《穆勒名学》《名学浅说》。

为什么叫名学？儒家讲“名”，儒家讲正名，孔子讲正名，荀子有《正名》篇。儒家的逻辑思想是名学，墨家的逻辑思想叫辩学，所以连起来叫名辩学。

梁启超和胡适是开创者、领军人，但是他们只读懂了一部分。我研究了60年，我应该比他们前进，这是我的使命。我有历史使命感，要做好研究。

如何读懂《墨子》？

诸子百家或者中国传统文化（包括“经史子集”），是中华民族的精神家园，塑造了我们每个人。我们中国人之所以叫中国人、中华民族，是因为我们受到中国传统文化的熏陶。它塑造了我们的精神心理。儒家、道家塑造了我们；墨家也可以说塑造了我们，譬如说在人民性、科学性、辩证法、逻辑性等方面，塑造了我们。同时我们自己也在塑造自己，接受儒家思想、道家思想、墨家思想、法家思想等。

诸子百家各有所长，各有所短，取长补短，相辅相成。每家都有自己的长处和精华。墨家的长处就是我讲的四点：人民性、科学性、辩证法、逻辑性。这是墨家最主要的长处，墨家的特点。

第三讲

老庄：世故到天真

作者杨立华：北京大学哲学系教授、博士生导师，北京大学研究生院副院长。

第一节

道家与老庄的关系

一般，人们以为道家是一个先秦时期的学派。这样的一个印象，当然也不能说是完全错误的，但是这个印象跟实际的思想史并不完全符合。其实“道家”这个概念出现得非常晚，要到西汉中叶才出现。我们目前能看到的明确提出道家这个概念的，应该是司马谈的《论六家要旨》，但那里面的道家概念实际上不是指老、庄，很明显的是指黄、老。黄是黄帝，老是老聃。因此司马谈《论六家要旨》里面讲的道家是黄、老“清静无为”之术。对这个“黄”的思想内涵，一直以来学术界不是特别明确，直到长沙马王堆出土了帛书《黄帝四经》，我们才能够比较确定“黄”的思想内涵。

因此，道家这个概念用来指称的是先秦时期，一批与黄、老有类似思想倾向的思想家。它不是一个严格的有明确传承的学派。其实先秦时期，真正构成学派的主要就是两家，一家是儒家，另外一家是墨家。这两家既有自己思想的学术传统，又有学术传承的明确谱系。当然，墨家虽然一度号称显学，但到了战国晚期，就消亡了。墨家消亡的原因，思想史上有各种各样的讨论，这里我们不做讨论。

而道家的概念实际上是到了西汉中叶，为了理解和描述先秦时期的思想史，甚至是出于图书分类的需要而创造出来的一个概念。这个概念把一些思想气质比较接近的思想家放在一起，比如关尹、老聃、田骈、慎到、宋钘、尹文，当然也包括庄子。其实老、庄连称这件事要到非常晚的时期才出现，大概是东汉。

这一点，如果读者们有兴趣可以去看钱穆的《庄老通辨》。在这本书里面，钱穆对这个问题有非常充分的讨论。当然，我们一方面要看到道家这个概念晚出，而且最初出来的时候并不是指老、庄，更多的是指黄、老的清静无为之术，是黄、老的一种政治思想。但是，另一方面，在后来的发展当中，道家这个概念就越来越跟老、庄结合在一块儿，以至于后来人一般提到道家自动地就会讲到老、庄。老子跟庄子在思想气质上确实有相通之处，但是我们还是要看到他们根本哲学问题的不同。

说到老子的哲学，我们是讲《老子》这本书的哲学，而不是老子这个人的哲学。下一节，我们会对这个问题做更深入的讨论。《老子》一书，就整体而言偏政治思想，老子本人的关注点是政治。所以，班固认为《老子》是君人南面之术。这个评价目前学术界还是普遍认可的，我个人也认为是非常中肯的。

而庄子的哲学，更关注的主要还是个人的生活或者个人生存的境遇。当然，现在对庄子有很多的理解，各种虚无主义或者相对主义或者怀疑主义的庄子，而把庄子对真知的追求的脉络完全忽略掉了。由于忽略掉了庄子对真知的追求，庄子对个人人生理想的追求，就从根本上被误解了。

所以我们要把老子跟庄子哲学最核心的问题及问题的指向，跟读者们做一个分享。

从中国思想的整体格局看，儒家、道家共同构成了中国固有思想的最主干的部分。所以前辈的学者也讲过，中国文化的格局是儒道互补的格局，从大的方面讲这是不错的。但是我在这里想提醒读者的是，对道家这个概念，不要把它当作一个像儒家那样有明确传承谱系的学派来看。这是我希望读者们能够了解的。

第二节

《老子》是老子作的吗？

我为什么这么强调《老子》这本书？是因为老子这个人跟《老子》这本书的关系，近代以来争议极大。在顾颉刚古史辨派的讨论当中，我们可以看到整个《古史辨》系列里面有整整一册的内容，都是在讨论老子这个人和《老子》这本书的关系，可见争议是非常大的。

《老子》成书应在战国晚期

对老子这个人跟《老子》这本书的关系，我们目前能够看到的比较早的论述，主要就是《史记》中的《老子传》（《史记·老子韩非列传》）。《老子传》分几个部分，前面的部分把老子这个人讲得非常确定，姓什么，名什么，字什么，家在哪，好像都很清楚。但到后面，《老子传》又把周太史儋和老莱子的事迹混进来。也就是说在《老子传》里面已经明确地呈现出一个情况，就是司马迁已经不能够非常确定地知道老聃是谁。目前看，老子这个人应该是历史上真实存在的思想家，这个应该没有问题。虽然钱穆对此有质疑，但是他的态度，一般不为学术界广泛接受。

那么关于老聃（老子）这个人，他的生平事迹，我们目前能够确定的大概有几件事。第一件事是他曾经做过周朝的守藏史。第二件事是他曾经跟孔子见过面，从孔、老见面的种种相关传说和记载看，老子的年辈应该是比孔子高，至少大 20 到 30 岁。所以我推测，老子出生的时间，大概应该在公元前 580 年到公元前 570 年间。

而《老子》这本书，现在看有太多晚出的痕迹。《古史辨》有非常多关于《老子》的讨论。比如从观念上，《老子》里面有明确地反对“尚贤”的观念。“尚贤”观念是由前期墨家提出的。也就是说，老子明确讲“不尚贤”，这显然应该是针对前期墨家的“尚贤”观念的。也就是说，《老子》的文本，至少五千言规模的《道德经》，应该出现在前期墨家以后。

老子讲“绝学”“绝学无忧”，讲“学不学”，明确反对“学”的概念。而“学”的概念当然是儒家的主题。《论语》开篇第一个字就是“学”字。所以五千言规模的《老子》应该出现在《论语》以后。更重要的是，《老子》第 11 章讲“三十辐共一毂”。从考古的证据看， 30 根辐条的战车要到战国晚期才能出现。所以《老子》这本书出现得应该是比较晚的，我个人认为应该到了战国晚期。

当然，《老子》一书的情况比较复杂。20 世纪 90 年代在郭店楚墓里面挖掘出了一组竹简，其中有三种《老子》的抄本，在学术界一般被称为郭店的甲、乙、丙三本。但是这甲、乙、丙三种竹简本加起来只有 1300 多字，规模远远没有到五千言。学术界有一种意见认为，郭店本的《老子》是《老子》的摘抄本。从墓葬这个角度来看，作为陪葬品，是摘抄本的可能性我认为是非常小的。还有一点就是郭店的甲本《老子》和丙本《老子》明确有重复的部分。那么如果是从一个大的母本摘抄下来的话，甲本跟丙本重复的内容，明显是同一章，但字句又不同，如果是从同一个母本摘抄下来的话，不应该出现这种状况。所以它们是摘抄本这个说法应该不成立。

我个人觉得郭店本反而恰恰呈现出《老子》是一个不断形成过程当中的文本。从古代典籍的成书过程看也是如此，大家可以参见余嘉锡的《古书通例》，其中就讲到一般经典都有一个成书的过程。所以我个人认为《老子》这本书应该是在非常早的时期，就有了一些核心的观念。而这些核心观念是跟老子本人有关系的，是出自老子本人的。后来这些核心观念沿着不同的脉络不断地累积发展，到了战国晚期，开始做综合整理，从而形成了五千言规模的《老子》。

关于《老子》的不同版本

后世把五千言规模的《老子》称为《道德经》。之所以把它称为《道德经》，是因为《老子》全书 81 章，其中第 1 章到第 37 章是《上经》。《上经》的第一个字是“道”字，即“道可道，非常道；名可名，非常名”的第一个字，所以上经被称为《道经》。下篇开篇第 38 章的第一句话“上德不德，是以有德”有一个“德”字，所以《下经》又被称为《德经》。因此，传世本《老子》通常被称为《道德经》。

这个情况又有它的复杂性。复杂性在于 1973 年出土的长沙马王堆汉墓帛书里有大批重要经典，其中就有两种完整的《老子》抄本。我们一般称为马王堆帛书甲本与马王堆帛书乙本。这两个本子抄写年代都非常早。甲本确定无疑是汉以前的抄本。乙本相对要晚，但是抄写年代也相对确定，它应该是高祖之后文帝之前的抄本。为什么这么讲？因为《老子》甲本不避刘邦的讳，里面的“邦”字没有被改抄为“国”字，所以可以认定是高祖以前的抄本。《老子》的乙本把“邦”字改成了“国”字，但是“恒”字没有改成“常”字，避了刘邦的讳而不避文帝刘恒的讳，所以应该是高祖之后文帝之前的抄本。

传世本中的“道可道，非常道；名可名，非常名”，在马王堆甲乙本中都写作：“道可道也，非恒道也。名可名也，非恒名也。”马王堆甲乙本的出土，对于《老子》的研究有重大的推进作用。马王堆帛书《老子》甲乙本还有一个重要的特点，就是它是《德经》在前，《道经》在后，也就是甲乙本的第一章都是传世本的第38章，即“上德不德，是以有德”这一章。

所以我们就可以知道，五千言规模的《老子》出现以后，文本相对固定下来。但是，它的篇章结构先后顺序是有不同的传本系列的。这是我们对《老子》这本书的一个简单介绍。由于老子这个人跟《老子》这本书的复杂关系，我们不大能够确定《老子》这本书里面，哪个部分是老子本人的哲学，所以我个人认为，秉持严谨的态度，我们在讲老子哲学的时候，其实讲的都是《老子》这本书里呈现出来的哲学。这是我要特别说明的地方。所以我在讲老子哲学的时候，我一概是讲《老子》这本书里面我们能够体会到的、能够理解到的哲学。

第三节

“有”生于“无”

文本高度结构化

《老子》这本书，当然具有非常高的哲学品质。我们读《老子》的时候一定要注意，首先《老子》在文体上就是一个绝大的发明。之前的文本一般都不是这个形态。《老子》通篇是论述，没有对话，而其他各家的文本普遍都是以对话为形态来呈现自己的思想的，比如《论语》《孟子》，也包括《庄子》。但是《老子》这本书通篇无对话，都是论述。这是第一点。

第二点，《老子》这本书是高度结构化的，几乎每一章里面都有内在的结构。

比如传世本《老子》第一章，“道可道，非常道；名可名，非常名”，接下来是“无名，天地之始；有名，万物之母”。“无”跟“有”完全对立，“无”和“有”之间又完全并列。后面，“故常无欲以观其妙，常有欲以观其徼”，继续延续着“无”和“有”的并列的结构。所以，阅读《老子》第一章，你一定要在一个并列的结构当中，即“无”和“有”并列的结构当中来理解。

由于《老子》文本的高度结构化，所以要了解老子的哲学，要在一个结构意义上来对《老子》进行解读。德国汉学家鲁道夫·瓦格纳（1941—2019）在讲到《王弼〈老子注〉》的时候，特别强调空间性阅读的概念。

什么叫空间性阅读呢？在一个高度结构化的文本里，你不能简单地按照线性时间的先后顺序来理解文本，而要以线性时间的先后顺序为前提，同时从空间结构的意义上来理解这样的文本，阅读《老子》就一定要有空间性阅读的意识。

“无”和“有”

我个人认为要想理解老子哲学，必须先理解传世本《老子》的第一章，这是非常重要的，就是“无”和“有”序列的严格并置。当然，《老子》第一章理解起来非常麻烦。第一个大的麻烦就是标点问题，比如“无名，天地之始；有名，万物之母”这句话还有另一种标点法，就是“无，名天地之始；有，名万物之母”。在不同的标点法下，“名”的词性会发生变化。

对于这个问题，应该是“无名”“有名”是对的，即“无”“有”与“名”连读才是对的。因为在《老子》里面，“名”作动词时不能这么用，“无”不可能是“名”，“无”只能是“字”，所以后面才有：“字之曰道，强为之名曰大。”“名”跟“字”作动词讲的时候，在《老子》里面是有非常明确的区分的。因此，“无名，天地之始；有名，万物之母”，这个读法应该是正确的。

当然更麻烦的是后面，“故常无欲以观其妙，常有欲以观其徼”。这个麻烦非常大。因为从北宋王安石以后，这句的断句标点就出了问题。王安石说，这个不对呀，老子怎么能讲“有欲”呢？老子是清静无为的哲学，“有欲”的概念显然跟老子的哲学气质不相符合。所以，他认为以前的标点标错了，此前的人都读错了，在清静无为的哲学取向与哲学气质里面，老子怎么可能讲“有欲”，而且讲“常有欲”呢？王安石认为，正确的标点应该是“故常无，欲以观其妙；常有，欲以观其徼”。这样“欲”这个词的词性就发生了变化。“故常无，欲以观其妙”，这个“欲”，它就不再是名词，而是副词。

自王安石以后，“故常无，欲以观其妙；常有，欲以观其徼” 这样的标点法，反而成为主流。一直到1973年，长沙马王堆帛书《老子》甲乙本出现后，情况才发生了改变。因为帛书《老子》甲乙本，在“欲”后面多了一个“也”字，写作“故恒无欲也，以观其妙；恒有欲也，以观其徼”。有了这个“也”字，把“欲”连到下半句是无论如何都不能成立的。那么在马王堆帛书甲乙本整理公布以后，这个问题就得到了基本的解决。

当然目前还有争议，还是有人坚持说“有欲”的观念不是老子哲学应该有的观念。这个讲法应该是不对的。为什么呢？因为“无欲”“有欲”根本就不是老子这一段提倡的重点。这句话的重点在于“观”，“无欲”“有欲”是“观”的两种状态。也就是说，你“观”，一定以某种主体的状态为基础，一定有某种主体的状态。以“无欲”的状态去“观”某个方面，用“有欲”的状态去“观”某个方面，这样才能“观”得清楚。以“无欲”的状态“观”什么呢？“观物之生”；用“有欲”的状态“观”什么呢？“观器之成”。

所以传世本《老子》第一章里面，“常无欲以观其妙，常有欲以观其徼”，其实就是“以无欲观物之生，以有欲观器之成”。为什么要“以无欲观物之生”？因为只有在“无欲”的状态下，才不会干扰事物自然生长的节奏。万物皆有其自然生长的节奏，如果你以“有欲”观之，就会破坏它自然生长的节奏，比如现在人们吃的苹果、西红柿，就会没有原来的味道。为什么呢？因为你吃的是“有欲以观”的苹果、“有欲以观”的西红柿，在这个意义上要“以无欲观物之生”。为什么要“以有欲观器之成”呢？因为谈到器，我们可以比较粗略地把它翻译成工具。因为工具一定来源于用，用的需要，而“用”一定来自人的欲求，那么你只有在“有欲”的状态下才能看清楚一个工具是不是合用。所以在这个意义上，《老子》的第一章里面，突出的是这个。

“有”生于“无”

这一章只是突出了“观”的方式。那么关于“物之生”和“器之成”，其实就构成了老子哲学的两个主线。在“物之生”主线上，老子的哲学命题是“有生于无”。在“器之成”这个脉络上，老子的哲学命题是“无之以为用”。我概括老子哲学的时候，倾向于用王弼的讲法来概括，就是“以无为用”。这就是老子哲学的一个核心。

通俗地说，“有生于无”中的“无”指的是否定性。什么是否定性呢？任何事物的属性，其实都可以理解为一种否定。比如我们说某个东西是红色的，其实等于说出了一个无限序列的“否定”：它不是黄的，不是绿的，不是蓝的……也就是说有限的肯定来源于无限的否定。

而无限的否定呢？我们稍加思考就会发现，无限的否定是“一”而不是“多”。你不能说颜色来源于颜色的无限否定，硬度来源于硬度的无限否定。为什么呢？因为如果具体的颜色来源于颜色的无限否定，那么作为具体颜色来源的颜色的无限否定里面就有了肯定性的内容。而只要有肯定性的内容，你又可以发现这个肯定性的内容来源于更根本的无限的否定。

所以我们可以说天地万物，一切属性都来源于根源的否定者或者否定性根源。那么这个根源的否定性，或者根源的否定者，或者否定性根源，在老子那儿，就成为“无”。老子的最核心概念都是从这儿来的。由于所有的事物都经过根源的否定性，所以把它称为“道”。因为我们经过的是“路”，“路”就是“道”。由于根源的否定者里面没有任何肯定性的内容，看不见、听不到、摸不着，所以是“玄”。由于它是唯一的、普遍的，所以称它为“一”。由于所有的事物都不在它之外，所以称它为“大”。这些贯穿了老子哲学里面的核心概念。“有生于无”，这个命题大概就是这样。

如果大家觉得这样的思考难以理解，你可以在头脑中想象，一块石头，我们在这块石头上雕一个雕像。这个“无”是什么呢？“无”就是一把无形的凿子。我们在石头上雕一个雕像，一凿子一凿子去否定这块石头，通过否定来赋予这块石头一个肯定的形态或者形状。“无”就是那把雕刻万物的统一的凿子。《庄子·大宗师》里面有一段特别好，就讲“刻雕众形而不为巧”，讲的就是这个。我们日常语言当中常常讲鬼斧神工，其思想根源应该也在这儿。这是“有生于无”的命题。

无之以为用

“无之以为用”这个命题的关键在哪儿呢？一句话概括，就是“有”要想发挥其作用，必须得以“无”为条件。没有这个“无”，“有”的作用发挥不出来。这是老子哲学里非常关键的一点。举个例子，一个杯子，如果中间没有“空”，那杯子的作用发挥不出来。一个房间，实用的部分，是围起的那个“空”，那个“空”恰恰是房子发挥作用的地方。所以“无”是“有”发挥作用的条件。

老子“无”的哲学有非常明确的实践指向。实践指向有两个方向。一个方向是个体生活智慧，老子的“无”的哲学作为一种个体生活智慧，我把它概括和理解为留白的智慧，或留余地的智慧。老子讲“柔弱胜刚强”，你不能真的以为柔弱就一定能胜过刚强，柔弱其实是一种谦退的表现。这种谦退的态度是为了留下余地，而只有有了余地，才有发挥作用的“空”和“无”。这个跟刚才我们讲的“无之以为用”的道理是完全一贯的。

也就是说，在老子的哲学里面，如果一切都只是实有，没有这个“无”，没有这个余地，那作用是发挥不出来的。比如一个人，如果他被放在了一个位置上，而他的能力、他的德行、他的格局，刚刚够驾驭这个位置，那么实际上他是驾驭不了的，因为他没有发挥作用的余地。所以我把这个概括为留白的智慧，或者叫留余地的智慧。

在治国理政这个层面，“无”的哲学涵义的具体体现，就可以概括在“无为”这两个字里。“无为”的政治思想，可以用一句话来概括：就像“无”对“有”的关系那样，理想的统治者让自己成为别人发挥作用的条件，而不是自己去发挥作用。这个就是“无”的哲学在治国理政方面的运用。

在这个地方，我们如果用韩非子对《老子》简化版的理解来看，可能会更方便把握。韩非子讲到理想的君主人格的时候说，一个好的统治者，他要不自用其力而用人之力，不自用其智而用人之智，不自用其勇而用人之勇。这样，他的智慧、力量、勇气就是无法穷竭的。这个讲法虽然是简化版的，但还是能够帮助我们理解老子的哲学。到这儿，我们就概括了老子哲学的体系，老子哲学的关切所在。

第四节

《庄子》中哪些是庄子所作？

郭象确定了今天的传世本《庄子》

庄子这个人在《史记》（《史记·老子韩非列传》）里面有一个非常短的传。这个传内容非常少，包含几个信息：第一，他姓庄名周。第二，他跟梁惠王、齐宣王生活在同一个时代。通过这点，我们就能明确知道，他跟孟子是同一个时代的人。第三，他做过蒙的漆园吏。漆园吏是什么官现在已不可考，应该是非常低微的一个职位。

所以看起来庄子是当时的一个隐者，跟当时的思想家之间的交流是非常有限的。我们通过对《庄子》这本书的阅读，大概知道了他跟那个时代最重要的思想家的交流，主要是和惠施之间的交流。当然，惠施这个人在当时影响非常大，他应该是通晓那个时代所有的思想争论的。庄子通过跟惠施的交往，对当时的思想界有了充分了解。关于庄子这个人，我们能够知道的东西非常少，大概也就是《史记》里面告诉我们的这些内容。因此，我们这部分的重点，是要给大家介绍《庄子》这本书。

我们现在看到的《庄子》，一共33篇，分内、外、杂三个部分。内篇7篇，外篇15篇，杂篇11篇，一共33篇内容。关于《庄子》这本书有一个非常关键的问题，就是内篇、外篇、杂篇这三个部分到底是什么关系？它们是不是都是庄子本人所作？如果不都是庄子本人所作，那么哪个部分是庄子本人所作？而那些我们可以确定不是庄子本人所作的部分，到底是谁写的？这个是我们面对《庄子》这本书的时候，首先要解决的问题。

33篇本的《庄子》，其实应该被称为郭象本。在郭象之前，《庄子》是52篇本，在《汉书·艺文志》里面讲到《庄子》这本书的时候，讲的就是52篇本。通过陆德明的《经典释文》，我们大概也可以知道，在郭象之前，像司马彪注的《庄子》，用的就是52篇本，而到郭象以后开始用33篇本，为什么？因为郭象认为52篇本当中有非常多庞杂的部分，这些肯定不是作为哲学家的庄子所写。所以他把他认为的那些庞杂部分都删去，并且做了整理，就形成了我们今天看到的这样一个33篇本的《庄子》。郭象删削整理的内容，主要在外篇和杂篇。

内篇的内容，当时的各家是一致的。也就是说内七篇，即《逍遥游》《齐物论》《养生主》《人间世》《德充符》《大宗师》《应帝王》各家用的本子都是相同的。当时各家指的就是魏晋时期注庄最著名的司马彪、崔譔、向秀、郭象这四家。他们所用内七篇的内容一样，但是外、杂篇各有不同。而郭象对外、杂篇进行了删削整理，形成了我们今天这样一个33篇本的格局。所以我们今天的传世本《庄子》，明确地讲是郭象本。可以说，魏晋时期的伟大哲学家郭象，不仅作了到现在为止影响最大的《〈庄子〉注》，而且也编辑整理了影响到今天的传世本《庄子》。

对于内外杂篇的争议

关于前面提到的内篇、外篇、杂篇之间的关系，一直有争议。郭象注《庄子》的时候，认为33篇本都是庄子本人所作，但是后世大部分思想家和学者都不认同这个观点。比如北宋的苏轼读《庄子》，他凭着天才的敏锐，直接就说，别的篇章且不说，杂篇当中有四篇一定不是庄子本人所作。所以不得不佩服苏轼的天分、对思想的理解力以及对文本的理解力。他说的一定不是庄子本人所作的四篇是指《让王》《说剑》《盗跖》《渔父》。

也就是说，对于《庄子》的外、杂篇的质疑，很早就开始了。到了明末清初，王夫之说，外篇15篇，都非庄子本人所作。那么外篇15篇谁作的呢？王夫之发明了一个我认为非常重要的概念，他说外篇是“后世学庄者”所为。“后世学庄者”，这个讲法我认为非常的有见识，极具洞见。因为很多人会说，即使不是庄子本人所作，也是庄子后学所作，那就意味着有一个庄子学派。但是我们从内篇透露出来的相关信息，以及我个人对庄子思想品格的理解来看，他大概不会有学派。所以我觉得“后世学庄者”这个讲法是非常有洞见的。

不管怎么说，王夫之认为外篇15篇都不是庄子本人所作。但是这个说法一直有争议。近代以来基本上形成两派。一派普遍认为33篇不全是庄子本人所作，内篇七篇为庄子本人所作，外、杂篇或者为庄子后学所作，或者后世学庄者所为。另一派认为，外、杂篇才是庄子本人的作品，内篇反而不是。为什么这么讲？后面这派的意见的根据在哪？它的根据在于《史记·老子韩非列传》。因为《史记》在《庄周传》里面引的庄子的著述，居然都是外、杂篇。因此有学者认为，既然司马迁只引外、杂篇，那说明司马迁认为外、杂篇才是庄子本人的作品。

这两派意见一直相持不下。直到20世纪80年代，当时还在北京大学哲学系攻读博士学位的刘笑敢教授，在他的博士论文的第一个部分详细对《庄子》内、外、杂三篇的关系问题做了讨论。后来这个博士论文以《庄子哲学及其演变》的书名正式出版。他是从汉语的发展角度来讨论这个问题。一般来说，从汉语的发展角度看，单字词的出现一定早于双字词的出现。刘笑敢教授考察了几个重要的概念："精""神""性""命""道""德"。在内篇里面都用的是单字词，而到了外、杂篇才出现"精神""性命""道德"连用的情况。如果没记错的话，外、杂篇里头，按刘笑敢教授的统计，这类双字词出现了33次，而内篇当中一次都没有出现。通过这个，从整体而言，就基本可以确定，《庄子》内篇早于外、杂篇。同时他又考察了相对确定的，在庄子这个时代以及早于这个时代的文本，比如《孟子》《论语》《墨子》，他发现在这些典籍当中都没有性命、道德、精神连用的情况。由此基本确定内篇不仅早于外、杂篇，而且应该是与《孟子》同时代的作品，最终基本确证《庄子》内七篇为庄子本人所作。

有了这样一个重要的结论，我们就能够真正地围绕着《庄子》内七篇里展现出来的庄子的哲学，来思考庄子这个人的哲学。因此，这是一个非常重要的学术贡献。

第五节

逍遥是追求真知的起点

“逍遥”都是否定性的

理解《庄子》，我个人一直反对把《庄子》理解为一个怀疑主义、相对主义和虚无主义的哲学，可能跟我的偏见有关系，当然更根本的还是缘自我对《庄子》这本书的阅读和理解。在我看来，虚无主义和相对主义其实不需要哲学。今天这个时代，在街上随便找一个人，他的相对主义和虚无主义以及怀疑主义的程度可能都超过庄子。所以在这个意义上，在我们理解庄子的时候，我认为必须在根本上有一个明确性的方向。这一节，我就讲庄子的“逍遥”和“齐物”。

“逍遥”是庄子最凸显的标签之一。很多人一提到庄子，就把“逍遥”放在第一位。这是因为大部分人在读《庄子》的时候，一眼看过去就是《逍遥游》。我们看到“逍遥游”，会觉得是一个非常自在的状态，庄子就是追求一个非常自在的状态。所以很多人把“逍遥”作为庄子哲学的目标，以为庄子哲学就是追求逍遥，实际上在历代解庄的过程当中，很多人都是这么看的。

郭象就是这么讲，支遁其实也这么讲。虽然郭象和支遁在解“逍遥”的时候有所不同，在魏晋时期有所谓逍遥的“向郭义”，即向秀、郭象讲的逍遥，以及逍遥的“支遁义”，但大方向是一致的，都把“逍遥”作为庄子的目标。

如果“逍遥”是目标，那么什么妨碍了我们的逍遥呢？什么影响了我们对逍遥的追求呢？我们会发现如果我们有执着，如果我们追求某个东西，在追求这个东西的时候，有了明确的目标，就不再逍遥了。就好像在城里，你要去一个地方，规定了时间和地点，如果堵车，你坐车的时候就会焦急。而如果你这一天闲来无事，就是为了坐车而坐车。就像当年到各个城市游历的时候，我喜欢一个人背着包去坐公共汽车，碰上哪辆就哪辆，然后在公共汽车上看风景，那这个时候就很自在，没有任何的焦急，因为没有明确的目标。

这样一种对“逍遥”的理解就跟“齐物”关联起来了。我们只有把万物都看成齐同为一的，就没有了明确的目标。一旦我们把所有明确的目标都消解掉，那么自然而然我们就不再受到束缚和约束，也就到了“逍遥”的境地。

这样的理解看起来颇成系统，从比较粗浅地阅读《庄子》的印象看，好像也有一定道理。但是实际上，真正深入《庄子》的文本，特别是《庄子》内篇文本的时候，会发现不是这个样子。“逍遥”二字，甚至可以说根本就不是庄子哲学的关键词。“逍遥”在《庄子》内篇里面一共只出现过三次。《逍遥游》标题里面有“逍遥”二字，最后有“逍遥”二字，《大宗师》当中出现了一次。作为一个关键词，仅仅以这样的频率出现，这个是不可理解的。

而且很多人根本没有意识到，我们现在用的“逍遥”二字其实不是它的本字。在《说文解字》里面，走之旁的“逍遥”这两个字根本就没有。“逍遥”的本字应该怎么写？“逍”应该是消失的“消”，“遥”是“摇动”的“摇”。那么从这两个字的字义看，都是否定性的。特别是在《庄子·逍遥游》的最后，“逍遥”跟“彷徨”相对。那么从否定性的意义来了解“逍遥”的话，我们就要知道它否定什么。“消”是否定的，“摇”，作为“摇动”之意也是否定的。那他要否定什么？他为什么要否定？

“逍遥”是追求“大知”和“真知”的起点

这个时候我们就要回去看《逍遥游》全篇的宗旨。《逍遥游》全篇讨论的是“小大之辩”的问题，而对小大之辩的问题，一直有争议。到底庄子认为“小”“大”的分别根本就没有意义，要齐同“小”“大”，还是认为“大”优越于“小”？这个是有争议的。因为郭象注《庄子》的时候，在《逍遥游》这篇里面，他就讲庄子是齐同小大的。“小”“大”虽然有不同，但是在自得的意义上，如果都能够自得其所，那么也就在本质上都是逍遥的，所以在“逍遥”的意义上，它们是没有分别的。“小”有小的逍遥，“大”有大的逍遥。那么等于是把“逍遥”跟“齐物”思想完全等同起来。

那么《庄子》文本里是这样的吗？《庄子》文本显然不是这样的。《庄子》第一章，也就是《逍遥游》开篇，讲“北冥有鱼，其名为鲲。鲲之大，不知其几千里也。化而为鸟，其名为鹏。鹏之背，不知其几千里也；怒而飞，其翼若垂天之云。”然后讲这么大的鹏要“图南”，要从北冥到南冥去。那么要飞得非常高，因为这个鸟太大了，所以就要九万里而

“风斯在下”，要飞到九万里那么高，所以“抟扶摇而上者九万里”。第二次出现的时候又讲“抟扶摇羊角而上者九万里”，“羊角”讲的是盘旋飞起来的样子。

飞得这么高，小鸟看了就很不理解。其中就有蜩与学鸠。在第一章的故事里就讲“蜩与学鸠笑之曰”，后面又讲“斥鴳笑之曰”。蜩与学鸠就是知了和小鸟，知了和小鸟就在笑，说：你那样飞就叫飞吗？像我们这样飞，跳起来飞了，飞几丈高又回到地上，你看我们多么逍遥自在；看你飞得那么高，一定要飞到九万里那么高，是多么受拘束。看起来很有意思的在哪儿？在于最后一段跟第一段的呼应，最后一段是惠施跟庄子的对话。

很明显惠施在嘲笑庄子，也就是在理解《逍遥游》这一章的时候，发出嘲笑的那一方，应该是思想境界比较低的一方。惠施嘲笑庄子，蜩与学鸠嘲笑鹏，而鹏并没有嘲笑蜩与学鸠。通过这一点我们看出两者之间的境界是不一样的。所以在《逍遥游》这一篇的小大之辩里面，“大”的境界当然是高于“小”的境界的。那么把《逍遥游》这一章里面的小大之辩问题，跟刚才我们说的“逍”跟“遥”的否定性含义联系起来，就可以得出这样一个结论：“逍遥”不是庄子的目的，“逍遥”是获得某种大知甚至是真知的条件。

按照“逍遥”的本义，“消”是“消解”，“摇”是“摇动”。消解摇动什么？消解摇动各种各样现实生活当中对我们的束缚，特别是“用”以及与“用”相关联的、各种各样的欲求对我们的束缚。这种束缚构成了我们“知”的遮蔽，使得我们只能局限于“小知”的境界，而不能获得“大知”。所以只有通过“逍遥”，消解摇动这些束缚，我们才能获得大知的视野。所以从这个意义上看，“逍遥”是走向大知和真知的起点。有了这样一个大知和真知的起点，就可以进一步去追求大知和真知。

“不知”才是真正确定的

在走向大知和真知的过程当中，我们要克服种种狭隘的、有限的“知”的遮蔽。而这些狭隘的、有限的“知”的遮蔽，体现为各种各样的是非之争。所以到了《齐物论》这一篇的时候，庄子把目光转向了是非问题。是非到底是怎么产生出来的？是非当然跟人与人的立场不同有关。这种彼此不同的立场，在庄子那儿被概括为“彼”跟“是”的关系，也就是“彼”跟“此”的关系。所以庄子说“自彼则不见，自知则知之”，我们每个人都知道自己所知道的，而看不到和不能理解别人所知道的东西。

正因为有了这样的“彼”和“此”的限隔，才有了种种相对狭隘的“知”对我们的遮蔽。当然，《庄子》里面的“知”有不同层次，有的层次的“知”是不可避免的。比如“可不可”“然不然”之知，就是说不同物类都有它的习惯。《齐物论》里面讲得非常有意思，说人要是住在低湿的地方，就会“腰疾偏死”，而泥鳅不在低湿的地方就不能获得自在。所以对于泥鳅跟人，哪个地方是最恰当的地方呢？

如果我们不是一定要求一个普遍的答案的话，我们会发现人有人的偏好，泥鳅有泥鳅的偏好。所以在这个意义上，“可不可”“然不然”之知是不可避免的。但是人有一种倾向，习惯于把自己狭隘的“知”上升为普遍的“知”，而一旦把自己狭隘的、“可不可”的习惯性的“知”上升为普遍的是非之知的时候，就会产生是非纷争。所以一切狭隘的“知”对我们的遮蔽，就构成了对大知和真知的障碍。

那么想要超越这种对大知和真知的障碍，我们就要回到根源处，回到那些狭隘的“知”的根源处，去看这些“知”从何而来。简单地说，这些

“知”来源于彼此之间的限隔，比如你有你的立场，我有我的立场，“彼”有“彼”的立场，“是”有“是”的立场。这样的立场之间的隔断，是真实的吗？庄子通过他的哲学思考，得出这样的结论：天地与我并生，万物与我为一。所有的事物都“通为一”，庄子讲“为一”的时候是讲“通为一”，也就是说所有的“彼”“是”之间的限隔、“彼”“此”之间的限隔、“我”与“非我”的限隔，这些限隔，这些隔断，其实都是假象，都是错觉。

“我”与“非我”、“彼”与“此”之间，是“通为一”的。一旦明白这样一个“通为一”，我们就真正地揭示出了所有那些狭隘的“知”，无论是上升为普遍的是非之知，还是没有上升为普遍的是非之知，而只是停留在“可不可”“然不然”这个层次上的知，本质上都是无根据性的。庄子哲学之伟大首先在于此。

所以后世讲他“剽剥儒墨”，也就是批判儒家墨家。儒家墨家都不能自解免，也就是说儒家、墨家都不能逃脱他的批判。为什么？因为它是没有任何自我限制，没有任何自我遮蔽的。我觉得它是一种根源性的无畏思考。在庄子的哲学目光里，凡是没有根据的东西，他都要把那个无根据性揭示出来。只有真正地揭示出所有无根据的“知”的那个无根据性，我们才有可能真正地去获得“知”，或者说打开走向大知和真知之门。这是庄子“逍遥”和“齐物”思想的重心所在。

而庄子通过“齐物”的思想，深刻地揭示出了一切“知”的有限性，而又充分地揭示出了“不知”的确定性。换句话说，相比于“知”，“不知”才是真正确定的。当然，这里的复杂在于，当我们说“我们不知道”的时候，其实标准的表达是“我们知道自己‘不知道’”。那么这样一个“不知”作为一种真知，它到底指向什么样的真理的目标，以及与这样的真理相伴随的更理想的生活的态度，或者生活的道路，我们在下一节介绍。

第六节

庄子追求真理性生存

对世界客体性的揭示

我们先从《齐物论》的最后一章来谈。这一章也是大家熟知的，就是："昔者庄周梦为胡蝶，栩栩然胡蝶也。自喻适志与！不知周也。俄然觉，则蘧蘧然周也。不知周之梦为胡蝶与？胡蝶之梦为周与？周与胡蝶则必有分矣。此之谓物化。"这一部分内容讨论的问题，一下子就把哲学中一个非常根本的问题揭示出来了。

哲学有一个特别根本的问题，就在于你如何去证明客观世界是存在的。读者们可能会惊讶于这个问题。但是大家在日常生活当中，有时候也会有"人生如梦"的感慨。人生如梦这一感慨本身，其实已经透露出了我们对世界的一种理解。当然，人生如梦谈不上深刻，因为我一直觉得不用说人生如梦，你也根本就没有办法证明自己不在梦里，你根本没有办法证明这个客观世界不是虚幻的。那么庄子梦为蝴蝶这个梦，非常重要的一点就在于，它用两个确定无疑的"不知"，去推出了两个确定无疑的"知"。这是之前的研究者普遍没有注意到的。

读者们一定要注意，这一章里面有两个“不知”。第一个“不知”是“不知周也”。就是当庄子梦见自己变成蝴蝶的时候，他不知道自己是庄周，这个“不知”是直接意义上的不知，是真的不知道。有的时候我们做梦，是真的不知道自己在梦里；有的时候我们梦见自己飞翔，是真的不知道自己不会飞，醒来之后才发现，真的不会。当然，这个直接的“不知”也很重要。

第二个“不知”是“不知周之梦为胡蝶与？胡蝶之梦为周与？”，不知道是庄周梦见自己变成蝴蝶了，还是庄周只是蝴蝶的一个梦。换句话说，到底谁是谁的梦？这个“不知”是无法证明的不知。从日常经验的意义上讲，我们醒来了，我们知道自己做了一个梦，我们不会去怀疑我们是不是蝴蝶的一个梦。

但是从哲学的角度看，你没有办法证明是庄周梦见自己变成了蝴蝶，没有办法证明庄周不是蝴蝶的梦，所以这个“不知”也是一个确定无疑的不知。那么从这两个“不知”，他推出两个确定的“知”。一个确定的“知”是“周与胡蝶必有分矣”，也就是庄周跟蝴蝶是不一样的。第二个确定的“知”是“物化”。这两个确定的“知”在庄子哲学当中非常重要。而第一个“不知”，当庄周梦见自己变成蝴蝶的时候，不知道自己是庄周。这个“不知”证明庄周的生存境遇跟蝴蝶的生存境遇是隔断的。

第二个“不知”又证明了什么呢？证明了庄周的生存境遇是从蝴蝶那个生存境遇当中转化过来的。不管谁梦见谁，不同的生存境遇之间是可以相互转化的，所以这是物化。《齐物论》最后，庄周梦蝶这一段，两个“不知”推出两个确定的“知”。这两个确定的“知”里面包含了一个非常伟大的哲学思想，就是客体存在的证明。这个客体存在的证明是超越了我们无法证明自己不在梦里这个问题的。沿着庄子的梦，我们可以进一步地去思考这个问题，可以找到一个答案。

在庄子看来，我们根本不用去证明自己不在梦里。你在不在梦里，生存境遇其实都是一样的。你在梦里或者你在现实中，人都不是能完全意义上自我掌控的。在梦当中，我们会发现人的不自主性得到了更大程度的凸显；在实际生活里，我们清醒过来时，自主性显然比在梦中要强得多。我们清醒过来,想去见一个人,沿着一条道路到了某个地方,就能见到那个人。但是你从一个梦当中醒来，想要回到梦里去，却绝无可能。这个充分呈现出了人的生存的被动性。

当然，在现实生活当中，我们总以为，沿着一条道路，到了某个地方，在某个时间点上我们能见到这个人。但如果深入地想一想，就会发现这其实也是错觉。你的人生经历了根本性的重大缺失的时候，你就会知道，也是我这几年常常讲的，一转身就是永别，这个你根本无法掌控。

所以在这个意义上，梦跟醒觉的生存境遇是有同构性的。无论在梦当中还是在我们清醒过来的日常经验里，人都有其无法自主的、不得已的、无可如何的处境。所以客体之为客体，在庄子的哲学里就呈现为他的不得已和无可如何。整个世界的客体性是，整个世界呈现为不同层次、不同形态的无可如何和不得已。这也是对客体本质的一个揭示。

真理性生存

那么接下来的问题，当然是人的主体性和这个无可如何的不得已——这个客体的本质到底是什么关系？这个时候庄子“齐物”思想当中那个通为一的思想，就再一次发挥了关键的哲学作用。也就是说，“我”，哲学意义上的“我”，就是人的主体性，那么在这样的人的主体性倾向面前，整个世界所呈现出来的那个无可如何和不得已，就构成了“非我”。而“我”与“非我”之间又不是隔断的，而是通为一的。于是我们会发现，庄子沿着这样一条道路，不仅揭示出了“我”的主体性，也揭示出了“非我”在本质上的主动性和主体性。

在这个意义上，庄子再往下深入地思考，就开始洞察到主体与客体之间本质上的同一。而主体客体本质上的同一，也就揭示出了世界和自我的本质的、主动的、能动的状态。在这个意义上，庄子看到的哲学真理，恰恰是一种主动的、积极的世界本然的面向。这样一种本质上的主动的能动的面向，恰恰是因为各种自我隔断、自我拘闭的错觉，获得了它的惰性的形态。

因此，当我们真正看到了“我”与“非我”之间的通为一、主体客体之间本质的一致性，真正看到了生命本身的主动和能动，就有可能超越各种因错误的思想和错觉所带来的那些隔断，以及由这些隔断而引生的那些惰性的存在形态，从而达到积极能动的生命的形态。这样一种积极能动的生命的形态，恰恰就是庄子所追求的。我把这样的一种积极能动的生存状态，理解为真理性生存。这样一种真理性生存的追求，我们可以在《庄子》内七篇的最后一篇中看到。这也是《庄子》内七篇为什么会以《应帝王》来结尾的原因。

《应帝王》这一篇，很多人都把它误解为是一种政治思想。其实看《庄子》内七篇，会发现庄子并没有太多关注政治和治理。“应帝王”，“应”是应该，“帝”和“王”都凸显的是主宰义。换句话说，“应帝王”强调的是人应该达到的那个自我主宰的、自主性的生存。而这样的自主性的生存，才是庄子哲学真正去追求和关注的，也是庄子所追求的真知的意义所在。

所以庄子哲学的整体目标，是真知以及根源于真知的真理性生存。

第七节

通过经典阅读塑造精神强度

其实从生活角度讲，阅读最大的功能是凝聚精神。所以有真正阅读生活的人不一样。我一直提倡经典阅读。经典阅读，首先意味着有挑战的阅读。因为在进行这种有挑战的阅读的时候，你不把自己的最高的主动性调动起来，是读不进去的。而人把这个最高的主动性调动起来，就是把自己的精神凝聚起来的过程。长时间阅读的人，他的精神是容易凝聚的。

这种精神的凝聚我觉得无比重要。人一生追求什么东西？精神强度和精神高度。先获得精神强度再说。今天大部分人根本没有精神。没有精神的原因就是，对“精”跟“神”这两个字没理解。“精”呢，纯一无杂才叫“精”。“神”呢，在汉语的哲学传统当中，指的是不测的鼓动作用。不测的鼓动作用，鼓动出丰富的万物，所以丰富性来自“神”。但是“神”的丰富性来自“精”，纯一无杂，这才是关键所在。所以我们今天很多人，每天表面看过得丰富多彩，其实无比空洞。今天这个时代最不能接受的就是空洞。一个人看起来丰富，实际上内里都是什么？因为没有一以贯之的、纯一无杂的精，所以精神强度不够，精神的高度就更谈不上了。

所以我们必须通过经典性的阅读凝聚精神，而且要读正确的书，正确地读书。很多人读得太多太杂，总是希望看到更多的东西。其实生命短暂，人一辈子能把一件事做好就不错了，读书也是一样。我当然不排斥泛观博览，但是泛观博览甚至在某种意义上都不能被理解为阅读，真正的阅读一定是专精的。所以我跟很多朋友建议，读少一点，读精一点，读深一点。这样的阅读，才能给人生带来根基，才能让你过有根的生活。我觉得这是今天的年轻人最需要的。

追求经典化人生

在我的人生道路里面，我真正知道经典的力量，所以我整个的人生方向可以用一句话来概括，就是追求经典化的人生。什么叫经典化的人生？就是让经典中的那些思想真正地灌注到生命里，在生命里体现出来，把自己的生命变成一个当代世界中经典的精神和思想的呈现过程，这是我一生的态度。

读书根本在于专精，从根本上影响你、塑造你的，其实往往就是那么几本书。我有一个比喻，说人生需要锚。在惊涛骇浪的大海当中，什么东西才能锚定你的人生？那就是压住你人生、给你人生分量的那几部经典。对我个人影响最大的，第一本是《庄子》，第二本是《论语》。如果让我推荐书，只推荐一本的话，我推荐《论语》，这部书绝对是应该伴随每个中国人终身的一本书。此外就是《传习录》，我念研究生的时候，入手处实际上就是学阳明学，当时反复读《传习录》，对我整体上影响非常大。

我的整个学术生涯当中，对我影响最大的一本书是陈来老师的《有无之境：王阳明哲学的精神》。我从一开始进入中国哲学领域做研究的时候，这本书从方法到对待经典的态度，到如何解读经典、如何建构自己的思考，如何写作，包括写作的形态，对我都有影响。

不同的书有不同的读法。比如对经典，就一定是以对待经典的态度来进行研读。朱子在《孟子序说》里面就讲到，读《孟子》和读《论语》得有不同的读法。读《孟子》必须熟读，读《论语》必须冷看。熟读、冷看有很大的区别。

阅读伟大经典，就是借此来打开自己，真正地去聆听那种思想、精神的指引，让阅读成为提高自己的力量。张岱年有一句话，出自《史记》，八个字："好学深思，心知其意"。后来陈来老师说，这是我们做中国哲学研究的八字心经。我也希望年轻人们能够认真地去思考这八个字，真正地走向有阅读的人生，并且让这样的阅读能够改变自己的人生。经典文本的句子就像种子，种在心里会生根发芽，每隔一段时间会长出一片新的叶来。

人逃不开四个字：水落石出。时代泡沫涌上来的时候，你看着很热闹，等到退潮的时候，剩下的一定是真正坚硬的、自立的东西。人不能让自己的生命比时代的泡沫灭得还快。只有真正深入自己时代的人，他那种对时代的具体感知才是真实鲜活的。也只有能够超然于时风之左右跟影响的，才贯四季而常青，才有所谓君子人格。

第四讲

荀子：特殊问题的意识

作者林宏星：复旦大学哲学学院教授、博士生导师，中华孔子学会副会长，荀子研究会副会长。

第一节

荀子生平、思想及其特殊的问题意识

荀子其人

谈起荀子，人们立刻会想起孟子及孟子的性善论；而说到孟子的性善论，就会想到荀子的性恶论；而一说到荀子的性恶论，又会想起谭嗣同对荀子的评价，所谓“二千年来之学，荀学也”。

谭嗣同虽然对荀子的思想进行了批判，但是当他说“二千年来之学，荀学”时，就可以看出荀子思想在中国思想史上的巨大影响。应该说在先秦儒家之中，荀子是继孔孟之后的另外一位儒学大师，是先秦儒学的集大成者，同时也被西方学者认为是一位世界级的哲学家。

荀子的生平事迹在司马迁所著的《史记·孟子荀卿列传》中有简单的介绍，但是这个介绍也存在许多争议，荀子的生卒年并没有明确的记载。根据已有史料，我们只能大体推知，荀子的政治学术活动大约在周赧王十七年（前298）到秦王政九年（前238）之间。

通常我们称荀子，指的是荀子姓荀，但也有学者认为荀子应该姓孙，因为《荀子》《战国策》《韩非子》《韩诗外传》《说苑》《汉书》等书都称作“孙”。《荀子》一书称荀子为“孙卿”或“孙卿子”，有学者认为，“卿”是荀子的字，即荀子名况，字卿。但也有学者认为，“卿”不是荀子的字，而是对荀子的尊称，就如同称墨子为“子墨子”一样。

按《史记》的说法，荀子五十岁“始来游学于齐”。一般学者认为《史记》的说法有误，应按照东汉应劭在《风俗通》一书的记载，改“五十”为“十五”。这些争论涉及各自的理解，一时难于统一。但有一点，荀子游学于齐国的稷下，而且留居了较长时间，这是可以确定的。齐国在齐威王、齐宣王当政时期，招贤纳士，学者云集，是齐国最繁荣的时期，当时的稷下学宫也被学者认为是战国时期的学术文化中心，儒、道、法、阴阳、五行等重要学术流派的著名学者都曾汇聚于此。他们在此讨论学术问题，或各自著书立说，或为齐王提供治国安邦的建议。荀子在此游学，与各派学者交流思想，切磋学问。到齐湣王末年，稷下学宫开始衰落，学者们纷纷离去，荀子这时也离开齐国来到楚国。到齐襄王时，稷下又再度兴盛，荀子等一批学者又返回稷下，荀子成为当时齐国最有名望的学者，而且三次被尊为“祭酒”，相当于稷下学宫的领袖。

大约在公元前 266 年，荀子曾在秦国活动，对秦国的政治、军事、风俗民情和自然形势都进行了考察，认为秦国的成就，不是侥幸，而有其必然。但荀子又认为秦国有所不足，过分强调霸道，所以荀子建议秦昭王重用儒士。但秦昭王并未采纳，荀子只好离开秦国返回齐国。此后，荀子辗转于齐、赵、楚国之间，最后回到楚国，任兰陵令，直到去世。

总之，荀子生于赵国，年轻时曾到燕国，一生中相当长的时间（约30年）在齐国，也曾到过楚、秦、赵等国，晚年（约80岁）居兰陵，一边从政，一边著述，直至去世。

根据现有的史料，荀子学说的具体师承问题，已经难以考订。

荀子其学

荀子推崇孔子。《荀子》一书中多次提到“子弓”这个人，学者都认为“子弓”就是《论语》中的“仲弓”，也就是孔子的弟子，被列为德行科的四学生之一（德行科的四学生为颜渊、闵子骞、冉伯牛、仲弓）。但是从时间上看，有学者认为荀子师从仲弓的可能性并不大，顶多只是荀子心仪其学而私淑其人而已。

但是，仲弓之学究竟有何特色，其详细内容已无从知晓。据《论语》一书，涉及仲弓者凡四篇，为《雍也》《先进》《颜渊》《子路》，主要内容似乎与政治外王之事相关。当然，荀子对于仲弓之学究竟继承了什么，已经很难有确定的说法。但有一点可以确定，荀子对孔子盛赞有加，而且其稷下学宫的经历，使得荀子的思想对当时的各家各派都有批判，也有吸收。因此，他的学说具有综罗百家的特点。但此综罗又并非没有主旨、没有立场、没有间架。他对各家各派有怀疑、有论辩、有非难、有吸收，更重要的是，他对孔儒之学有发展、有完善、有建构，这是最为重要的一点。

荀子专门作有《非十二子》一篇，对当时各家学说进行了评述。其中涉及的人物有宋钘、墨子、它嚣、魏牟、陈仲、史鳅、慎到、田骈、惠施、邓析、子思、孟轲等，而涉及的学派即有儒、墨、道、法、名等。此外，在《天论》《解蔽》《富国》《乐论》《正论》《正名》《性恶》等篇中也可发现荀子对其他各派思想的评述。荀子在反省、批评各家学说的同时，又在他自己的思想体系中吸取各家之长，如荀子对黄老道家、墨家、名家、法家等等皆非采取简单否定的方法。如此种种批评，人们站在不同的角度，虽不可谓绝无可争可议之处，然而，它透露出一个不争的事实，即如胡适所说，荀子学问很博，曾研究同时诸家的学说。由于他的博学，他的学说才能在儒家中别开生面，独创一种激烈的学派。

荀子其书

荀子一生，除了聚徒讲学之外，还存有大量的著述，但在其生前却并未独立成书。到西汉时，刘向取孙卿书 322 篇，删除重复，勘定目次，著录 32 篇，取名《孙卿新书》，此乃《荀子》成书之始。中唐时杨倞才第一次为《荀子》书作注，今传本即为唐代杨倞的注本，分 20 卷 32 篇。

杨注本最早的刊刻本出现在北宋熙宁时，其后多有翻刻。到清中叶时，《荀子》的校勘、训诂大盛，相继出现汪中、卢文弨、谢墉、郝懿行、王念孙等校释大家。就版本及校正杨注原文而言，卢文弨校谢墉刻本（简称卢谢本）无疑最为完整和突出。后来王先谦的《荀子集解》即是以此书为底本而写就的，而今成为《荀子》一书最权威之解本。

民国时期，校释《荀子》的学者很多，较有影响的有刘师培、钟泰、高亨、梁启雄等人。其中，尤以梁启雄 1936 年商务印书馆出版的《荀子柬释》最有影响。梁启雄就是梁启超的弟弟。1949 年后，有章诗同之《荀子简注》、熊公哲之《荀子今注今译》、北京大学《荀子》注释小组之《荀子新注》及台湾学者李涤生之《荀子集释》等等。当代，注释《荀子》较有影响的还有杨柳桥之《荀子诂译》、张觉之《荀子译注》及王天海之《荀子校释》等。

荀子的问题意识和时代课题

在先秦儒家中，荀子是继孔孟之后的另一位儒学大师。其思想的重要性而今已愈来愈引起学者的重视。海外也有许多汉学家研究荀子，并且对荀子的评价非常高。毫无疑问，阅读《荀子》，对我们来说，最重要的是要把握荀子著书立说的问题意识。那么我们现在要问：荀子的问题意识究竟是什么呢?

说起荀子，人们最容易想到其性恶论与孟子性善论的差异。这种想法当然合乎情理，也有独立的理论意义。不过，人们常常因为这种差异而忘记了二人相同的地方，即孟、荀二人都面临着一个大体相同的时代背景。那就是周天子大权旁落，诸侯相互争战，礼乐征伐出自大夫，乃至陪臣执国命，总之天下大乱。

与此相关的是，孟、荀也有相同的问题意识，相同的时代课题。那就是如何在天下大乱的情况下，重建一个稳定的政治秩序。

正是在如何重建政治秩序的相同问题上，孟、荀有不同的思考。孟子主张以道德的方式来重建秩序，荀子则期望通过政治的方式来重建秩序。所谓通过政治的方式，其实质意义就是借助政治国家的力量来实现秩序重建的目的。所以，荀子思想特重“礼义”，但“礼义”的实际意义所表现的是“国家理由”。换句话说，在荀子那里，“礼义”是以“国家理由”的形式出现的。

所谓“国家理由”指的是对“国家为何必须”的一种新的政治和伦理的思考。“国家理由”概念的核心在于为国家利益和国家行动提供合法性叙事和正当性说明，因而对秩序的重建或国家的“有用性”成为考量政治和伦理选择的首要标准。

第二节

“国家”存在的必要性

一说到荀子的思想，我们很自然会想起他十分强调的礼义观念。所以把礼义看作是荀子思想的核心，学者不会有太多的异议。但是我们现在要问的是，荀子是从何种脉络上论述礼义？或者说礼在荀子思想当中的初始意义究竟是什么？

为了把这个问题说清楚，我们要提出一种所谓根源义的了解方式。从这个角度来看，我们所要追问的问题是，假如荀子的礼如我们前面所说的那样，即有“国家理由”的特色，那么在荀子所构筑的思想世界当中，荀子是如何凸显“国家为何必须”的？如果国家必须的话，礼义又在何种意义上构成国家的理由？

为了回答这个问题，我们必须先了解荀子为我们所设想的自然状态理论。

什么是“自然状态”？

所谓自然状态是借用西方学者的一种说法，指的是一个没有政治国家、没有任何法律法规的人类最原始的生存状态。通过对这样一种生存状态的描述，我们可以获得一个为什么需要建立政治国家的理由。如果顺此思路，综合《礼论》《性恶》《富国》《王制》等篇的相关论述，我们不难看到，荀子事实上为我们描述了一幅在政治国家存在之前的、以“欲多物寡”为基本矛盾的“自然状态”。此状态将人类的生存图景以“争夺”加以刻画，这一点我们从荀子的许多论述当中可以看到。比如：

> 人生而有欲，欲而不得，则不能无求。求而无度量分界，则不能不争。
>
> ——《荀子·礼论》
>
> 欲恶同物，欲多而物寡，寡则必争矣。
>
> ——《荀子·富国》
>
> 埶位齐，而欲恶同，物不能澹则必争。
>
> ——《荀子·王制》

这样的论述在《荀子》一书中非常多。我们现在知道，荀子把人类在自然状态下的生存用一个“争”字来加以说明。我们要问的是，为什么会出现争或者争夺？

在荀子看来，最主要的原因是由于人的欲望无法满足，而满足欲望的物品又十分有限。同时，人类在这样一种自然状态下生存，由于没有任何法和国家制度以及其他形式的社会强制等等措施的保障，争夺就出现了。就好像只有一块面包，但人很多，得到这块面包就能够生存，否则就会饿死，所以人们为了生存就一定会围绕这块面包而大打出手。

在这种情况下，争夺的结果发展到极致，荀子在《性恶》篇为我们做了非常形象的描述：

> 今当试去君上之埶，无礼义之化，去法正之治，无刑罚之禁，倚而观天下民人之相与也。若是，则夫强者害弱而夺之，众者暴寡而哗之，天下悖乱而相亡，不待顷矣。

这句话的意思是：如果没有政策法规，没有国家，没有政府，那么强者就会欺负弱者，而多数就会欺负少数，其后果就是人类将会由于相互争夺而灭亡，这个过程会非常迅速。所以如果我们把荀子的自然状态做这样一种了解的话，我们就应该回到我们前面所提出的问题，也就是荀子是如何突出“国家为何必须”的问题意识的。

为何必须要有“国家”？

现在荀子给了我们一个清晰的答案，也就是说“国家之所以必须”，根本原因就在于避免人类在自然状态下强害弱、众暴寡，乃至天下悖乱相亡的结果。然而在上一段中，我们从什么地方可以看出荀子的国家概念？就是荀子所说的“君上之埶”“礼义之化”“法正之治”“刑罚之禁”这几个方面，对此我们完全有理由把它理解为散开来说的国家概念。

“君上之势”说的就是权力。在先秦儒家当中，荀子可以说是认识到国家的本质在于权力的第一人。荀子所说的“礼义”“法正”“刑罚”等等，只是国家之所以为国家的功能要素，或者说是国家为了止争去乱，实现和平、安全与秩序的法则规范等手段。假如这种说法成立的话，我们就可以看到，在荀子的思想中，国家是以“圣王”和“礼义”来表现的。

按照荀子的思想，“国家之所以必须”具有现实性。它的现实性就是它的必要性，也就是说没有国家的话，人类就一定会处于丛林法则之中。没有政治国家，人类就难以避免“悖乱相亡”的结果。

同时，在荀子思想当中，“国家之所以必须”还具有必然性。因为国家的存在深深地根植于人的性恶的天性之中。按照荀子的话来说，如果“从人之性，顺人之情，必出于争夺，合于犯分乱理，而归于暴”，故必当有“圣王之治，礼义之化”（谓“政治国家”也）然后可（《荀子·性恶》）。如果没有政治国家，人们一定会出于争夺，走向“犯分乱理，而归于暴”这种结果。因此一定需要圣人之治、礼义之化才能得到合理的结果。

所谓“圣人之治，礼义之化”，说的其实就是政治国家的存在。从这个角度来看，荀子所说的人性的“恶”并不是在特定的伦理或道德意义上的恶。可以说，“恶”的确切含义应当被理解为政治意义上的“偏险悖乱”。

当然我们这样来理解，可能并不一定是对荀子思想的决定性理解，更不是对其思想最深刻的理解。尽管“性恶说”被认为是荀子思想的一个标志性主张，但是它最具哲学史意义的地方在于荀子要透过性恶说，为政治国家的存在提出合理性辩护，并借此“存在”以实现其秩序重建的目的。在荀子所理解的“自然状态”的逻辑当中，政治国家的存在已然是人类生存的宿命，根本无可逃避。如果没有政治国家，人类就会因为争夺而相互残杀乃至灭亡，而人的自然天性又根本不可能作为任何政治和道德规范的基础。荀子明确宣称：“今人之性，固无礼义，故强学而求有之也；性不知礼义，故思虑而求知之也。”“故顺情性则不辞让矣，辞让则悖于情性矣。”（《荀子·性恶》）意思就是说，如果顺从人的本性而不用礼义加以限制的话，那么所谓道德根本就不可能存在，所谓道德和政治的规范也根本不可能建立起来。所以我们可以看到荀子反复强调的一个主题是，正因为人的性恶，人才需要被统治。而根据德国著名历史学家迈内克的说法，“任何统治事业总是根据‘国家理由’进行”的[1]。这样的话，按照荀子所谓“礼义之谓治，非礼义之谓乱”（《荀子·不苟》）的逻辑，荀子所讲的礼义便确定无疑地获得了国家理由的形式。这种形式的本质就表现为一种政治权力。

换句话说，荀子的礼义概念虽然通常被人们认为是一个伦理学概念，但它的初始意义却首先是一个政治学的概念。礼义的本质其实是由“国家理由”来表现的政治权力，这就是荀子说“国之命在礼”（《荀子·强国》）、“礼义生而制法度”（《荀子·性恶》）的根本原因。

与此相应，既然礼义是“国家理由”，那么按照荀子的话来说，凡“不顺礼义”“不是礼义”，皆为“不知是非治乱之所存者”，皆“不足以合文通治”，“不可以经国定分”，因而，在逻辑上也皆可以“国家理由”的名义为“圣王之所禁”（《荀子·非十二子》）。

从这个地方我们可以看得非常清楚，荀子的思路有点类似西方政治哲学当中所说的“保护—服从”（protection-obedience）关系。因为人需要保护，就无法拒绝服从。保护总是以国家的形式出现，而服从则以服从“国家理由”为实质。按照荀子的思路，人之所以需要保护，原因就在于，在“欲多而物寡”的自然状态下，人性的自然必然性将不可避免地将我们卷入剧烈的争夺和冲突之中，导致欺凌、暴力、悖乱相亡的危险；为了避免这种危险，人必然会寻求保护。

由于人一定需要获得保护，这就使得“国家为何必须”获得了正当性的根据。这种基于“保护—服从”而形成的权力关系，一方面构成了政治

[1] [德] 迈内克著，时殷弘译：《马基雅维里主义》，商务印书馆 2008 年版，第 81 页。

秩序基础，另一方面，国家赖以保护民众的原则和措施（礼义）也获得了“国家理由”的形式，故荀子云“礼义者，治之始也”（《荀子·王制》），“人莫贵乎生，莫乐乎安，所以养生安乐者，莫大乎礼义”（《荀子·强国》）。

在此，“礼义”之所以具有“国家理由”的性质，其根本原因在于礼义是民众的生命得以存在、生活得以安乐的保障，同时也是国家治乱的根本和基础，所谓“国无礼则不正”（《荀子·王霸》）、“国家无礼则不宁”（《荀子·修身》），所谓“隆礼贵义者，其国治；简礼贱义者，其国乱”（《荀子·议兵》）。国正则民正，国宁则民宁，国治则民治，而所以“正”之者、“宁”之者、“治”之者，悉因礼义而有。

荀子正是通过这一论证，使得政治国家存在的合理性和必要性在先秦儒家思想中获得了前所未有的严肃性：只有在荀子那里，国家的存在才真正成为政治哲学关注的根本主题；也只有在荀子那里，“礼义”以最名正言顺的方式取得了“国家理由”的身份。

第三节

建立“公共善”

“自然”与“人为”

在荀子的思想当中，礼义具有“国家理由”的特色，这为我们理解荀子的思想开拓了一个新思路。同时从思想史的角度来看的话，在荀子那里，国家与礼的关系也获得了一种全新的理解，即他扬弃了《左传》中有关礼和国家的关系的看法。相对于《左传》而言，荀子看重的是礼作为“经国家，定社稷，序民人”（《左传·隐公十一年》）的作用。因此，荀子特别注重“礼宪”。所谓“礼宪”就是国家治理的准则和法尺。

然而，荀子却断然抛弃了《左传》中将“礼”看作是“天之经，地之义”的说法。在他看来，礼义不再是天地“自然秩序”的一部分，而是圣人“人为”的制作，而天只是“自然”而已，与人间秩序没有任何关系。人间秩序不出于天之“自然”，而出于圣人的“人为”。

很明显，荀子是为了通过彰显自然与人为的差别，来突出礼义的“人为”的意义和地位。这也与《性恶》篇当中的论述遥相呼应。我们在

《性恶》篇中可以清楚地看到，如果随顺人性之自然，其结果只会出现争夺，而国家的治乱和民众生活的和平与安全保障只能来自人为。这个观点我们可以从荀子的“古者圣王以人性恶，以为偏险而不正，悖乱而不治，是以为之起礼义，制法度”（《荀子・性恶》）这样一种说法当中明确地看出来。

在荀子看来，礼义又是国家的托命，是治国之要和正国之具，已然表现出一种客观精神。换言之，作为政治及道德理性的人为创制，“礼义”一方面拒绝了天道“自然”和人性“自然”所可能包含的任何政治和道德哲学的意义，另一方面则突出了“礼义”在保全生命（政治）和转化生命（道德）中的核心地位。我们也可以说，避免生命之毁灭和人类类同于禽兽，进而过上“群居和一”的秩序生活，构成了荀子所说的“国家理由”的本质方面。

对孟子的批评

这样，我们就可以看到，荀子把“礼义”上升并理解为“国家理由”，是荀子对他所处时代被视为儒家正统的“知识背景”（Hintergrundwissen）的一种颠覆和瓦解。而这种所谓的“知识背景”就是当时在儒学思想中居于主导地位的孟子的主张。

依孟子的想法，国家之治理，政治秩序之重建，只需把“以不忍人之心，行不忍人之政”（《孟子・公孙丑上》）实现出来发扬光大就可以。孟子说，“君子所性，仁义礼智根于心”（《孟子・尽心上》），“仁义礼智，非由外铄我也，我固有之也”（《孟子・告子上》），这样的话，为政者只要“举斯心加诸彼”（《孟子・梁惠王上》），就可以做到“天下可运之掌上”（《孟子・公孙丑上》）。面对孟子这种对人性信心满满的主张，荀子提出了完全相反的看法。在荀子看来，“人之生，固小人，无师无法，则唯利之见耳”（《荀子·荣辱》）。由此观之，无论是政治秩序的重建还是道德秩序的实现，“必将待圣王之治，礼义之化，然后始出于治，合于善也”（《荀子·性恶》）。

如前面所说的那样，在荀子那里，“圣王”和“礼义”代表着国家的另一种说法，“国家为什么必须”乃根源于人之性恶。这样，在“礼义”和“国家”的关系上，我们从荀子的说法中可以得出的结论是：礼义不是“天之就”的人性的自然流露，也不是超乎政治国家之上的产物。恰恰相反，政治国家的存在反倒是礼义得以可能实现的前提和保证。换言之，只有在政治国家的状态下，一个性恶之人才有可能变为“善人”。故荀子云：

> 今人之性恶，必将待师法然后正，得礼义然后治。今人无师法，则偏险而不正；无礼义，则悖乱而不治。古者圣王以人性恶，以为偏险而不正，悖乱而不治，是以为之起礼义，制法度，以矫饰人之情性而正之，以扰化人之情性而导之也。始皆出于治，合于道者也。
>
> ——《荀子·性恶》

此处所谓“起礼义，制法度”之实义正是德国当代哲学家赫费所强调的“法和国家制度以及其他形式的社会强制”措施。按照荀子的思路，若人只任由其本性而行而没有度量分界，在其身上就只会存在背离正道和混乱，所以必须“立君上，明礼义”（即政治国家）（《荀子·性恶》）才能真正出于治，合于善。

“正理平治”与公共善

那么，什么是荀子所理解的“善”？按荀子的说法，“凡古今天下之所谓善者，正理平治也”（《荀子·性恶》）。在这里，“善”被理解或定义为“正理平治”。所谓“正理平治”的确切含义乃是指“规正、有序、平和与(得到有效的)管控”。不用多强的思辨力即可看出，这样一种对“善”的定义确切无疑地表现出一种政治学的意味，本质上是以国家利益和目的为核心的政治权力，所以它也是构成“国家理由”的本质性规定。如果我们把此处所说的“善”理解为一种伦理学的概念，那么，从“正理平治”（善）的具体含义上看，荀子正是从“国家理由”的角度来规定道德的。

假如上述理解有其确定性的根据，那么荀子对孟子的批评便可以得到新的合理的解释：尽管在《性恶》篇中荀子用了很大的篇幅和气力来论证孟子性善论的“不然”，但荀子的问题意识和真实意图并不在于从理论上彻底驳倒性善论，而在于对孟子忽视政治国家的存在表达强烈的不满。按照荀子的话来说，如果性善论能够成立，那么政治国家的存在就会变得毫无意义。

> 故性善，则去圣王，息礼义矣；性恶，则与圣王，贵礼义矣。
>
> ——《荀子·性恶》

很显然，面对“性善性恶”之论，荀子不断提示“圣王”“礼义”，强调“与圣王”和“贵礼义”，正是在性恶论的前提下对“国家何以必须”的最确切的注解。荀子认为，孟子的性善论会导致对政治国家的否定。在荀子看来，无论是秩序的重建还是道德的实现都离不开政治国家，因而性善论并不能充当秩序重建和道德实现的理论前提。用荀子的话来说，即“无辨合符验，坐而言之，起而不可设，张而不可施行”（《荀子·性恶》）。

这样，我们就可以对牟宗三的相关说法有更为深入的理解。在牟宗三看来，孟子之教只表现为道德的个人形式，只是个人精神与天地精神的来往，不能有客观精神做国家组织的表现。而这种客观精神表现于国家组织，则化而为实现国家利益和目的所需的制度准则，在荀子看来，尤其表现为“礼宪”。它是治国之纲纪和法册，是“国家理由”与国家意志之体现，故云“不道礼宪，以诗书为之，譬之犹以指测河也，以戈舂黍也，以锥餐壶也，不可以得之矣”（《荀子·劝学》）。

如果站在荀子的立场看孟子的学说，就其所欲达成的秩序重建的时代课题而言，似乎不由得让人想起当年霍布斯看待苏格拉底的理论：与其说这是一种科学，“不如说是一场梦幻”。在《荀子·非十二子》篇里，荀子用“甚僻违而无类，幽隐而无说，闭约而无解”来抨击孟子的主张。对于这三句话，学者的解说五花八门，但其核心主张盖无过于批评孟子的思想不足以力济苍生，不足以经国定分，此断无可疑者。一个可以确定的事实是，《非十二子》篇对各家的批评皆围绕着是否足以合大众、县君臣、经国定分的核心展开。在荀子看来，思孟之“罪”亦无过于此，虽未明言，实已言之。学者致力于从五行、德行的角度并配合新出土的文献加以解读，颇有意义。但若不看到上面这一点，即不免有失之一隅之虞。

由此观之，我们可以说，荀子的思想与他所处时代思想的不符，不仅仅只是概念词汇上的不符，更主要的是一种对道德的理解方式的不符。孟子的道德观在本质上是个人德行的养成，而荀子的道德观则着眼于社会的“公共善”（common good）的建立。所谓公共善，简单地说就是指社会国家秩序的实现。

在荀子的思想中，这种“公共善”的建立，本质上是借由政治权力以“国家理由”（“礼”）的方式来实现的。对此，美国学者柯雄文（Antonio S. Cua）指出：“在效果上，以礼为中心的荀子思想中，我们所能得到的，与其说是个人主义的道德，毋宁说是权力主义的（authoritarian）道德。”

与此相应，在对道德与政治的理解上，孟子和荀子也代表了两种截然不同的看法。前者是以道德来理解政治，后者是以政治来理解道德。

以道德来理解政治，则政治国家的独立性及其意义不能得到保证，而这与荀子精心构筑的“自然状态”理论格格不入；以政治来理解道德，逻辑上使得道德（礼）获得了“国家理由”的性质，理论上满足了建构统一的政治国家的需要，同时也赋予了道德以强而有力的法度准则的形式，所以荀子会说：礼者“治辨之极也”。

客观地说，荀子的主张契合和顺应了战国中后期历史发展的大势，同时也为未来统一帝国的崛起提供了适切的理论准备和理论武装。但是，孟子式的以个人的意志自由和自决为基础的那种道德却也同时被荀子排除出去了，以“国家理由”的形式言礼说礼，则礼不免在“国家利益”的名义下沦为“人主之柄”。这也就导致了荀子的伦理学成为典型的政治化的伦理学。

美国学者德效骞（Homer H. Dubs）便指出：“只有在荀子那里，那种作为权威和外在道德（external morality）的典型的儒家原理，在逻辑上达到了登峰造极的地位。”

徐复观则认为：“礼义既由先王圣王防人之性恶而起，则礼义在各个人的本身没有实现的确实保障，只有求其保障于先王圣王……这样一来，在孔子主要是寻常生活中的礼，到荀子便完全成为政治化的礼。”

第四节

“礼”的意义：道德与政治

“礼”与“国家理由”

前面我们说到徐复观把荀子的礼理解成完全政治化了的礼，但是这样一种说法并不意味着在荀子思想当中，道德已经完全成为国家利益论证的工具。至少在形式上，荀子始终坚持国家的利益和目的必须以道德为根本基础。

所以，荀子在他的书里经常会说“仁义德行，常安之术也”（《荀子·荣辱》），国家之治理应“厚德音以先之，明礼义以道之，致忠信以爱之”（《荀子·王霸》）。事实上，假如我们追踪荀子所谓先王创制礼义的过程，就会发现，先王制礼义虽在“救患除祸”的目标下强调“礼义”作为政治权力的角色和作用，但是先王创制礼义在动机上却是出于“恶乱”的道德情感，在目的上则是出于一心为民众谋福祉的道德考量。荀子对作为“礼义”之制作者的圣王的品格构造更清晰地规定为“道德纯备，智惠甚明”（《荀子·正论》），所以荀子会说：“志意致修，德行致厚，智虑致明，是天子之所以取天下也。”（《荀子·荣辱》）“德行”和“智虑”一方面是圣王的品格规定，另一方面又构成了国家治理的道德基础。

也正是从这个角度，我们可以看到，荀子和孔孟一样，特别注重国君道德品质的修养，国君的品德好了，国家自然就治理好了。（参见《荀子·君道》：“请问为国？曰闻修身，未尝闻为国也。”）

另一方面，荀子又特别强调国家利益和国家行动必须有坚实的道德作为基础。即便以“国家理由”的方式行使权力，他也常常强调道德的榜样和指导。[荀子鄙视“无礼义而唯权势之嗜者”（《荀子·非十二子》）的说法可做一个侧面的证明。此处与“权势”相对而说“礼义”，此礼义侧重从道德方面说。]

荀子甚至也有“先仁后礼”的说法，认为“人主仁心设焉，知其役也，礼其尽也。故王者先仁而后礼，天施然也”（《荀子·大略》）。

表面上看，荀子的这种主张与其在自然状态的逻辑结构中突出“礼义”，本质上是一种政治（权力）的概念似乎有些相互扞格。实则，在荀子看来，“礼义”作为“国家理由”的一般实践原则，也就是说以一切必要的手段实现政治国家的利益和目的，本身就是道德的。

为什么这样说呢？其中的一个重要原因在于荀子坚信，由“道德纯备，智惠甚明”（《荀子·正论》）的圣王所制作的“礼义”，不仅是一种政治权力的表现，更为重要的是，它也是一种道德精神的表现。这一点我们在《荀子·王制》一篇中荀子关于“王者之人”“王者之制”“王者之论”“王者之法”“王者之用”等等的论述中都可以看出来。

由此看来，在荀子那里，“国家理由”（礼义）完全可以同制度、法律和道德本身保持一致，或者说“国家理由”本身就是道德精神的极致表现。我们看到，一方面，就“礼义”作为“国家理由”而言，它表现出政治权力的特点；另一方面，就“国家理由”同时就是“道德精神”而言，政治权力与道德礼义又是一个合体。这样，荀子所说的“礼义”在本质上便具有“权力”与“道德”的双重身份。

“礼”发生作用的特点，正是这种双重身份使得以“礼义”为核心的荀子的思想具有鲜明的特点。其具体表现为以下几个方面。

首先，在荀子那里，为什么要确立政治国家的存在？理由在于只有依靠政治国家才能为民众救患除祸，使民众获得和平、安全与秩序。因此，在逻辑上，为国家和“国家理由”（也就是礼义）辩护的真正根据，在于国家和“国家理由”所具有的那些性质和要求，而不是我们的同意。

在荀子看来，礼义是天下大中至正的标准，事理是非的分界，名分、职位、名言、法象等所由建立的根据。换言之，先王制定的礼义是一切事物的最高准则。但这种准则排除了民众意志选择的“同意”，生民百姓只需要接受礼义，只需要行义守礼，而不必论知礼义之由来及其道理。其中的原因首先在于礼义本身就是政治和道德“权威”，就是大中至正的标准，民众只需照章办事，依法而行。

其次，也是因为民众只是一群愚陋无知且自私好利之人。对他们来说，只可引之于大道，而不可与其共明事理。如荀子云：“彼众人者，愚而无说，陋而无度者也。”（《荀子·非相》）又云：“夫民易一以道，而不可与共故。”（《荀子·正名》）因此荀子认为“国家理由”便是国家道德，而国家道德便是个人道德。在某种程度上我们可以说，荀子的伦理学取消了道德在“根据意义”上的“为何”，只强调“实践意义”上的“如何”，一切以服从礼义为标准。

凡事行，有益于理者，立之；无益于理者，废之。夫是之谓中事。凡知说，有益于理者，为之；无益于理者，舍之。夫是之谓中说。事行失中，谓之奸事；知说失中，谓之奸道。奸事、奸道，治世之所弃，而乱世之所从服也。

——《荀子·儒效》

不法礼，不足礼，谓之无方之民；法礼，足礼，谓之有方之士。

——《荀子·礼论》

如果说，道德（礼义）作为“国家理由”对民众而言只是“要求”而不是“同意”，那么作为民众在道德实践中所要遵从的“行动理由”，道德（礼义）在发生作用时便表现出强烈的“排他和独断”（content - independent and peremptory）的性质。可以确定，在荀子的思想中，政治哲学和伦理学分享着人性恶的共同前提，人的好利恶害的本性与社会的“公共善”（正理平治）之间不存在天然的和谐与协调。解决此矛盾的唯一方法就是依靠圣王所制作的礼义。

但我们知道，在荀子看来，礼义又同时被赋予了“权力命令”的性质。当权力命令体现为“行动理由”时，民众的意志同意和自由自决就被压倒乃至被吞噬。因此，荀子的伦理学与孟子的不同之处，在于他强调了由圣王所制作的、既成（given）的法则规范，而不是个人的道德意识。这些法则规范如同法律条文一样，并不因个人的好恶而转移。具体地说，在道德实践上，“礼义”作为“行动理由”是要在根本上排除和切断（cut off）人们所可能做出的关于为何如此行动的任何反思性的独立思考（王阳明在《传习录·答罗整庵少宰书》中说：“夫学贵得之心，求之于心而非也，虽其言之出于孔子，不敢以为是也。”可做对照），任何有别于圣王、礼义或出于人们内心所想的理由皆需加以断然摈弃，“凡言议期命是非，以圣王为师”（《荀子·正论》）。

因此，我们看到，在荀子看来，一方面，道德修身和实践无非是按照礼义的要求和规则去行动，圣王之所“是”，便是民众的“应当”；“是”不仅构成行为的最好的理由、最强的理由，而且是唯一的理由。所以荀子说“学至乎礼而止矣，夫是之谓道德之极”（《荀子·劝学》），“学者以圣王为师，案以圣王之制为法，法其法以求其统类，以务象效其人”（《荀子·解蔽》）。另一方面，礼义所具有的强制性和排他性，在内在方面要求人们放弃自己的判断，在外在方面，要求凡违逆于圣王、礼义的“奸心、奸说、奸事”，皆在禁止和打击之列。

> 故劳力而不当民务，谓之奸事；劳知而不律先王，谓之奸心；辩说譬谕，齐给便利，而不顺礼义，谓之奸说。此三奸者，圣王之所禁也。
>
> ——《荀子·非十二子》

最后，“礼义”作为“国家理由”，使得礼义以道德的形式被赋予了“权力命令”的性质后，其直接的理论后果是使荀子的伦理学具有政治化伦理的特点。这点我们在前面已经点出。政治化伦理在具体表现上有不同的层面和层次，最为人们所熟悉的就是在荀子的伦理学中，作为道德规范的“礼”已经明显具有客观外在的法度准则的意思。

> 国无礼则不正。礼之所以正国也，譬之犹衡之于轻重也，犹绳墨之于曲直也，犹规矩之于方圆也，既错之而人莫之能诬也。《诗》云：“如霜雪之将将，如日月之光明，为之则存，不为则亡。”此之谓也。
>
> ——《荀子·王霸》

荀子强调礼之于正国，犹如“衡”“绳墨”“规矩”，显然是将礼看作是一个客观外在的标准。我们需要强调的是，当荀子将这种客观外在的标准比喻为“如霜雪之将将，如日月之光明”时，已蕴含着荀子在突出礼的严正肃杀、公正无私的同时，也剥落了礼原本所具有的温情脉脉的面纱。礼之于正国须臾不可离，为之则存，不为则亡。由国之存亡说礼，突出了礼作为“国家理由”的核心意义。国家治理如此，个人修身也是如此。按照荀子的话来说，凡是血气、志意、知虑，凡是食饮、衣服、居处、动静，凡是个人的容貌、态度、进退、趋行，都应该以礼作为准则，所以荀子会说“人无礼则不生，事无礼则不成，国家无礼则不宁”。

凡用血气、志意、知虑，由礼则治通，不由礼则勃乱提僈；食饮、衣服、居处、动静，由礼则和节，不由礼则触陷生疾；容貌、态度、进退、趋行，由礼则雅，不由礼则夷固、僻违、庸众而野。故人无礼则不生，事无礼则不成，国家无礼则不宁。

——《荀子·修身》

当“礼”在其娘胎中就带着“权力”的基因问世后，作为“国家理由”，“礼”在合大众、一制度、齐国家、正人心的同时，也为统治者垄断权力乃至合法使用暴力创设了条件。迈内克曾这样认为，“虽然国家是法律的捍卫者，虽然它像其他任何种类的共同体一样依赖伦理和法律的绝对合理，但仍然做不到在自己的行为中遵守之”，因为“‘国家理由’精神的一个本质部分，在于它必然始终因违背伦理和法律而玷污自己”。迈内克认为：“凡掌权之人都不断受到一种精神上的诱惑，那就是滥用权势，越过正义和道德的界限。当我们分析由‘国家理由’激励的行为时，我们就足够清楚地看到这一点。”（见迈内克《马基雅维里主义》）这大概可以解释前面迈内克何以认为“国家理由”只是“有可能”同正义与道德保持和谐。

“礼义”与“专制”

为什么当“礼义”获得“国家理由”的形式后会为统治者垄断权力乃至合法使用暴力创设条件？这里面的关键在于“权力”。按照迈内克的说法，“凡掌权之人都不断受到一种精神上的诱惑，那就是滥用权势，越过正义和道德的界限。当我们分析由‘国家理由’激励的行为时，我们就足够清楚地看到这一点”。

对我们来说，重要的是，当荀子以“礼义”作为“国家理由”时，“礼义”本身就有了“权力”与“道德”的双重身份，而站在国家利益的立场，作为道德的“礼”也就成为“国家治理术”的一部分。这种治理术（由统治者掌握）出于秩序的需求和保证，或出于为了国家利益和目的的“责任压力”，最终总会以不同的形式，或者是以“权力”和“道德”的“合谋”（conspiracy）为结果，或者是以“权力”对“道德”的销蚀为代价，致使为统治者以“道德”的名义合法使用暴力开启方便之门。

前面我们说过，在荀子的伦理学中，“礼义”对于民众而言只是“要求”而不是“同意”。它要求人们切断自己的思考，放弃自己的判断，不折不扣地以礼义规范生活和行事。

但是，按照法国学者约瑟夫·德·梅斯特[1]的说法，“让人们完全生活于社会规范之中的唯一办法，是禁止他们发问，而禁止他们发问的唯一

[1] 约瑟夫·德·梅斯特：又译为约瑟夫·德·迈斯特尔，Joseph de Maistre，1753—1821，法国君主主义者，反现代派人物，著有《论法国》等。

办法，是恐吓”（转引自陈文洁：《荀子的辩说》）。当然，恐吓的极端形式就是以“合法”的方式使用暴力。

其实，在荀子的思想中，“禁止人们发问”也有内外两种方式：对内而言，是要人们切断对如此行动的理由的任何独立思考，以强力乃至“强迫”的方式让人们树立起对“礼义”的唯一信念；对外而言，要明确立场，辨明是非，划清界限。所以荀子云：“凡言不合先王，不顺礼义，谓之奸言；虽辩，君子不听。”（《荀子·非相》）所谓的“奸言”和“不听”表达的是对不合“礼义”的言论的鄙视和拒绝。荀子试图以排他性的“礼义”正天下之视听，强天下之必从，进而达到“天下无隐士，无遗善，同焉者是也，异焉者非也”（《荀子·正论》）的目的。荀子所说的“善”的“正理平治”，其意义就在这里。因此，在荀子那里，所谓的“礼义教化”本质上乃表现为“政”与“教”的结合，是以政说教，以教辅政。

不过，对于汲汲于“礼义”秩序之实现的目的而言，荀子不会只停留于对于不同意见、不同行为的“不允许”上，他还心生“不能忍”，乃至倾向于用暴力铲除类似现象。这似乎已不止于“恐吓”而是“恐怖”了。荀子在《非相》篇就曾经说，对于那些好辩的、对于社会秩序毫无用处的，所谓满足口舌之快的人，必须加以诛杀。

> 听其言则辞辩而无统，用其身则多诈而无功，上不足以顺明王，下不足以和齐百姓，然而口舌之均，噡唯则节，足以为奇伟偃却之属，夫是之谓奸人之雄。圣王起，所以先诛也，然后盗贼次之。盗贼得变，此不得变也。
>
> ——《荀子·非相》

每当听到这种言论的时候，不免让人心生怖栗，这就难怪牟宗三会认为："若惟是从对治之功利处着眼，则落于现实，凡巧便于功利者无不可为，不必礼义也。是刻薄者终将由荀学转而为法家，李斯、韩非是也。"（牟宗三：《名家与荀子》）

学者一般都知道，荀子的学生中有两个非常著名的人物，就是李斯和韩非。一方面，我们看到李斯和韩非的学问有自己独立的思想系统；但另外一方面，我们也的确应该看到，荀子思想当中的某些方面，到了韩非和李斯那里就可能沦为法家统治人民的一种手段。

这两者之间的关系极其微妙，任何一种简单的否定或者是过分简单化的等同，都不足以说明其间的道理。

简单的结语

通过前面的内容，我们大体了解了荀子思想的特色。简单地说，在秩序重建的问题上，荀子瓦解了孟子所建立的知识背景，诉诸客观有效的制度法则，以使社会的公共善能够得到真正的落实。所以荀子突出政治国家存在的必要性，为礼义赋予国家理由的形式，并使礼义获得权力与道德的双重身份。这正是我们了解荀子思想特色的秘密所在。

如果说以圣王和礼义为代表的政治国家，其创立的本意在遏制人之性恶的话，那么荀子似乎对政治国家抱持了过分的道德期许，而没有严肃思考政治国家本身可能就是一种恶。在荀子的思想当中，权力的专制化与道德的国家化就成了一个钱币的两面，而且两者之间达到了令人吃惊的对称。

第五节

荀子天道观的独特性及意义

荀子有关天的学说在先秦儒家思想中见解精到，非常精彩。在荀子看来，天只是自然之天，无知无识，天只是按照自身的法则生成消长。天没有赏善罚恶的意志，也不会降祸福于人，人间的祸福完全出于人为而不是天意。所以，荀子在《天论》篇中特别强调要“明于天人之分”。同时，荀子进一步认为天无可取法，认为“怨天者无志”（《荀子·荣辱》），主张要“制天命而用之”（《荀子·天论》）。上述三个方面基本上构成了荀子思想当中有关《天论》的主要内容。荀子天道观的独特性及其意义应该放在思想史发展的进程中才能看得清楚，对此我们不必赘言。

《荀子·天论》的主要内容

在荀子看来，天是自然之天。所谓自然之天，在荀子的思想当中就表现为天是没有意志的，是客观的物质世界。荀子认为天是无知无识的物质世界，没有意志，不能降祸福于人类。所以荀子说：“天地合而万物生，阴阳接而变化起。”（《荀子·礼论》）这句话的意思就是说，天地自然的世界，就其本质构成来说，是由阴阳二气交感变化相互消长生成的，在此期间没有所谓天的神秘意志。

可以看到，自然之天的实质，就是天是没有意志的，是客观的物质世界。荀子为什么要强调这一点？这就要和其所处时代的风气联系起来。在荀子所处的时代，人们在很大程度上是把自己的吉凶祸福都委诸天命，委诸迷信或者是天意的。

从历史上看，到战国末期，社会生活中频出各种怪异的现象，所谓相骨术、鸟兽通灵、祥云瑞鸟、五福始终等等，各种荒诞不经的说法颇为流行。人们也一时附会成习，把自己生活中的一切祸福都委诸天命或天意。

“天”的神秘性，在荀子的时代不仅表现在人们认为天能降福消灾等方面，春秋以后流行的各种神秘的相术也被包装在神秘的天意之中，给人们造成一种命定论的假象。比如人们通过观察别人的体态、颜色、相貌就能够知道人的吉凶祸福。如果这种相术成立的话，就会给人们造成一种印象，也就是说一切都由天意或者天命所注定，人在世间活着不必去努力，一切等待天命的安排就行。同样，在政治生活中，国家治理的好坏也一并委诸天意，为政者便可以由此沉溺于个人的享乐喜好。既然一切皆有天意自然决定，人对此无能为力，那么为政者自然也就可以不负责任。

尽管处于这样一种时代背景下，荀子却一反流行的观念，认为天就是自然之天。所谓自然之天就是无知无识的物质世界，没有任何意志，没有任何所谓的天命可以主宰人世生活。当然，荀子认为，天的运行既然有其自身的法则，那么人为的努力就要遵循一定的自然轨道而发挥作用，所以荀子在《天论》篇里第一段开头就说“天行有常”。所谓“天行有常”，“常”指的就是天的常道，也就是天运动变化的规则。天有自己运行的常轨，并没有意志作用于其间。但是天也有变化，有罕见的现象，也就是荀子所说的“星坠木鸣”等。但这种罕见的现象并不是说天有意志或者是天有意通过各种变异的现象给人以某种暗示，这种变异现象依然是天自身运行法则的表现。荀子的这种主张，推翻了敬天和畏天的观念，天不再是人们膜拜和迷信的对象。

荀子在《天论》篇中的第二个主张表现在“明于天人之分”。按照荀子的思想，天的运行既然有它自身不变的法则，那么天就不会因为人的好恶而改变它的运行轨道。所以荀子说：“天不为人之恶寒而辍冬，地不为人之恶辽远也辍广。”又说：“天行有常，不为尧存，不为桀亡，应之以治则吉，应之以乱则凶。”

可以说，荀子《天论》篇这第一段最重要的是要“明于天人之分”。天的职分在于生成万物，人的职分在于正确地治理。天不能降祸福于人，不会影响治乱。人生的安定和社会的治乱全在于人为。所以荀子特别强调“应之以治则吉，应之以乱则凶”，治乱的关键在于人为应对的方式。这是荀子《天论》篇极为重要的一个观点。

《天论》篇的第三个观点，就是荀子所说的“制天命而用之”。在荀子看来，天人各有自己的职分，天没有意志，人间的治乱在人不在天。当人生于天地之间，必须以天地万物为用才能生存，所以荀子强调人要治天用天，即“财非其类以养其类”（《荀子·天论》）。

这句话的意思就是人要善于利用自然万物，所以荀子说“其于天地万物也，不务说其所以然，而致善用其材”（《荀子·君道》），所谓“善用”就是要顺从自然，治天用天的方法都要表现为顺应自然万物的本性。荀子说：“草木荣华滋硕之时，则斧斤不入山林，不夭其生，不绝其长。”（《荀子·王制》）这就是顺应自然万物的本性。荀子的这种说法，用我们今天的话来说，就是要在意识上确立可持续发展的观念，不要竭泽而渔，而要有一种长远的眼光，要为生民“长虑顾后而保万世”。

荀子所说的这种善用自然的观念，体现的正是儒家“正德利用厚生”（《尚书 · 大禹谟》）的基本原则。

儒家在面对自然万物时，总是以“正德”为先，但“正德”并不舍“利用”，又不废“厚生”。简单地说，就是既要“正德”，也要“利用”和“厚生”。“正德”之德乃是天地生物之本性、之大德；“利用、厚生”为依物、待物之道。“正德”施诸己，“利用、厚生”散诸物；而言“利用、厚生”必当以“正德”为前提、为依归。

然而，言“正德”又非以往只是以道德心覆载、涵润于万物，其同时，亦必开人民之幸福生活。从理论之辩证关系上看，“正德”必含“厚生”。但另一方面，言“厚生”而生物、成物，又绝不舍“利用”，此所以尊人、尊生之现实主义，亦复依循于荀子“天地万物人为贵”之原则。要之，一方面，我们必须裁制、利用万物，所谓“财非其类以养其类”（《荀子 · 天论》）；另一方面，对自然万物我们又要做到“不失其时”“不绝其长”。

如是，即荀子这样一种观念乃是将人之制天、用天的能力和智慧建立在“长虑顾后而保万世”（《荀子 · 荣辱》）的基础上的。人要做自然的主人，但又要顺从自然的本性，这是“知其所为，知其所不为矣，则天地官而万物役矣”（《荀子 · 天论》）。唯有持这种态度才能做到“为天下生民之属，长虑顾后而保万世”（《荀子 · 荣辱》）。

在《天论》篇中，有一段说得非常精彩：与其遵从天而思慕它，不如把天当作是物一样畜养起来而控制它；与其顺从天而赞美它，不如控制自然的变化而利用它；与其盼望、等待天时，不如适应天时而役使它；与其顺任万物的自然繁殖而求它增多，不如施展人的才能使它按照人的需要有所变化；与其思慕万物使它成为能供自己使用的物质，不如管理好万物而不失掉它；与其希望万物能自然生长出来，不如掌握万物的生长规律。所以放弃人的努力，而寄望于天，就不能理解万物的本性，也就不能去利用万物。此即荀子所说的：

> 大天而思之，孰与物畜而制之！从天而颂之，孰与制天命而用之！望时而待之，孰与应时而使之！因物而多之，孰与骋能而化之！思物而物之，孰与理物而勿失之也！愿于物之所以生，孰与有物之所以成！故错人而思天，则失万物之情。
>
> ——《荀子·天论》

从上面的介绍中，我们可以得出一种基本看法，就是荀子是第一个从哲学理论上比较系统地对天地自然加以解释的儒家学者。而荀子的《天论》篇则表达了荀子对天地自然的了解，这种了解为我们善用天地自然万物提供了一种努力方向。正是从这个角度说，我们认为荀子的《天论》在儒家思想发展史上具有特别重要的意义。

第六节

如何阅读《荀子》？

最后我们谈谈如何阅读《荀子》，这是一个见仁见智的问题。所以，以下所说只是一孔之见。

首先，阅读《荀子》有一个需要客观了解的问题。用我们今天的话来说，要先弄清、弄懂《荀子》文本所说的意思。

这种说法虽然是老生常谈，但是在我们阅读《荀子》的过程中却是非常重要的。因为如果我们对《荀子》的文意理解不当的话，我们说得越多，可能和《荀子》的原意就离得越远。

我们知道，在先秦儒家经典当中，《荀子》一书古训最多，编简烂脱，衍夺篡伪，错杂于其间。相比较于《论语》和《孟子》而言，《荀子》一书一向被认为是最难读的。所以阅读《荀子》的时候应当适当地参照相关的注本，这是第一点。

其次，我们在阅读《荀子》的时候，需要将具体问题的研究与荀子对时代课题的把握紧密地结合起来。这就涉及对《荀子》一书的问题意识的了解。有关这方面，我们前面已经做了比较充分的说明，这里就不再详细论述。

总的来说，阅读《荀子》，我们既要考究《荀子》一书中具体的问题与观点，也要牢牢把握住他的目的和宗旨。换句话说，既要有细处的分析，也要从大处着眼，抓住他心中所想的根本问题。用一句简单的话来说，就是先要弄清楚他为何说，然后再了解他如何说。这样，我们才能达到对荀子思想的“同情”的了解，避免犯只见枝叶不见森林的毛病。

再次，阅读《荀子》也需要注意，荀子作为先秦儒家的集大成者所表现出来的思想特点。应该说，在中国儒学史上真正称得上总结式大儒的人其实并不多，而荀子应当是其中一个。

总结式大儒的思想一定有明通之识见，有出入百家而又平章百家的气度和气概。所以我们今天阅读《荀子》也应当有荀子当年相应的心态，那就是批判与吸收。准确地说就是要对各家各派的思想有开放的心胸，又有反省批判的意识。

最后，我们今天阅读《荀子》固然要心怀“同情”与敬意，但是我们也应该在阅读中保持反省与质疑的态度。例如，我们强调《荀子》一书的问题意识和中心主题在于如何在一个崩解离乱的世界当中重建“正理平治”的政治秩序，所以荀子特别注重“以先王之制为法”。凡是不合先王之道，都被荀子认为是奸言奸事，都在打击之列。这样看来，一方面荀子给我们描绘了一个美好的先王之治的世界，另一方面也的确可以感受到这个世界是以恐怖和绞刑架为后盾的。只有这样，我们才能对荀子的思想有一个比较客观和全面的了解。

我们从客观理解、问题意识、总结者的思想特点以及敬意与批判四个方面谈了我们应当如何阅读《荀子》，这些方面似乎都是从大处着眼，而大常常与“无当”相连。但是另外一方面，就像孟子所说的“先立乎其大者，则其小者弗能夺也”（《孟子·告子上》），我想在面对《荀子》一书的时候，以孟子的说法作为一种阅读方法也是非常合适的。

第五讲

韩非子：中国思想中的最隐秘内核

作者宋洪兵：中国人民大学国学院教授、博士生导师，中国先秦史学会法家研究会副会长兼秘书长。

第一节

法家的前驱和代表人物

韩非子是先秦法家学派的集大成者。提到法家，首先要知道法家是先秦时期一个重要的思想学派。如果按地域来分的话，法家可以分为在齐国的“齐法家”[1]和在三晋的“晋法家”[2]；如果从时间角度来分的话，法家可以分为“前期法家”和“集大成的法家”。

法家思想一个重要的特点就是信赏必罚，不别亲疏，不殊贵贱，建法立制，富国强兵，所以它在中国历史上具有非常重要的地位。

法家的特殊地位

法家的“法”字，如果按照《说文解字》的说法来看，是刑的内涵，“平之如水”，所以“从水”。

[1]“齐法家”：春秋战国时期在齐国形成的法家派系，当时齐国的治国思想，主张以法治国，法教兼重。代表人物有管仲。

[2]“晋法家”：也称晋秦法家，是以三晋文化和秦文化为基础而产生的法家派系，其代表人物主要有魏国人李悝、卫国人吴起、卫国人商鞅、赵国人慎到、郑国人申不害、韩国人韩非子、楚国人李斯。

还有一个字“灋”——法的一个古字，字里有个“廌”（读音为zhì）。廌是一种独角兽，它之所以出现在“法”字里，是因为当无法判断谁是谁非的时候可以派出这种神兽，它的角碰触到谁，谁就是有罪的。

> 刑也。平之如水，从水。廌，所以触不直者去之，从去。
>
> ——《说文解字》

法家作为一个学派意义上的概念，最早出现在司马迁的父亲司马谈的《论六家要旨》里。他指出法家是“严而少恩，然其正君臣上下之分，不可改矣”。所以他把法家列为先秦六家之一，其他五家为阴阳家、儒家、墨家、名家、道家。

在文中，他指出了法家一个很重要的特点——“不别亲疏，不殊贵贱，一断于法”，同时又指出法家这种过分强调规则，丝毫不讲感情的做法，“可以行一时之计而不可长用”，所以他说法家是“严而少恩”的。同时又认为，君臣伦理是绝对不可以违背的，这是秩序的一个保障，是“百家弗能改”的一个政治现象。

后来班固又继承了司马谈的说法，把它作为法家的一个重要的特征流传下来。长处是讲信赏必罚，但是也有短处。短处就是没有教化，没有仁爱。

> 法家者流，盖出于理官，信赏必罚，以辅礼制。《易》曰：“先王以明罚饬法。”此其所长也。及刻者为之，则无教化，去仁爱，专任刑法，而欲以致治，至于残害至亲，伤恩薄厚。
>
> ——班固《汉书·艺文志》

刘劭的《人物志》里说：“建法立制，强国富人，是谓法家，管仲、商鞅是也。”(《人物志·流业》)这段话点出了法家的重要的代表人物管仲、商鞅，也指出了法家通过实行法治来富国强兵的特点。后来章太炎也提出“著书定律为法家”（《检论·原法》）。

概括起来说，法家的一个根本特征就是实行法治，富国强兵。法治是用一种公平、公正、公开的形式建立起一种客观的普遍的规则，作为基本的治国原则。这与西周时期封建制度之下“礼不下庶人，刑不上大夫”(《礼记·曲礼上》）的治国理念是完全不同的。

可以说法家人物是中国传统思想流派之中唯一真正进入政治去思考政治问题的政治家和政治思想家群体。

法家并非今天意义上的法学家，而是思考政治问题并尝试解决政治问题的政治家。近人陈启天[1]有一个非常有意思的说法。他认为儒家是教育家，墨家是宗教家，道家是哲学家，法家是政治家。儒家、墨家、道家其实都关心政治问题，但他们关心政治问题的方式是站在政治之外，指出政治的“应然状态”。什么叫应然状态？就是应该如何更多地从伦理的角度去指导政治。

法家则是直接进入政治领域去思考问题，因为他们意识到政治本质上是一个充斥着权力欲望和利益的领域。在这样的一个领域里面，单纯的道德原则是无济于事的，或者说站在政治之外去指导政治是无济于事的，必须进入政治领域去思考何为政治，直面政治领域里时刻充斥着的谎言、欺骗、权力、斗争、尔虞我诈、利益平衡、利益交换等诸多问题。

[1] 陈启天（1893—1984），亦名声翊、国权、春森，笔名翊林、明志。著名教育家，政治活动家。著有《张居正评传》《商鞅评传》《中国法家概论》《韩非子校释》。

如何直面这种政治现实，是法家思考的一个核心问题，也是他们进入政治领域要重点处理的一个问题。

可以设想，在中国思想体系里，如果没有法家，没有法家对于政治的思考，那么这个体系其实是不健全的，可以说缺失了很大一块。政治是如何运转的？政治本质是什么？我们面对这样一种政治本质应该做一些什么事情？诸如此类的问题，单纯靠儒家、道家和墨家这样一些学派来处理是完全不充分的。

所以法家在中国学术史上以及在中国的思想史上，所占据的地位是不容忽视的。这是有关法家的基本情况。

法家的前驱人物

对法家的代表人物，我们要有一个基本的了解。法家的代表人物主要分为前驱人物和代表人物。

前驱人物，如果追溯到早期，其实可以追溯到齐国的建国者，就是我们知道的姜太公（即姜尚，又被称为姜子牙）。他的治国理念是被后来法家的各个代表人物所尊崇的。

后来又有了齐国的管仲。大家都知道管仲曾经辅佐齐桓公称霸，挟天子以令诸侯，然后辅佐齐桓公治国，一匡天下、九合诸侯、存亡继绝，维护了整个中原文明免受来自周边少数民族的倾轧。所以他的历史功绩是不容忽视的。孔子有一个评价说：“微管仲，吾其被发左衽矣。”（《论语·宪问》）“被发左衽”是少数民族的一种装束。这句话的意思是：如果没有管仲，那么我们就像少数民族那样生活了。所以他对于维护华夏文明是有非常大的历史功绩的。正是因为如此，孔子才称赞管仲是仁人，“如其仁，如其仁”。（“子曰：‘桓公九合诸侯，不以兵车，管仲之力也。如其仁，如其仁。’”——《论语·宪问》）这个评价是非常高的。

第二个前驱人物是郑国的子产[1]。

郑国其实是一个小国。子产之所以能够成为法家的一个前驱人物，主要是因为他铸刑书（《左传·昭公六年》：“三月，郑人铸刑书。”），其实就是把刑法向全体百姓公布。这是公布法的一个开端。这种方式当时引起了晋国的叔向[2]的反对，叔向对子产说：“你这样做会让老百姓只知道去追求不违背刑法，而不知道去提升自己的道德，这样的话就会让老百姓的道德变得更坏，国家变得更混乱。”

子产回答说“侨不才，不能及子孙”，意思是，我考虑不了那么长远。（《左传·昭公六年》）

实际上他这种方案在当时是非常有效的。正是因为铸刑书这样一个行为，他也被大家视为法家的先驱人物。

第三位是魏国的李悝[3]。他曾经辅佐魏文侯变法，奖励耕种。

在冷兵器时代，粮食是非常重要的战略物资。因此如何种好粮食，这一点是非常重要的。除了奖励耕种，李悝还处理好了物价的均衡状态，推行平籴法[4]。更重要的是他在变法的过程之中，任用了几位非常有才能的人士来辅佐魏文侯，其中就有我们熟知的吴起。

---

[1] 子产（？—前 522），春秋时期著名政治家、思想家。姬姓，公孙氏，名侨，字子产，又字子美。郑穆公之孙，公元前 554 年为卿，公元前 543 年执政，先后辅佐郑简公、郑定公。

[2] 叔向：即羊舌肸，生卒年不详，姬姓，羊舌氏，名肸，字叔向。春秋时期晋国大夫、政治家，与郑国的子产、齐国的晏婴齐名。

[3] 李悝（前 455—前 395），嬴姓，李氏，名悝，魏都安邑（今山西夏县）人。战国时期魏国大臣、政治改革家，法家重要代表人物。

[4]李悝推行的重农抑商的“平籴法”，由国家控制粮食的购销和价格：政府在丰年以平价收购农民余粮，防止商人压价伤农，在灾年则平价出售储备粮，防止商人抬价伤民，避免“谷贱伤农，谷贵伤民”。

吴起的军事才能非常强大。他在李悝的领导之下，率领魏国军队打败了秦国，占领了秦国的河西之地，在秦国这片土地上建立了一个西河郡。还有大家所熟知的西门豹也为李悝所用。所以在战国初年李悝任魏国宰相的时候，魏国是非常强大的。

李悝之所以能够成为法家的前驱人物，除了因为他在魏国变法，使魏国强大起来之外，还因为他有一个很重要的历史功绩——著《法经》。据说当年公孙鞅，也就是后来的商鞅，从卫国到秦国去的时候，手里就拿着李悝的《法经》。

第四个前驱人物就是吴起[1]。

我们都知道，吴起既是兵家的代表人物，同时也是法家的代表人物。之所以是兵家代表人物，是因为他著有《吴子》这样一本兵书；他能够率领魏国军队打败秦国，也是因为他有卓越的军事才能。他在楚国的时候，辅佐楚悼王变法，所以又是法家的代表人物。楚悼王变法的内容之一是精简机构，让贵族既得利益不能够世袭。所谓“三世而绝禄”，就是说俸禄传三世，就不能再传了，从而打破了这种封建制度。我说的封建制度是指西周时候的那种封邦建国的制度，不是我们后来所说的封建社会制度。

世代沿袭世代继承这样一种制度被打破之后，没有功劳就不能够获得俸禄。这对于贵族阶层既得利益是非常大的一种打击。吴起在楚国变法其实是有很大的功绩的。然而非常不幸的是楚悼王去世之后，楚国的贵族就群起而反扑，用乱箭把吴起给射杀了。吴起的命运是非常悲惨的。

[1] 吴起（前 440—前 381），战国初期卫国濮（今河南濮阳）人。著名的政治改革家、军事家、统帅。先后在鲁国、魏国、楚国做官，军事、政治才能卓越，兵家代表人物，通晓兵家、法家、儒家诸家思想。后世把他和孙子合称“孙吴”，著有《吴子》。《吴子》与《孙子》又合称《孙吴兵法》。

法家的代表人物

除了先驱人物之外，法家还有一些代表人物。

第一个是商鞅（约前 395—前 338），本名公孙鞅。他其实是卫国的一个贵族。曾经到大魏去发展，但是因为各种原因，他在魏国发展得并不是特别顺利。正好秦孝公发布求贤令，面向东方六国招徕贤人。商鞅知道这个消息之后就前往秦国，通过秦孝公的宠臣景监去见秦孝公。他见了秦孝公后三次游说：第一次游说以道，秦孝公不感兴趣、没成功；第二次游说以王道，秦孝公也不感兴趣；到了第三次，他游说秦孝公以霸道，秦孝公非常感兴趣，所以就任用商鞅变法。

商鞅在秦国两次变法。这两次变法奠定了秦国强大的基础，可以说秦国强大起来最后灭掉东方六国的基础是在商鞅时期奠定的。

所以秦灭六国最后建立起大一统的秦朝，渊源应该追溯到商鞅辅佐秦孝公变法这段历史。

商鞅有部《商君书》。当然，《商君书》并不一定都是商鞅自己写的，其中也有他的后学补充的内容。书中主要讲的是一种耕战理念——奖励耕战及如何富国强兵的理念，突出强调的是法的作用。所以如果说法家注重法、术、势的话，“法”的一个重要代表就是商鞅。

第二个代表人物是申不害（约前 385—前 337）。申不害辅佐的是韩昭侯——韩国的一个宰相。申不害是以“术”著称的，今天我们认为“术”好像就是阴谋权术，但是真正的术的一个内涵是循名责实，就是根据“名”（规定）来责（考核验证）“实”（实际的情况）。也就是说，循名责实是根据规则去对照实际的情况，然后确定赏罚。

申不害是以术著称的。术的内涵当然包括阴谋权术的内容。比如说挟知而问，倒言反事，这些都是阴谋权术。挟知而问：知道事情的来龙去脉之后，却装作什么都不知道，而去问当事人，看当事人如何回答，是否说实话，借此来考验当事人对自己忠诚与否。像这样的术就是阴谋权术。但是术的核心内涵还是循名责实，用我们今天的话来解释的话，其实就是权责相符。

这里可以举一个例子，《韩非子》里讲过一个故事：申不害以术著称，他辅佐韩昭侯的时候，韩昭侯便以术来治国。据说有一次韩昭侯睡午觉的时候，典衣的人（负责穿衣的人）不在身边，而典冠的人（负责帽冠的人）在身边。韩昭侯睡着了之后，这个典冠的人害怕他着凉，就给他披了一件衣服。韩昭侯醒了之后，见有人给他披了衣服，就要奖励这个典衣的人，那典冠的人便说这个事情是自己做的。

于是韩昭侯做了两个决定：第一个决定是惩罚典衣的人。为什么惩罚典衣的人？因为根据名实相符的原则，该履行职责的时候，他不在职位上，没有尽到自己应尽的职责，所以要受到惩罚。第二个决定是惩罚典冠的人。为什么惩罚典冠的人？韩昭侯说："你给我披衣服，这件事情本身我不是不喜欢，但这不是你应该做的，你是越职而为。你作为一个典冠的人，却做了典衣该做的事情，所以要受到惩罚。"这才是术最主要的内涵。

法家的第三个主要代表人物是慎到（约前 390—前 315）。慎到不是一个政治家，主要是一个思想家，活跃在稷下学宫[1]时期。他的一个理念就是强调"势"的重要性。

我们知道"势"有很多内涵，如趋势、权势、势位。慎到强调的主要

[1] 稷下学宫：又称稷下之学，战国时期田齐的官办高等学府，始建于齐桓公田午，是世界上第一所由官方举办、私家主持的特殊形式的高等学府。位于齐国国都临淄（今山东省淄博市）稷门附近。

是势位和权势。韩非子在《难势》篇讲慎到关于“势”的一个观念，说尧为匹夫不能治三家，桀为天子能乱天下［原文为“尧为匹夫不能治三人，而桀为天子能乱天下”（《韩非子·难势》）］。意思是：尧这样一个圣人，如果没有权势，只是一个普通人的话，就连三家都管不了。桀为天子桀，是一个道德败坏的暴君，他做天子，手握天子之权，就能使天下大乱。

据此揭示出一个重要的政治哲学内涵：在政治领域里，权力是核心，没有权力就谈不上政治。也就是说“势”在政治领域是一个非常重要的客观存在，没有“势”我们就无从谈政治了。这是慎到一个很重要的观念。

有了商鞅、申不害、慎到法术势的观念，韩非子为什么还能成为法家的集大成者呢?

主要是因为在他的观念里，除了法之外，还强调术和势。韩非子把法术势都继承下来了。但在韩非子的思想里，除了商鞅、申不害、慎到的法术势观念之外，他还继承了老子的一些观念，所以有《解老》篇，有《喻老》篇。

《解老》《喻老》主要谈论老子“道”的观念、“无为”的观念，这些都被韩非子纳入了他的思想体系里。所以韩非子在某种程度上既是法家思想的集大成者，同时也是先秦时期各家思想的一个集大成者。

如果说韩非子是法家思想的集大成者的话，那么李斯（？—前208）就是法家事业的集大成者。

李斯是上蔡（楚国）人，早年跟随荀子学帝王之术，后来辅佐秦王嬴政，也就是后来一统天下的秦始皇。在秦始皇死后，秦二世统治时期，他和赵高发生权力争斗，最后被赵高陷害，腰斩于市。所以李斯的命运也是非常悲惨的。

第二节

还原真实的韩非子及法家

韩非子的身世命运是我们应该重点了解的，但是因为文献和资料非常有限，所以我们只能通过司马迁的《史记·老子韩非列传》以及《韩非子》这本书里的有关记载来了解。我现在就大致介绍一下韩非子其人其事。

韩非子的身世

韩非子是韩国的一个贵族。《史记》记载他是诸公子，诸公子应该是韩王庶出的儿子或者是庶出的孙子，也就是说要么韩非子的父亲是韩王，要么他的爷爷是韩王，总之他是韩国的贵族。

在战国末期的列国格局之中，韩国在战国七雄里是最为弱小的，但是它所处的地理位置又是所谓的“四战之国”，就是它四面都有强敌。这样的话，韩国的前途和命运究竟何在成为韩非子非常关注的一个问题。为什么？因为他是韩国的王室成员，希望韩国能够富强起来，不希望韩国被其他强国灭掉，所以他要思考韩国如何富国强兵，如何强大起来。

但是韩非子有一个生理缺陷，就是口吃。心理学上有一个概念叫补偿反应，是说一个人在某方面有缺陷的话，会在其他方面体现出一些特异才能。韩非子不善言说，但是他在另外一个方面——“著书”上却很有才能。他善于著书，一方面得益于他非常关注现实，不断去追问和思考，一方面也与他早年时与李斯一起跟随荀卿（荀子）学习的这一段经历密切相关。

他跟荀子一起学习，了解到很多历史，了解到很多思想，但是他并没有按荀子的儒家思想往前走。郭沫若说，韩非子其实是荀卿的叛徒——荀子思想的叛徒。他其实更多地继承发展了商鞅、申不害、慎到，甚至老子的思想。

韩非子对荀子的思想有继承有发展，但是从根本的道路、根本的政治观念层面上来说与荀子有很大的区别。

韩非子善于著书，写了很多有关时政的文字，试图让韩王接受他的观念，然后富国强兵。所以他数次上书韩王。我们在《韩非子》很多篇章里可以看到，他自称“臣”。这些篇章其实都是上书的内容。

但是因为当时韩国的政局被奸臣所把控，韩非子的上书根本就递不到韩王那里，韩王自然不信任他，也不会接受他的观念。所以他处在政治边缘地带。处在政治边缘地带又关心政治，韩非子那种孤独和愤懑之心可想而知。所以《韩非子》有一个非常著名的篇章叫《孤愤》。孤愤就是孤独和愤懑。在这篇文章里他指出，法术之士（他自称是法术之士）与当权的这些忠臣是“不可两存之仇”（《韩非子·孤愤》）。可见他对于当时韩国的政局是非常失望的。但是他的著作中的很多篇章，包括非常著名的《五蠹》《孤愤》等却辗转传出去了。

一直传到了秦国，传到当时秦王嬴政——也就是后来的秦始皇的案桌上。秦王看了《五蠹》《孤愤》之后，觉得自己找到了知音，拍案而起，说了一句话：“嗟夫，寡人得见此人与之游，死不恨矣！”（《史记·老

子韩非列传》）

当时李斯就在旁边，说“此韩非所著书也”（《史记·老子韩非列传》），意思是：这是韩非子写的。于是秦王做了一个出人意料的决定，就是下令发兵攻打韩国，声言要见韩非子。秦国大兵压境，韩王被逼无奈，只得派遣韩非子出使秦国。

所以韩非子第一次有了参与政治、能够为韩国利益去效命的机会，开始走到政治舞台之上。

到了秦国他依然是通过上书的形式去劝诫秦王嬴政，目的是告诉秦王，要去打真正想跟他一决雌雄的赵国，因为赵国最强大。赵国在长平之战后一直想着要报仇，所以要去打它，不要去打又弱又不对秦国构成威胁的韩国。可见韩非子是要保护韩国。同时韩非子还指责当时秦王的一个宠臣姚贾，说姚贾出使他国，到他国之后花了那么多钱，却没有使得秦国的国际环境得到改善。因此，李斯和姚贾联合起来，说韩非子是“终为韩不为秦”（《史记·老子韩非列传》），意思是：韩非子到秦国来，他最终目的是为韩国，而不是为秦国的，所以不如找一个理由把他投到狱中得了。

当时秦王采用了李斯和姚贾的建议，把韩非子打入大牢。然后李斯又悄悄地送去毒药，逼迫韩非子在狱中服下。所以韩非子最终的命运是客死云阳（今陕西淳化县西北）。

李斯、姚贾害之，毁之曰：“韩非，韩之诸公子也。今王欲并诸侯，非终为韩不为秦，此人之情也。今王不用，久留而归之，此自遗患也，不如以过法诛之。”秦王以为然，下吏治非。李斯使人遗非药，使自杀。

——《史记·老子韩非列传》

关于韩非子的死因有多种说法。其中一种说法是王充提出的，说是“李斯妒同才，幽杀韩非于秦”（《论衡·祸虚》）。因为司马迁的《史记》曾经记载说，早年的时候李斯曾说“斯自认为不如非”（《史记·老子韩非列传》），而现在韩非子到秦国来了，李斯害怕韩非子对自己构成威胁，所以就要除掉这个潜在的政敌。

但是今天看来，我们会发现韩非子到秦国去是为了“存韩”，而不是为了谋求自己的政治前途，所以韩非子之死，从根本上来说其实是秦国东进的既定战略与韩国（最为弱小）的利益冲突导致的结果。

所以韩非子之死在秦的东进战略之下，有一定的必然性，除非他放弃维护韩国利益这样一个立场。但是显然韩非子没有放弃这个立场，所以他的死有一定的必然性，他的悲剧命运也有一定的必然性。

韩非子的重要思想主张

韩非子的思想主张，我概括成五个方面。

第一个方面就是趋利避害的人性论。

关于韩非子的人性论，以前通常认为他是主张性恶论的，但其实韩非子对于人性没有一个善恶的判断。这一点与荀子是完全不同的。他对于人性只有一个实事求是的描述，说人性都是好利恶害的——追求利益、避免自己受到损害，有一种趋利避害的心理。

在这样一种前提之下，就要去思考如何面对这个现实，加以治理，所以他推出了一个信赏必罚的法治观念。

人们在追求利益的时候，如果不损害他人的利益，或者符合国家所需的话，就让他去追求，还鼓励他追求。所以韩非子提出一个利益驱动机制，他鼓励人们去追求利益，用奖励的方式激发人们对利益的追求，用违反必罚的形式来杜绝国家不想要的一些行为。惩罚时严刑峻法。因为人都是趋利避害的，所以一看要受到那样的惩罚，就不会去违背规则。就这样把法治规则与人性的特征密切联系在一起。

当然在这里我要指出一点，在韩非子那个时代，他的信赏必罚法治论是指向富国强兵，以国家利益为核心的。他主张“利出一孔”。但我们知道，追求利益的方式是多样的，获得利益的方式和途径其实也是多样的。但是韩非子或者说整个法家都有这个特征：要求人们必须用设定的方式获得利益，具体来说就是奖励耕战。

你从事农业，英勇杀敌，当兵当农民，努力为国家做贡献，是被鼓励的；你要经商，他不禁止，也不鼓励。所以人们获得利益的方式是不能自由选择的。

这和我们现代的观念不太一样，因为当时他要服务于富国强兵的战略。但是一些公平和公正的原则是具有一定普适性的，是正当性的，是可以超越时空而存在的。

第二个方面就是与时偕变的历史观。

以前我们谈到法家历史观念的时候，总是爱用进化史观来讨论。

其实法家所持的历史观不是进化，因为我们从中看不到 “历史是在不断从低级往高级发展”这样的价值判断，它只是强调历史在变化，“世异则事异”，“事异则备变”（《韩非子·五蠹》）。意思是：随着时间或者时代的变化，事情也会发生变化，对应的措施也应该有所变化。一方面承认历史是变化的，另外一方面又承认应对历史变化的方案也要不断变化。一个著名的寓言——守株待兔就是韩非子所讲的。

在这样一个观念之下，韩非子推导出一个顺应时势的变法论：时代变了，我们应用于现实的治国方案也要变化。他直接指出西周以来封建制度之下的一种治国方式——礼治的方式已经过时了，应该用法治、客观、公正的上下尊卑贵贱“一断于法”的方式来治国，应该打破世卿世禄制度，以军功、功劳为依据来授予官职。这样一个理念跟以前的理念全然不一样，有一个变法的观念在里面。

第三个方面是稳定优先的秩序观。

先秦时期社会有两大问题：一个是秩序混乱，如何恢复秩序的问题；另一个是在混乱的秩序之下，连年战争，正义缺失的问题。

正义和秩序这两者其实应该兼顾，但是法家认为战争会给百姓带来极大的伤害，会让人们生活在水深火热之中，要解决这个问题，必须首先把秩序稳定下来。

当时秩序是如何混乱的？是因为周天子式微，权力逐步丧失，无法控制诸侯。所以想要重新恢复秩序的话，就要加强君主的权力，让君主能够去控制这些诸侯。后来这些诸侯国都变成了郡县，不再分封了。这样就把分封制变为一个君主统治之下的郡县制度。

郡县制度和分封制度有一个不同之处，就是分封制度之下的诸侯之位是世袭的；但是在郡县制度之下，太守、郡守之位是靠军功、能力赢得的，不能够世袭，并且直接听命于中央。推行这种制度的目的就是重整秩序，打破东周以来诸侯坐大、周天子式微这样一种混乱的局面。

第四个方面就是富国强兵的社会观。

韩非子主张富国强兵，特别强调实力的重要性。他曾说：“上古竞于道德，中世逐于智谋，当今争于气力。”（《韩非子·五蠹》）占有的人力多，我便力量大，别人就会来臣服于我；你要是力寡的话，你就臣服于别人。

在“当今争于气力”的时代，不是强调谁的道德最高尚，而是强调谁的实力最强大。谁强大谁就拥有主动权，所以在这个时候就要富国强兵。富国强兵的一个方式是崇尚功用，什么东西都要先考虑有没有用。没用的东西坚决摒弃，有用的东西极力提倡。

法家极端贬低道德价值。儒家、墨家、道家的观念，在法家看来都是无用的，所以《韩非子·五蠹》篇讲“儒以文乱法，侠以武犯禁”。可见对于儒家、墨家、道家的观念他并不认可，他关注的是一种观念有没有用，能不能服务于富国强兵的既定战略，最重要的是能不能耕战。因为耕战在冷兵器时代是最有用的，也就是说军事和农业是最重要的。

法家还采取抑商之策，防止过多的人去从事商业活动。因为商业活动只是负责流通，不管生产，而在当时最被需要的是生产活动。所以商人的地位被压到最低。但你真的从事商业活动的话，也不会遭到打击。法家只是主张在舆论层面、国家层面，对商业进行抑制。比如说加大税收，让极少数人去从事商业活动，鼓励绝大多数人去从事耕、战这两个职业。

第五个方面往往是大家所忽略的，就是法家有自己的政治情怀。这种政治情怀是他们追求的一种天下大治的理想。

中国古代思想家有一个很核心的理念：趋治避乱。他们认为治永远比乱要好，所谓天下大治就是天下有序，天下有序的话就符合天下人的利益。他们有这样一种理想。从短期来看，法家的法治或法家的政治思想是为了富国强兵，是为了结束列国纷争的局面，重整秩序。这个过程中，产生了很多类似战时主义的政策和措施。这些政策措施里有一个价值理念，就是赏善罚恶。惩罚的一定是恶，得赏的一定是善，最终目的是为了百姓，体现出“终在利民”这样的一个价值诉求。

整体来说，我们对于法家的思想主张要有以上的判断，尤其最后一点。

承认或不承认它，对于法家思想的认识和评判，其实是有很大区别的。如果不承认它，我们就会去批判法家；但是如果承认它，我们就会对法家报以同情的理解。

法家的文献里这样的内容是大量存在的。我们以前往往认为它们不代表法家的思想，其实这些文献是不应该被忽略的，因为它们揭示出法家与先秦诸子的共同点。司马谈说“务为治者也”（《论六家要旨》），意思是大家都是为了天下大治。可以说先秦时期的诸子百家在共享着同一个价值理念：天下大治，终在利民。

第三节

法家人物命运多悲剧

有一个现象我相信大家可能都注意到了，法家的人物好像大多数都是悲剧命运。比如说商鞅车裂于秦，吴起肢解于楚，韩非子客死于云阳，李斯被腰斩。西汉具有法家色彩的晁错被汉景帝斩于市。

相对于其他流派的一些思想家来说，法家的人物大多数都是悲剧命运，这到底是怎么回事？

司马迁在《史记·老子韩非列传》里给出了一个解释：“余独悲韩子为《说难》而不能自脱耳。”

韩非子写过一个著名的篇章叫《说难》。《说难》篇其实讲的就是如何把握游说对象的心理，然后投其所好，跟他拉近关系，让他接受你的观点。但是落到他自己身上的时候，却不能够加以运用。

这让我想起《史记·孙子吴起列传》里司马迁说过的一句话：“能行之者未必能言，能言之者未必能行。”

就是说法家人物包括韩非子都是懂得这个道理的，但是却不能够在实践之中加以运用，所以往往最后不能够自免，落得一个悲剧命运。这是一种解释。另外一种解释就是认为这是一种权力反噬现象。

权力反噬

什么叫权力反噬？

我们一般都认为法家主张加强君主权力，认为君主权力是绝对不可以动摇的，所以他们反对孟子的汤武革命[1]，反对君主权力被削弱。但是加强君权的一个后果是他们最终被绝对的君主权力反过来吞噬掉，下场都很悲惨。

还有一部分人对于法家人物持批判态度，认为他们“去仁义”，不讲情面，违背天理，所以他们的死是咎由自取，甚至于幸灾乐祸。

诸如此类的一些说法，有一定的道理，但是都存在难以自圆其说的地方。这里我主要对司马迁的解释——权力反噬现象的不足做简单的阐释。

认为法家人物不能自脱的这个观点，问题出在哪里？

我们都知道韩非子写《说难》，按照后人的说法，是论事入髓，为文刺心，能够深刻洞察人类的幽暗心理。

按照这个逻辑，韩非子懂得人情的真实情况，了解人的心理，本应该知道如何自保，但是他为什么最终落得客死云阳的悲剧下场？同理，法家诸子都应该懂得同样的道理，但是最终他们为什么大都不能够自保？

在《韩非子·问田》篇里讲了这样一个故事，有一个老者名叫堂谿公，他告诉韩非子：“参与政治最重要的是要明哲保身，我曾经听你说过‘吴起支解’而‘商君车裂’这样的悲惨结局，你现在为什么还要去做类似的

[1] 汤武革命：即商汤革命，夏朝末年，商汤以武力灭夏，打破国王永定的说法，从此中国历代王朝皆如此更迭，史称“商汤革命”。

事情？这样不是会重蹈他们的覆辙吗？”

韩非子回答说：“你是为我着想，我知道，但是你这个想法对我来说是一种羞辱，是违背了我的仁智之行的，我有仁和智这样的品行，目的是为了‘利民萌便众庶’（意思是为了天下百姓的利益），我不敢去伤害我的仁智之行，也不愿意贪生怕死。”

堂谿公谓韩子曰：“臣闻服礼辞让，全之术也；修行退智，遂之道也。今先生立法术，设度数，臣窃以为危于身而殆于躯。何以效之？所闻先生术曰：‘楚不用吴起而削乱，秦行商君而富彊，二子之言已当矣，然而吴起支解而商君车裂者，不逢世遇主之患也。’逢遇不可必也，患祸不可斥也。夫舍乎全遂之道而肆乎危殆之行，窃为先生无取焉。”韩子曰：“臣明先生之言矣。夫治天下之柄，齐民萌之度，甚未易处也。然所以废先王之教，而行贱臣之所取者，窃以为立法术，设度数，所以利民萌便众庶之道也。故不惮乱主暗上之患祸，而必思以齐民萌之资利者，仁智之行也。惮乱主暗上之患祸，而避乎死亡之害，知明夫身而不见民萌之资利者，贪鄙之为也。臣不忍乡贪鄙之为，不敢伤仁智之行。先王有幸臣之意，然有大伤臣之实。”

——《韩非子·问田》

所以在这里韩非子揭示出：他不是不懂得去明哲保身，而是为了一种情怀，体现出了一种殉道精神。

再看商鞅，在他变法的过程中，太子犯法了。商鞅对太子说了一句话——“法之不行，自上犯之”，并坚持要去惩罚太子。

令行于民期年，秦民之国都言初令之不便者以千数。于是太子犯法。卫鞅曰："法之不行，自上犯之。"将法太子。太子，君嗣也，不可施刑，刑其傅公子虔，黥其师公孙贾。明日，秦人皆趋令。行之十年，秦民大说，道不拾遗，山无盗贼，家给人足。民勇于公战，怯于私斗，乡邑大治。秦民初言令不便者有来言令便者，卫鞅曰"此皆乱化之民也"，尽迁之于边城。其后民莫敢议令。

——《史记·商君列传》

太子是世君——未来的国君，按道理不可对其用刑，于是就惩罚了太子的师傅公子虔，以及太子的师傅公孙贾。公子虔和公孙贾这两个人都因为太子犯法而受了牵连。商鞅知道太子将来一定会继位，难道他不知道太子成为国君之后会报复自己吗？

但是他为什么还要这么去做？可见当时商鞅在这么做的时候，一定有一个自己的政治原则。这个政治原则就是"法之不行，自上犯之"。他是要确立以法治国的理念，要确保法的公信力和权威性。如果太子犯法而不去惩罚，那么大家就会认为这个法不具备公信力和权威性，再要去落实依法治国的政治理念就不可行了。

所以从这个意义上来说，在坚持政治原则与明哲保身之间，商鞅显然选择的是前者。

再看李斯，李斯是在沙丘事变之后被腰斩于咸阳的。沙丘事变指的是李斯、赵高和二世胡亥在秦始皇死了之后一起合谋伪造诏书，让胡亥继位成为秦二世，再矫诏赐死胡亥的哥哥扶苏之事。

当时李斯是反对的，但是受赵高胁迫他不得不从。在这个事件之后，李斯如果明哲保身的话，是可以不死，可以不被满门抄斩的。当时赵高完全获得了秦二世信任，在此情形之下，李斯完全可以事事听命于赵高，而不是总想着觐见秦二世，提醒秦二世说：你是无人能够约束的天子，你是九五之尊，你想干什么就可以干什么。

他用这样一种方式去提醒秦二世不要被赵高架空，应该继承秦始皇的遗志，依法治国。但是他这样做也是在得罪赵高，而秦二世又始终信任赵高，所以最终的命运是被腰斩。

李斯在被腰斩的时候，跟他的儿子说：“吾欲与若复牵黄犬俱出上蔡东门逐狡兔，岂可得乎！”结局是“遂父子相哭，而夷三族”。（《史记·李斯列传》）

明明可以明哲保身，但是李斯却选择了另一条路，一种与赵高对立的方式。李斯在与赵高的权力斗争之中，当然也考虑过个人因素，但考虑更多的还是秦朝的政治策略应该如何去落实的问题，秦始皇的政治遗产是不是能够被继承的问题。秦二世显然是偏离了轨道，所以他希望秦二世能够回到秦始皇的治理路径上来。

再看晁错，晁错的命运是非常具有戏剧性的。当晁错向汉景帝提出削藩之后，晁错的父亲就说，人家是骨肉亲情（汉景帝跟七国诸侯之间有刘姓宗室的血肉亲情），你现在这样去侵削诸侯，显然结果会很糟糕。所以劝诫晁错，晁错不听。然后晁错父亲就喝毒药自杀了，临死前说了一句话：“吾不忍见祸及吾身。”（《史记·袁盎晁错列传》）

按道理讲父亲说了这番话，又自杀了，这还不足以提醒晁错吗？但是晁错并没有改变想法，依然坚持削藩。因为他认为削藩是有利于汉初的中央集权统治的。他看准的是这样一个方向，坚持的是这样一个原则。

可见在这样一种观念支配下，法家人物皆不得自脱。尽管他们看得很清楚，却在看清楚了之后仍坚持自己的原则。在政治领域坚持原则，伤害一部分人利益的时候，他们的命运必然会是悲惨的。

法家人物为何不明哲保身？

再来看权力反噬这个观点的问题。我们说除了晁错直接被汉景帝杀掉之外，其他人如商鞅、吴起、李斯、韩非子其实都不是被重用他们的君主所杀的。

所以不能简单地说他们的悲剧是君主权力的反噬造成的。伴君如伴虎的道理，法家人物非常清楚。韩非子在《说难》篇里就讲了很多种类似情况，“如此者身危”，就是说在某一种情况下你没有做好，就会招来杀身之祸。所以韩非子提醒游说者要知道君主有逆鳞，逆鳞不能触碰，触碰的话就会被杀。

问题的关键在于法家主张加强君主权力，就要有效打击贵族阶层的分权。

因为整个春秋战国时期之所以混乱，就是因为诸侯坐大，周天子没有办法约束这些诸侯，所以导致贵族阶层和诸侯分权。要防止天下再度陷入列国纷争的局面，在政治上就必须加强君权，重建秩序。所以法家推崇的政策在当时的历史背景之下是有积极意义的。

更为重要的一点是，法家对于君主是有要求的，不是说只要你是君主，就认可你，即便认可你，对你也是有要求的。法家希望君主能够奉公守法，以国家利益为重，不滥用权力，当然他们更不希望君主滥杀无辜，泄私愤。可见权力反噬说忽略了一点：法家在参与政治的过程之中，大多数都不是被在他们的主张下加强了权力的君主所杀，而是被其他君主杀掉的。

而对于汉景帝杀掉晁错这个事情，洪迈在《容斋随笔》里大骂汉景帝其实是个昏君，其中有一条理由就是汉景帝杀错了晁错。

所以权力反噬说是从笼统的角度来看待君权，而没有看到法家在这个过程之中其实是被自己辅佐的君主所信任，被另外的君主给杀掉这样一个事实，并且他们对于君主有要求，对于权力给他们带来的危害有充分的认识。

既然都意识到了这一点，他们为什么还要积极地去参与政治，最后落得个悲惨的命运呢？这里我要提出我的看法。

理想主义者的悲剧命运

我的看法是造成法家悲剧命运的原因是他们进入一个充满利益纠纷和权力斗争的政治领域，而又试图在这样一个领域去树立政治原则。也就是说，他们既是一群现实主义者，又是一群理想主义者。

之所以说法家是现实主义者，是因为他们深刻地洞察到了政治的本质，尝试进入政治领域，并且努力确立起一个符合他们理想的政治原则。

政治的本质到底是什么？法家阐述得很清楚，说政治本质就是权力斗争和利益纷争，所以韩非子说君臣“上下一日百战”（《韩非子·扬权》），君臣上下一天要战一百个回合。他说：“臣尽死力以与君市，君垂爵禄以与臣市，君臣之际，非父子之亲也，计数之所出也。”（《韩非子·难一》）就是说君臣之间是讲利益的，君主卖的是爵禄，臣子卖的是智力，相互之间是一种利益交换关系。

这种利益交换关系是好是坏其实取决于是否有一个公平和公正的规则。如果有公平和公正的规则的话，这种利益交换关系能构建一种各自满足的多赢、双赢局面。如果没有规则，那每个人都会无所不用其极，追求自己利益的最大化。所以最终政治局面是否能呈现一种良好的秩序，取决于是否有正当的公正的规则。

因此法家人物在进入政治中枢影响政治局面之前，往往要深刻洞察人性、洞察人们的心理，以此为基础，获得君主的信任，谋求政治职位。他们想方设法投君主所好，去接近君主，和君主拉近关系，使君主对他们产生信任，进而重用他们。

他们在获得政治权力之前，充分利用了君主的人性特点，这是他们懂得的道理。商鞅、吴起、李斯、韩非子，他们都懂这些道理。

韩非子在《说难》篇讲了这个道理：只要能够被君主所重用，能够去振世——救世，即使像伊尹那样去做厨师，像百里奚那样做一个很卑贱的奴隶，都是“非能仕之所耻也”。意思是说，这些都不是我们要追求政治抱负的人应该感到可耻的事情。可见通过做很卑贱的事情，拉近和君主的关系，让君主认识到自己的能力，最后获得重用，这种方式是法家所认可的。

但法家认可的是通过这种方式获得政治权力，产生政治影响。获得君主信任之后，他们要实现理想。

对此，韩非子在《说难》篇中阐述得很清楚：如果到了君主对自己“深计而不疑”，就是说讨论事情，自己出谋划策不被怀疑；“引争而不罪”，是说自己要争辩，强调自己的观点和君主观点不同，坚持自己的观点时而不被怪罪。达到这样的状态之后，“明割利害以致其功”，就明确地把利害摆出来，然后去成就一番功业，做对国家最有利的事情。最重要的是最后这句“直指是非以饰其身”，“直指是非”是说要把是非给摆出来，“饰其身”就是要去改造君主的行为。法家有这样一种政治原则和政治理想。

所以进入政治领域的法家，他们的目的就已经不是明哲保身，即所谓的谋身了，而是要谋国，要在政治领域里面对纷繁复杂的权力斗争和利益纠纷，要树立起一个正当的或正确的原则，希望能够真正实现依法治国的理想。

显然这是一种理想主义的姿态。法家的悲剧命运就在于他们深谙政治领域的危险和政治活动的本质，但是他们没有放弃自己的政治抱负和政治理想。可以说绝大多数法家人物都是以身殉道：商鞅、吴起、李斯、晁错其实都是因国内事务而死，他们都想要去确立起一个规则。

唯独韩非子的死有一点儿特别。他其实是在秦国和韩国的利益冲突面前为了存韩而死。

他本可以不死，完全能够明哲保身，只要他不去为了韩国的利益殚精竭虑地思考。但是他没有这么做，就像他在《问田》篇里所说的一样，他为的是“利民萌便众庶”，为的是实践他的仁智之行。

所以法家诸子的死有一个共同点：其实都是谋国而死。因为坚持原则、理想，最后为国而死。

我认为法家其实是拙于谋身而善于谋国的一群人，因善于谋国而进入政治领域，那是一个充斥着权力纠纷和利益计较的领域。任何试图在其中确立起正当原则的理想主义者，都会不可避免地伤害到其他利益集团的利益，而其他利益集团必然会反扑，最后导致法家人物未能善终。

我觉得这可能是解释法家人物为什么会遭受悲剧命运的最合理的理由。

法家人物的最大特点

在了解了引发法家人物悲剧命运的原因之后，我们对于法家人物究竟是一群什么样的人就可以做一个解释了。

梁启超曾经评价韩非子，他说：“彼盖一极倔强之人，确守其所信而不肯自枉以蕲合于流俗。彼固预知其不能免于世祸，然终亦不求自免，其遇可哀，而其志可敬也。”（梁启超：《要籍解题及其读法》）

“彼盖一极倔强之人”意思是韩非子是一个倔强人；“确守其所信而不肯自枉以蕲合于流俗”意思是他一定要坚守自己所相信的原则或者信念，而不肯稍微与世俗相融合，不会屈从于流俗；“彼固预知其不能免于世祸”意思是他早知道坚持自己的原则，就一定会遭到悲剧的命运；“然终亦不求自免，其遇可哀，而其志可敬也”，但是他终究不求自免，不去明哲保身，所以他的遭遇是令人感到悲哀的，但是他所体现出来的那种品质却是可贵的，值得尊敬的。

我认为梁启超的评价，对于解释韩非子悲剧命运和法家悲剧命运而言，是一个非常有借鉴价值的说法。

鲁迅曾经说过一句话：“我们自古以来，就有埋头苦干的人，有拼命硬干的人，有为民请命的人，有舍身求法的人……”（鲁迅：《中国人失掉自信力了吗》）

读过这句话再看法家的时候，会发现他们正是一群舍身求法的人。

鲁迅说的那些人都是中国的脊梁。当我们抛掉对于法家的偏见和成见之后，也可以说法家这样一群舍身求法的人，也是中国的脊梁。

那么法家究竟是一群什么样的人？

我认为法家是一群想干事、能干事，还能干成事的人。他们立足于解决现实问题，敢于牺牲、恪尽职守、积极进取、刚毅尽职的精神，是中华气节的重要内涵。这种品质是不容否认的。韩非子的仁智之行，为了“利民萌便众庶”而甘愿牺牲自己的生命。这样一种政治情怀和救世情怀是值得我们尊敬的。

第四节

成为有德之人

在中国古代，我们讨论如何成德其实有三层内涵、两种路径。三层内涵里涉及道德意愿与道德行为。

成德之路

什么叫道德意愿？就是想要去做一个有德之人的内心意愿。道德行为是内在的道德意愿的表现。这是第一层内涵。

受传统儒家思想的影响，我们都认为有了道德意愿的话，就会呈现出道德行为，“吾欲仁而斯仁至矣”（《论语·述而》），“为仁由己，而由人乎哉？”（《论语·颜渊》）

可见，道德意愿与道德行为在儒家的观念里是一体的。不呈现出道德行为，便是道德意愿出了问题。

第二层内涵：私德与公德。私德是一个人在亲情范围之内或者熟人范围之内体现出的一种道德。可以推及公共领域的一种道德，就是公德。比如说“老吾老以及人之老、幼吾幼以及人之幼”（《孟子·梁惠王上》），事实上就是将一种私德推向了公德。

从儒家尤其是孟子的理念中可以看到，我们有了对亲人的孝和对亲人的敬的品格，将这种品格加以培育，最后能够推广而成为对于其他人、所有人怀抱的一种美德，由私德延伸到公德。这是私德与公德的关系。

第三层内涵就是个人道德与社会整体道德的关系。在儒家看来，如果我们每一个个体都去培养自己的道德，使我们每一个个体都具有向善或者是成就善的品格，进而成为君子之后，由个体相加而组成的社会，道德水平就会提升。

所以提升社会整体道德水平，应该从提升每一个个体的道德水平开始，而个体道德的提升又包含了私德提升和公德提升。

公德要从私德那里来寻找根源，而私德包含道德意愿与道德行为，道德意愿必须表现为道德行为才有意义。所以在孔子和孟子看来，道德行为是否表现出来，关键在于道德意愿。

在这三层内涵里我们看到一个很重要的特点：孟子强调道德意愿会引发道德行为；道德意愿、道德行为构成私德，由私德可通向公德；具备私德又具备公德的每一个个体都按照这样一种路径去提升的话，社会整体道德水平就会提升。而这一逻辑链条的根源就在于道德意愿，个人是否具有道德意愿会影响大到整个社会的道德水平，小到个人的道德品质。

这三层内涵，其实都是由内而外的过程。这在孟子那里是一个很重要的思路。

而韩非子却有不同的思路：一种由外而内的思路。

比如说韩非子会追问：一个人有道德意愿，就一定会呈现道德行为吗？这个是不一定的。所以韩非子有一个很有意思的分析：在我们的社会里边，其实存在四种类型的人格。

四种类型人格

具有第一种类型人格的人的行为，是无条件的道德意愿产生的道德行为。拥有这样一种人格的人，韩非子称之为太上之士。

具有第二种类型人格的人的行为，是有条件的道德意愿产生的道德行为。当一个人想做出有道德的行为的时候，比如说他有遵守排队秩序的意愿，要做出排队的行为，有一个前提——别人也这么做。因为如果别人都不排队的话，他的利益就会受损。这个行为就是有条件的道德意愿产生的道德行为。这种人在韩非子看来占绝大多数，是普通人，韩非子称之为中人。

具有第三种人格的人，没有道德意愿，也没有道德行为。这样的人任何时候都既不想做好人，又不会表现出好的行为，这样的人被韩非子称为太下之士。太上之士的道德意愿是无条件的，无论怎么样都做好事；而太下之士则无论怎么样都不做好事。

具有第四种人格的人，主观上没有道德意愿，但是在客观上却能够呈现出道德行为。简单来说就是坏人不做坏事，或者坏人能够遵守社会的基本准则，遵守社会的基本公德。这是韩非子最强调的一个切入点。

因为既没有道德意愿又没有道德行为的人是管不了的，所谓亡命之徒是管不了的。但是有一些人虽没有道德意愿，却很珍惜自己的利益和生命，不愿意受惩罚，在这个情况之下，他有可能会去遵守道德的基本规则。虽然遵守秩序可能不算有道德，但他们却不会去违法乱纪。

如果社会中有一个正常的规则能够顺利运转，法治能够得到最大限度的贯彻和落实，那么人们就会在很大程度上遵守社会道德的基本规范，从而呈现出道德行为。

相反，如果正常规则一再遭到破坏而流行潜规则的话，这个时候真正遵守规则的人，就会在潜规则面前遭受压迫和打击，从而会出现人们不敢清白和不愿清白的现象。

不敢清白是指什么？遵守规则的人，会受到那些潜规则的打击。这个时候人们就不敢清白，清白的话利益就会受到损害。出现这样的情况之后，惩罚不及时也不严格，甚至让它蔓延的话，最终会影响原来观望的大多数人。大多数人就是要看道德意愿是不是鼓励我去做一个好人：如果鼓励我做一个好人的话，我就愿意去表达，把道德意愿转化为道德行为；但是如果不鼓励我做一个好人的话，就不愿意清白，不敢清白。

可见，问题的根源在于一个社会是否客观公正，正当规则是不是得到落实。如果没有得到落实，大家都不敢清白，不愿清白，一旦如此，社会上非道德的行为就会泛滥，社会整体道德水平就会降低。

以孟子为代表的儒家的成德路径，和韩非子为代表的法家的成德路径是完全不同的。孟子认为应该是从个人的道德意愿入手，所以他强调四端，他最主要强调的是恻隐之心、羞恶之心、辞让之心、是非之心。如果我们把不忍人之心即恻隐之心发扬出来，每个人具有一种道德动力，即内在有一个道德意愿，就会呈现道德行为。道德行为在公共领域和私人领域都会呈现出来。每一个人都这样做的话，社会整体道德水平就会提升。所以不忍人之心撑起了孟子思想的一个成德“大厦”，是一种由内而外的思路。

但是道德意愿与道德行为之间一定有必然联系吗？孟子也意识到一个问题：没有道德行为的人究竟是怎样的？

孟子区分了“不能”和“不为”的概念，他认为人之所以“不为”，不是因为“不能”。一个人有能力，但他不想去做，那是因为他内心没有道德动力，没有道德意愿。所以在孟子看来，最重要的是要培养内在的道德意愿，从而转化为道德动力。（参见《孟子·梁惠王上》：“为长者折枝，语人曰‘我不能’，是不为也，非不能也。”）

而韩非子对这个问题进一步做了解释。他说人们有道德意愿并不一定能够表现出道德行为，因为在一个公正规则没有得到落实的非正常社会里，你遵守规则就意味着自己的利益不被重视。

所以《韩非子·奸劫弑臣》说君主的左右知道公正的原则就是贞信的品格，拥有这样的品格却不能够得到安全保障和利益，如果“我以忠信事上积功劳而求安，是犹盲而欲知黑白之情，必不几矣”。眼睛盲而要去知道什么是黑和白，这是不可能的。意思是说：如果我去遵守一个正当的规则，反而看不到自己的利益，这个时候我必然会去选择一个非正当的规则，也就是说例外规则，或者就是我们今天所说的潜规则。

左右知贞信之不可以得安利也，必曰：“我以忠信事上积功劳而求安，是犹盲而欲知黑白之情，必不几矣。若以道化行正理不趋富贵事上而求安，是犹聋而欲审清浊之声也，愈不几矣。二者不可以得安，我安能无相比周、蔽主上、为奸私以适重人哉？”此必不顾人主之义矣。其百官之吏，亦知方正之不可以得安也，必曰：“我以清廉事上而求安，若无规矩而欲为方圆也，必不几矣。若以守法不朋党治官而求安，是犹以足搔顶也，愈不几也。二者不可以得安，能无废法行私以适重人哉？”

——《韩非子·奸劫弑臣》

公正的规则没得到贯彻和认可的话，我想做一个好人，我有道德意愿，但是我去呈现道德行为的时候，现实却不鼓励我这么去做。这样的话很多人就会放弃做好人的原则。为什么？

因为生存最重要，怎样做最符合我的利益，我就怎样去做，就会放弃自己的道德意愿而去随波逐流，这个时候道德行为会受到很大的影响。

以西门豹的故事为案例

韩非子还讲了一个非常有意思的故事，就是在《韩非子·外储说左下》里西门豹的故事。

西门豹辅佐魏文侯，魏文侯派他到邺[1]这个地方做邺令，就是邺的县令。他到了邺这个地方之后秉公执法，洁身自好，清正廉洁，“秋毫之端无私利”。但要坚持这样一个原则，就难免会对他身边的同事有所怠慢，没有关照到这些人的利益。因此，这些人联合起来，说西门豹的坏话。

过了一年要考核“上计”的时候，西门豹左右的这些人就控制舆论，说他声誉不好。而魏文侯在“上计”考核的过程之中，听信了这些人的评价，要罢免他。

西门豹对魏文侯说：“请再给我一次机会，如果在这一年里我没有把邺给治理好，‘请伏斧锧之罪’。”魏文侯终是不忍心，又给了他一次机会。

这一回西门豹改变了方式，“重敛百姓，急事左右”。简单说就是搜刮百姓的利益给左右的这些人。因为这些人掌握着舆论，能够向魏文侯说他的是非。

到了下一年考核的时候，魏文侯是“迎而拜之”，就是把西门豹迎出

[1] 邺城故址在今河南安阳市北部和河北临漳县西南一带，是安阳市及临漳县的古称。

来，然后向他施礼。可见这次考核结果肯定很好。因为西门豹搜刮百姓笼络了身边这些人，这些人都说他好，最后他的考核结果就好。

西门豹意味深长地说："我往年'为君治邺'，克己奉公、兢兢业业，完全按照正当的规则去治邺的时候，你却要罢我的官。现在我'为左右治邺'，没有坚持公正的原则，而是搜刮百姓，把利益都分给左右这些人的时候，'而君拜臣'，你却对我施礼。我不干了。"于是辞官不做。

当时魏文侯就意识到自己错了，说："我以前不知道、不了解你，现在了解你了，希望你再像以前一样来治国。"但是西门豹并没有接受。

> 西门豹为邺令，清克洁悫，秋毫之端无私利也，而甚简左右。左右因相与比周而恶之。居期年，上计，君收其玺。豹自请曰："臣昔者不知所以治邺，今臣得矣，愿请玺复以治邺。不当，请伏斧锧之罪。"文侯不忍而复与之。豹因重敛百姓，急事左右。期年，上计，文侯迎而拜之。豹对曰："往年臣为君治邺，而君夺臣玺，今臣为左右治邺，而君拜臣。臣不能治矣。"遂纳玺而去。文侯不受，曰："寡人曩不知子。今知矣，愿子勉为寡人治之。"遂不受。
>
> ——《韩非子·外储说左下》

这个故事揭示出了好多的观念。一开始西门豹想为国奉公做事，但是因为考核时采取的是听左右人之言的规则，这个规则导致西门豹做正确的事情，却受到了不公正的待遇。

所以在新的机会面前，西门豹不愿意清白或者说不敢清白。当他用一种非正当的原则去讨好别人时，却获得了一个好的名声。这等于在鼓励人们去做坏事，而不鼓励人们做好事。

这其实揭示出来社会的整体道德水平取决于社会是不是鼓励你做一个好人，鼓励你遵守规则。我去遵守规则，既符合我的利益，也符合正当规则要求的时候，这个社会一定是一个整体道德水平很高的社会。

相反，如果一个社会没有去落实这样正当的规则，即便人们有道德意愿，也很难真正呈现出道德行为。即便有少数人能够做到像儒家孟子所强调的那样由道德意愿呈现道德行为，由道德行为成就私德，由私德转为公德，但是在最后一个环节，即由个人道德上升为社会整体道德水平的时候，面临一个很重要的问题，那就是这样的人不能“批量生产”。也就是说，君子也好，圣人也好，儒家的君子和圣人不能“批量生产”。

所以从这个意义上来说，法家意识到要让我们社会的整体道德水平提升，必须要确立起公正、正当的规则。大家都按规则去办事情的时候，这个社会就是一个整体道德水平很高的社会。

有人会说，大家都遵守规则，并不等于社会道德水平很高。因为这里一定会涉及一个问题：所有的美德都有一个社会土壤。这个社会土壤就是法家所要确定的。它兜住了底线，意味着一个遵守规则的社会。而只有遵守规则的社会，才会产生出更为高尚的道德来，才会真正鼓励人们去做一个清白的人。当人们克服不愿意清白和不敢清白的社会心理之后，我们的社会道德水平才能提升。所以，如何才能够确立起社会的正当规则，是法家所关注的。

法家关注的政治领域问题

法家认为在政治领域里政治清廉度与社会的整体道德水平是成正比的，主张“明主治吏不治民”（《韩非子·外储说右下》）。

《韩非子》大多数内容都是在讲如何治吏。官吏清正廉洁、遵守规则，才可能使正确的规则在社会领域里得到广泛的落实和实施。如果官员腐化的话，社会整体道德水平绝对不可能很高。

所以韩非子说要治吏，而不是治民，要把“吏”管理好，然后通过“吏”来确立正当规则，鼓励人们去做一个清白的人，保证人们在一个确立了基本原则的社会中，去体现出基本的道德行为。

可见这个思路（路径）是由外而内的。首先在一个足够长的时间之内确立起规则，比如说三五十年，使社会养成一个守规则的习俗，这个社会的道德水平就会逐渐提升，就会鼓励人们去做一个正直清白的人。在这种情况之下一种社会土壤才可能产生，让更高层次的道德去生根发芽。这是由内而外的思路和由外而内的思路一个很不同的地方。

这就是孟子循心成德和韩非子循法成德两种截然不同的思路的区别。期待大家能够去做更多的思考。

第五节

以力服人

在这里先简单向大家讲解一下什么是政治正当性。

政治正当性有两方面：一个方面，从统治者的角度来说，统治者有什么资格来进行统治，因此要把统治者的资格讲出来；另一个方面，作为被统治者来说，凭什么要接受统治者的统治，或者凭什么要对你表示服从。

在政治领域里有个核心的内容——统治与被统治、服从与被服从的关系。一个君主要进行统治，得给出一个理由，这个理由要能够获得大家的认可，让大家心甘情愿服从你的统治，那么这个政权就能获得正当性。而韩非子正是在思考这样一个问题。

如何稳固统治？

在儒家看来，一个政权要获得正当性的话，必须强调“德必称位”（《荀子·富国》），让有德者居高位。

为什么强调有德者居高位？就是希望德能够去约束、限制君主滥用权力。在这里预设了一个君主权力或者政治权力的公共性：为全体百姓带来利益。

有这样一种公共性的预设之后，如何去保障天下为公这个价值呢？要用德性的自我约束来确保。所以在这个时候要做到将德与位结合起来，从而成为政治权力一个正当性的依据，并以此来告知百姓。百姓认可了之后，这种统治就具备了正当性。

一旦具备正当性，就可以用最小的代价赢得最佳的效果，而不必用强力去管制。这就是孟子所说的以德服人和以力服人的区别：以德服人是王道，而以力服人是霸道。孟子讲的也是政治正当性的问题。

但是韩非子及其他法家人物的主张有没有政治正当性呢？

我们前几节讲了，法家最为强调力，强调以力服人，所以他们说“势者，胜众之资也”（《韩非子·八经》），说“势”能够服人，是能够胜人一筹的权力。所以韩非子说“当今争于气力”。在国内政治秩序方面，法家强调国家强制力对于社会秩序是至关重要的。

> 上古竞于道德，中世逐于智谋，当今争于气力。
>
> ——《韩非子·五蠹》

所以我们一旦说到法家的政治正当性时，经常会认为：法家哪有什么政治正当性！它强调的就是赤裸裸的强权政治，就是以力来压服你，你不服也不行，逼迫你来服。

但是我们都知道，以力服人，往往无法让人口服心服：你强制我，让我不能做什么，我没办法去反抗你，但是我心头不服，一旦遇到适当的环境和条件的时候，就会反抗。这样以力服人的方式不会有政治正当性。因为没有获得老百姓发自内心的认可，这样的政治就没有正当性可言。

我们会发现一个很有意思的现象。韩非子的相关文献里所阐述的一些观念，和这种传统观念所认为的法家主张以强制力来服人的想法，其实是不完全吻合的。

《韩非子》的经典案例

传统上，我们都认为好像韩非子或者法家的治国思想就是以强欺弱，我们就会批判说这并不能让老百姓心悦诚服。

但是我们去看《韩非子·五蠹》篇相关的记载，会发现与那种对于法家的传统认识并不完全一致。

> 上古之世，人民少而禽兽众，人民不胜禽兽虫蛇。有圣人作，构木为巢以避群害，而民悦之，使王天下，号之曰有巢氏。民食果蓏蚌蛤，腥臊恶臭而伤害腹胃，民多疾病。有圣人作，钻燧取火以化腥臊，而民说之，使王天下，号之曰燧人氏。中古之世，天下大水，而鲧禹决渎。近古之世，桀纣暴乱，而汤武征伐。今有构木钻燧于夏后氏之世者，必为鲧禹笑矣；有决渎于殷周之世者，必为汤武笑矣。然则今有美尧、舜、汤、武、禹之道于当今之世者，必为新圣笑矣。是以圣人不期修古，不法常可，论世之事，因为之备。
>
> ——《韩非子·五蠹》

《五蠹》篇开篇就说，在有巢氏的时代，人很少，到处都是野兽，所以人民不胜禽兽虫蛇之扰。禽兽虫蛇影响人们的生存。这个时候凸显出来一个很重要的现实需求——住的问题。

此时韩非子说“有圣人作，构木为巢以避群害”，为人们解除了禽兽虫蛇的危害，给人们带来了利益。“而民悦之，使王天下，号之曰有巢氏”，老百姓高高兴兴服从他的统治，让他来做天子。“王天下”就是成为天下之王，他也才有了有巢氏这样一个称呼。

老百姓之所以认可他，承认他的统治，是因为他做的事情解决了老百姓最为关切的现实问题。这是有巢氏的时代。

而随着时代变迁，到了燧人氏的时代，人们吃的问题凸显出来了。当时人们吃的是生瓜、生的海味、生肉，茹毛饮血，食物闻起来很血腥，吃起来口感不好，关键是吃生肉会伤害肠胃。

在这种状况下，老百姓就容易生病。因为吃得不健康也不卫生，所以吃的问题成为人们最为关切的问题。于是“有圣人作，钻燧取火以化腥臊，而民说之，使王天下，号之曰燧人氏”。

吃的问题解决了，老百姓高兴了，“使王天下”。我们可以理解为有巢氏解决了住这个问题，在遇到另外一个问题的时候，可能就退隐了，而燧人氏上来了。

到了天下发大水的时候，禹用疏导的方式解决了老百姓最为关切的水患问题，所以禹做了天下的最高领袖。

后来因为桀纣暴乱，人们受害于暴政，所以汤武出来解民于倒悬，解决了人们最为关切的摆脱暴君统治的问题，所以大家才认可他。

韩非子揭示出一个很重要的原理：“世异则事异”，时代改变了，事情也会因之而改变，因此解决事情的方法和措施也应该随之改变。简单来说就是，我们不能用老办法来解决新问题。

这也给执政者透露出一个政治正当性的原理，就是从时间的纵向角度来说，执政者必须在每一个历史阶段去了解老百姓最为迫切的现实关怀、现实需求，并加以解决，这样老百姓就会发自内心地服从统治者的统治。

在这里我们看到韩非子不是简单地让统治者“得民心”或施仁政，而是要他们切切实实地解决老百姓最为关切的现实问题，给老百姓带来现实的利益。时代在变化，人们的利益诉求也在变化，把老百姓的第一诉求加以解决，老百姓就会认可你的统治。

这样的观念是法家的政治正当性的观念。它不是一个简单的观念，而是我不仅要对老百姓好，还要知道如何才能好，如何才能得民心，这是法家不同于儒家的地方。法家认为要用满足利益需求的方式来获得人们的认可，这是个颠扑不破的真理。

在任何时代都要满足百姓对于利益的诉求，每一个变化了的利益诉求都是需要执政者去满足的。只有解决好了这个问题才能够真正获得政治正当性，老百姓才会真正去拥护政权的统治。这是从纵向的或者历时性的角度来说。

我们再从共时性的或者横向的角度，接着韩非子的“以力服人”来说。我们知道法家强调以强制力来服人，但是这个强制力不是临时性的君主意志的体现，而是通过客观普遍的规则来体现的。规则的强制力，是指每一个规则都会伴随强制力，不可违背。所以法家所认可的是这样一种以力服人的方式，而不是靠个人意志，对他人说：你必须服从我，不服从我就拍死你，我就怎么样。

两者之间是有明显区别的。简单来说，法家说的力是制度化的强制力，或者客观化的强制力。

眼前利益和长远利益

在以力服人的同时，我们刚才的阐述也说到了，法家是强调以利益服人。

韩非子曾经举过一个例子：当时禹用“决渎”的方法，即疏导的方法来治理水患的时候，老百姓都不接受，阻止他，向他投石块，但是禹坚持了这样一种方式；等到带给老百姓现实的利益，老百姓觉得这种方式可行，才去认可他。就是说在施政的时候，会存在一个眼前利益与长远利益如何平衡的问题。

法家认为，作为执政者，应该看远一点，真正去把老百姓关切的有利于他们的问题给揭示出来，而不是去解决他们所关注的眼前的个人私利。因为每一个人想法都不一样，所以政策一定是要体现公共利益，满足大多数老百姓的需求。

他还讲到一个子产治郑的故事。子产要求老百姓去种桑树、去养蚕，老百姓不理解，但是子产坚持让他们这么去做。三年之后，老百姓因为这一做法改善了生活，这才认可子产。子产死了之后，老百姓都哭着怀念他。

这样的故事其实揭示出来，法家以利益来服人，使用强制力的原因一定是让百姓获得利益，让老百姓发自内心地服从。这一客观的规则不是随意说的，要有一套合理的说法，符合善与恶的标准。所以韩非子追求的是“善之生如春，恶之死如秋”（《韩非子·守道》）。法的背后蕴含着一个形而上的依据，在韩非子的观念里是具有普遍性的、无所不在的、能生万物的，并且成为万物的一个依据。

这个法，其实就是人类社会或者人类各种关系最为公允的那种状态。

而那种状态是道德在人类关系里的呈现，所以韩非子的法具有道德品格，具有赏善罚恶的伦理品相。在追求以力服人的过程中，这个规则不是随意制定的。它有一个伦理、善恶的标准，所以能够做到以力服人，以理服人。如果做到了以利益服人，以规则的强制力服人，以规则背后的理来服人，法家就具备了在横向或者共时性角度的正当性。

结合历时性和共时性的正当性，我们会看到法家所倡导的政治正当性原理是与满足人们的利益需求密切相关的。如果一个政权不能带给人们现实的利益，无法满足人们对于利益的诉求，它就很难具备政治正当性，这是法家告诉我们的一个很重要的政治智慧。

第六节

法家的历史影响

说到韩非子及法家的历史影响，可能首先想到的是法家与秦朝二世而亡的关系。从汉儒开始，比如贾谊在《过秦论》里就讲秦朝二世而亡的教训是“仁义不施，而攻守之势异也”。而董仲舒也说，秦的灭亡是跟商鞅及韩非子的观念密切相关的。

我们知道汉儒的说法不是一点儿道理都没有，但是一定要厘清一种思想与秦朝灭亡的关系问题：一种思想，它是具有条件性和理想性的；而秦朝在执政的过程之中，是不是按照法家真正的原理去做事情，其实是值得我们去推敲的。

秦二世灭亡的原因

一个原因：我们知道建构秦朝意识形态的主要还是阴阳家的五德终始学说，比如说尚六尚黑尚水。秦朝统治者是根据阴阳家的理论来论证他的政治正当性的，所以他们大脑里其实想的是阴阳家的东西。

始皇推终始五德之传，以为周得火德，秦代周德，从所不胜。方今水德之始，改年始，朝贺皆自十月朔。

——《史记·秦始皇本纪》

而法家的形而上的一些东西，比如说道法同构、天下大治、吏民、确立公正的原则这些所谓法治精神，其实在秦朝的统治策略中并没有真正出现。但是秦朝继承了法家轻罪重罚的一些观念，所以从政策和措施上来说是受了法家的影响。但是在观念层面来说，其实阴阳家的东西对秦朝的影响更多一些。

法家并没有真正影响秦朝统治者的意识形态，所以秦朝二世而亡，法家有一定的责任，但不应该负主要责任。

与其说秦朝是因倚重法家而灭亡，不如说秦朝的执政理念和措施背离了法家的基本的原则。这是一个原因。

另外一个原因涉及秦朝灭亡的过程，其实我们可以去思考一下法家如何看待秦朝灭亡。后来无论是晁错，还是桑弘羊[1]在《盐铁论》里都揭示了一点，说秦朝二世而亡不是亡于法家，而是亡于秦朝的奸臣和昏君，即赵高和秦二世。

在法家看来，秦朝二世而亡也是要批判的，其灭亡不仅跟法家没有关系，反而受到法家的批判。

所以秦朝二世而亡与法家的关系是值得我们去思考的。但是两千多年以来我们下意识判断说法家是“可以行一时之计而不可长用”（《史记·太

[1] 桑弘羊（前155？—前80），河南洛阳人，西汉时期政治家、理财专家、汉武帝的顾命大臣之一，官至御史大夫。

史公自序》），容易带来亡国和暴政，就形成了这样一个印象。

法家为何延续不绝？

有一个问题：法家被骂了两千多年，为什么还顽强地存活了下来？

我们看到好多有为的政治家，比如说曹操、诸葛亮、王猛、王安石、张居正，甚至近代的曾国藩，他们或多或少都具有一些法家的倾向，以至于在中国历史上形成了一个所谓“阳儒阴法”的现象。

西汉的汉宣帝，教育他的太子——也就是后来的汉元帝的时候，说了一句话：“汉家自有制度，本以霸王道杂之，奈何纯任德教，用周政乎！”（《汉书·元帝纪》）从这句话的“霸王道杂之”可以看出，其实汉宣帝是有一定法家思想倾向的皇帝。

历朝历代的统治者都在骂法家，为什么呢？因为从汉武帝尊儒之后，大家都在提倡儒家的仁政，提倡儒家的德治学说，借此来树立政治正当性。

但是他们又要悄悄地去关注法家，比如说诸葛亮让刘禅读《申》《韩》（指法家两个代表人物申不害、韩非子的著作《申子》和《韩非子》），后来好多皇帝像宇文泰[1]都去关注韩非子。对这一点历代都有过一些解释。比如说南宋的陈亮[2]有个解释说：儒者能废法家之言，而不能废法家之用。

章太炎进一步说儒者“自耻无用”，意思是自己知道自己无用。因为治国和儒家所强调的那一套政治伦理、道德是两回事情。

这其实揭示出来的是我们一开篇讲的政治与道德的关系问题。法家进

[1] 宇文泰（507—556），一名黑獭，代郡武川（今内蒙古武川西）人，鲜卑宇文部后裔，汉化鲜卑人，南北朝时期西魏杰出的军事家、改革家、统帅，西魏的实际掌权者，亦是北周政权的奠基者。

[2] 陈亮（1143—1194），原名汝能，字同甫，号龙川，学者称为龙川先生。婺州永康（今属浙江）人。南宋思想家、文学家。

入政治领域，揭示政治，虽然他们有理想要去改造政治，但是他们在“揭示政治”这一方面是无人能够取代的。

后代的君主们要治国，必须要了解政治是什么。他们了解了法家所揭示的政治之后，为什么不采用法家思想，而要去提倡儒家，形成一种“阳儒阴法”的现象呢？其实可以用马基雅维利的一个观点来加以解释。

马基雅维利说：一个政治家永远不要受道德所约束和阻止，但是你永远要装作有道德。意思是：你不能够公然地去违背某种道德原则，但是在政治领域还是得按照政治原则去做。

政治原则不能按照道德原则去制定，是按照用利益均衡权力这样的方式去执行的。但是作为执政者不能公然违背道德，为什么？因为涉及形象。形象对于执政者来说是有用的：形象正面，就容易获得老百姓的认可；形象负面，大家就不会认可。

所以一般来说“阳儒阴法”的现象之所以会形成，就是因为儒家并不能够真正帮助或者提示执政者如何治国，而法家可以。

那么为什么执政者又不放弃儒家？是因为儒家可以为执政者提供一种美化和圆饰他们自身形象的方法。所以法家虽然被骂，但是它在历史上始终是存在着的，并且是被奉为经典的。

《韩非子》不像有些人说的是第一本禁书。法家著作在历史上不仅没有成为禁书，还受到历代帝王的重视。这是法家在中国古代历史上的状况。

近代对法家思想的反思

近代以来，法家有复兴的倾向。虽然在古代大家都骂法家是暴政的工具，应该为秦朝二世而亡负责。其历史名声很坏，所以执政者在用法家的时候都是悄悄的，不公然去说，表面上还说自己是儒家。

但是在近代法家境况发生了很大的变化。像章太炎、梁启超、常燕生[1]、陈启天等著名思想家、政治家公开提倡法家思想，主张要复兴法家，并且要为法家辩污、为法家正名，把法家主张富国强兵、君主也应该守法这些观念都发掘了出来，认为法家追求秩序，用强制力来建立国内秩序的思想，都是政治领域颠扑不破的道理。

那么在这个时候他们为什么会复兴法家？因为当时他们在思考一个问题：为什么西方国家来打我们，很快就把我们这么一个大国给打败了？

有人认为这是因为西方国家的老百姓很团结，而我们是分散的。我们是个王朝，还不是一个国家，老百姓不爱国，而西方百姓爱国、认同他们那个国家。所以当时的思想家、政治家才会思考如何让中国的老百姓也来爱国，愿意为这个国家付出，进而去实现内治外强，就是内部社会得到很有效的治理，对外实现富国强兵。

如何让老百姓来爱国？当时人们认为要建构一个民族国家，然后让老百姓来认同。法家始终有一个思想，由一个圣人或者一个有为的政治家来主导这一切，让老百姓为国家、为民族去奉献自己的力量，借助这种对国家的认同感，建构一个民族国家，才能够有效地对抗西方的民族国家。

这种思想带有国家主义的倾向。像梁启超、严复都认为法家是可以为建构民族国家提供思想资源的，能够解决当时中国的外患问题。

但法家的法治是不适合现代民主的。根本区别就在于民主法治强调民主，由民众来监督和行使法治权力，并且法治是对民众的权利和利益的保

[1] 常燕生（1898—1947），思想家、政治家、社会活动家、历史学家和哲学家。

障，是对公权力的约束。

两千多年前法家提出的一些措施已经过时了，我们要扬弃；同时他们提出来的一些政治原理或根本精神还值得我们去继承和发扬，比如说如何进入政治领域思考政治出路。这些都是我们今天仍在思考的问题。

第七节

如何阅读《韩非子》及法家著作？

阅读的态度

阅读法家的经典，我们首先要解决一个问题：能否持一个公允和客观的态度。

这是一个很重要的问题。因为我们都知道法家被大家骂了两千多年，当我们要真正重新去认识和分析法家、阅读法家著作的时候，往往很难不受之前的态度和观念的影响。

所以萧公权曾经说过一个很著名的观点："治社会科学，客观为难，而治政治思想尤易流于曲解。"[1]就是说讨论社会科学时都很难做到客观了，在治政治思想的时候更是容易流于曲解。对于法家来说更是这样，很难被公允和客观地看待，如果受到历史观念的影响就更难了。但是即便很难，我们也要努力去做。

[1] 萧公权：《中国政治思想史》，辽宁教育出版社 1998 年版，第 822 页。

阅读法家文献的三个层次

如何做到相对公允和客观？这里我提出阅读文献的三个层次。

第一个层次解决“是什么”的问题，就是相对完整地理解法家经典文献里的内涵。因为我们往往会面临一个问题：哪些表述代表了法家的思想，哪些是不代表法家的。

比如说《慎子·威德》里有“立天子以为天下，非立天下以为天子也”。有人说：法家怎么可以有这样的观念，怎么会有为天下利益服务的观念？这不对！这不是法家的文献，和商鞅的观点不一致！就将其排斥在法家思想之外了。

再看在《韩非子》中，韩非子讲“利民萌便众庶”（《韩非子·问田》），有人说：这样的观念不可能是法家的，法家是一心一意为君主利益考虑的，这个是自我欺骗，不仅欺骗了别人，把自己也欺骗了。

我们对于法家著作的阅读本身就很难达到完整性，所以对于读到的内容我们要完整理解，而不是刻意地说这个是他的观念，这部分不代表他的观念。如果没有确凿证据，就要承认法家所写的就代表了他们的观念。

第二个层次，就是在横向和纵向的视野之中来分析法家思想的来龙去脉，包括思想家的成长历程、师承、思想渊源以及各种现实问题的挑战等。其实这样的分析，解决的就是“为什么”的问题。

这个问题相对来说容易理解一些，但是它也会受影响，因为如果第一个层次的问题解决不好，第二个层次就会出问题。

比如说师承，韩非子和荀子的思想，有人说是完全不同的，是截然相对的，荀子思想跟韩非子思想存在本质区别。但是如果客观去看的话，会看到荀子对于韩非子的影响，其实两者在很大的层面上是高度相似的。比如说在“由外而内”这样一种成德的思路上，荀子是循礼成德，韩非子是循法成德。礼和法都是外在的，这一点是高度相似的；对于人性的不信任这一点是高度相似的。

同时，他们都强调政治能力和政治效果，这一点是孔子和孟子都不具备的。荀子特别强调这一点，韩非子更是在荀子的基础之上把这个观点往前发展了一大步。只有当你意识到这些问题的时候，才会对其做一个公允的认识和评价。

第三个层次就是我们要去判断，怎样对法家进行定性。这个层次往往容易出现问题。如果我们立足于当代某种价值立场或者判断标准，对两千多年前的思想体系来进行评价时，要么指出它没看到什么，要么会说它缺少什么。

其实对于这样的问题，更应该问后世的人或者问我们自己。法家所缺乏的东西在两千多年前的观念体系之下不能解决，那是时代使然。

但是有没有一种可能：他们没考虑到的，我们其实也没考虑到，我们现在还在依照一种既定的方案去解决问题。所以我们在做判断的时候，需要报以同情的理解，或者用钱穆所说的“温情与敬意”这样一个研究方法。

所以我提倡一种内部解读方法，就是不预设前提，详细深入地概括分析一种思想的理论动机和基本内涵，留意正面的证据，而又不忽视反面的证据，在正反证据的矛盾状态之中去解答或者思考一种思想为什么会是这样。

其实这样一种矛盾，是现实的体现。比如说法家强调术，又强调公正的法，术又是阴谋权术，这些阴谋权术是对法的一个侵蚀。因此要做出判断，往往要去分析法家对于法的公正性有没有坚持到底。其实法家的矛盾性，很大程度上是政治活动矛盾的反映。这就是一种内部解读的方案。

我们要反对外部解读。外部解读就是武断、粗暴地站在某一种价值立场（儒家的立场或现代人的民主立场）去片面理解，甚至曲解文本的完整内涵，目的就是为了批判。

如何正确理解经典

刚才我提到的这三个研究层次，是在我们的研究领域经常会遇到的。其实每一个普通的读者在阅读《韩非子》的过程之中，也可能会或多或少遇到类似的问题。

比如说《韩非子·外储说右下》里讲了一句话，叫："君通于不仁，臣通于不忠，则可以王矣。"意思是：如果君主通晓"不仁"的道理，臣通晓"不忠"的道理，就可以称王天下了。这样公然提倡不仁和不忠，感觉完全是大逆不道，我们一看就会心生反感。这是因为我们事先就代入了一个儒家的立场，代入了一个自己的立场。

韩非子在这里讲的是：不仁难道就是残暴吗？不忠难道就奸诈，是为所欲为的吗？这里主要讲君臣之间是一种利益交换关系。这种利益交换关系取决于规则的公正性和公平性，即是否能够公正公平地进行利益交换。如果有这样一种规则存在，君主就不必去强调"仁"，大臣也不必强调"忠"，并且韩非子根本就不相信在涉及利益和权力的政治领域里，仁或者忠是可以调整或解决政治问题的。

这就揭示出规则的重要性。有了规则，一个国家的君主不去讲仁而强调规则，臣不去讲忠而强调规则，这样一个规则得到了普遍遵守的国家，一定会强大起来，就可以称王天下。

再举一个例子，韩非子的《说难》其实是在讲游说，讲如何去把握游说对象的心态，因而可以摒弃任何是非善恶观念，一味去逢迎、迎合。这纯粹是一种无耻的表现，没有任何道德感，唯一的目的就是让游说对象认可你、接受你、信任你，无所不用其极。后来的研究者难以接受这种观念，认为：怎么可以这样？这不是提倡无耻之学吗？

但是如果我们再结合《难言》《孤愤》《和氏》篇来看，对于韩非子《说难》篇的理解，就会更多更深。在《难言》《孤愤》《和氏》篇里，韩非子期待君主是贤明君主，期待君主能够重用仁贤忠良和有道术之士，期待君主能够重用法术之士，能够明察远见，能够刚毅尽职。可见他们一心为公。但是因为君主昏聩，导致法家这些人一个个都莫名其妙被迫害。

所以韩非子感到孤独和愤懑，感到不被理解，不被重视。在这样的境况之下他进行思考：如果遇到这种情况，按照儒家的思路，那就要退隐了，不再参与政治了；但是不再参与政治，政治状况并不会改变。所以法家在期待君主是个贤君、明君的理想失落之后，他会假设君主是一个昏君或者暴君，君主不守任何规则，不讲任何道德，他身边围了一群阿谀奉承的人。在这个时候，你要涉足政治怎么办？只能够用一种“以毒攻毒”的方式或者忍辱负重的方式去达成。

所以他在《说难》篇最后一段，强调 “直指是非，以饰其身”是非常重要的，他的最终目的是要改造君主。

只有这样去理解《韩非子》，才能够真正深入韩非子的思想里，给予同情的理解，而不是粗暴武断地去下一个结论，贴一个标签。

第六讲

董仲舒：一次对话影响中国两千年

作者余治平：上海交通大学哲学系长聘教授、博士生导师。董仲舒国际儒学研究院院长。国家社会科学基金重大课题首席专家。中华孔子学会董仲舒研究委员会会长。

第一节

抑郁不扬的一生

把儒学蓝图转化成现实社会体制

关于董仲舒的历史定位，目前我们董学研究界乃至整个儒学界有一个比较一致的看法，就是董仲舒是一个伟大的思想家，与孔子、朱子并称“儒学三大巨擘”。

《汉书·董仲舒传》称其“为群儒首”，《汉书·五行志》称其“为儒者宗”；王充的《论衡》里说“孔子终论，定于仲舒之言”（《论衡·案书》），“文王之文在孔子，孔子之文在仲舒”（《论衡·超奇》）；近代康有为《春秋董氏学·天地人》称“赖有董子，而孔子之道始著矣”；海外新儒家代表徐复观说“汉代思想的特性是由董仲舒所塑造的”。这些都揭示了董仲舒的学说对于汉代乃至儒学思想史的重要意义。在中国思想史上，汉代的地位特殊，它颇像一个漏斗，先秦的诸子百家在这里汇聚、整合，后世的各派学说从这里发端、流出，这一点在董仲舒的身上体现得非常明显。

孔子、董仲舒、朱熹三人，对中国历史与文化的作用不同。

孔子为中国文化描绘蓝图，塑形创范，一生都在推销自己的主张，但总是志意不遂，所以他只是中国文化伟大的总设计师。而董仲舒终于让蓝图落地，借助于皇权助推，使其转化成现实的社会体制，所以他才是中国文化的总建造师。而朱熹的角色，则是中国文化的总装潢师，他雕梁画栋，使中国人的哲学探索和精神追求更加趋向于内在化、精细化或者细致化。

基于这三位大师的伟大贡献，中国文化这座大厦才能够在世界文明体系当中熠熠生辉，显得璀璨夺目。

然而，令人非常遗憾的是，董仲舒至今在学术界所获得的关注、尊重和影响，与其重要地位极不相称。至于普通的社会大众对于董仲舒的认识和了解更是极为肤浅，大多数人都还停留在一种脸谱化、刻板化的印象里。

董仲舒的思想发生于我们汉民族精神体格的成形期，其内容广博而深邃，其构造过程繁复多变而精彩纷呈，具有很强的思想穿透力和深远的历史影响力。

两任诸侯国国相

虽然董仲舒的历史地位、思想地位、学术地位非常重要，但他一生并不得志。《史记·儒林列传》记载："董仲舒，广川人也。以治《春秋》，孝景时为博士。下帷讲诵，弟子传以久次相受业，或莫见其面。盖三年董仲舒不观于舍园，其精如此。"董仲舒的治学精神在这里可见一斑。

董仲舒出生在广川国境内。广川国幅员辽阔，包含今天的河北省景县、枣强县，甚至还有今天山东德州的部分区域。按照《汉书·叙传》"致仕悬车"之说，汉代官员一般是 70 岁退休，大致可以推断，董仲舒的出生之年当在惠帝四年，也就是说公元前 191 年。虽然《汉书·匈奴传》称"仲舒亲见四世之事”，就是说董仲舒亲眼看见、亲身经历四个皇帝之世，但其一生的主要活动应在景、武两朝，即汉景帝和汉武帝两代。

至于他何时而终，何时而卒，同样也难以确定，历来争议颇多。《汉书·食货志》说：“仲舒死后，功费愈甚，天下虚耗，人复相食。武帝末年，悔征伐之事，乃封丞相为富民侯。”意思是：董仲舒死后，大汉帝国朝廷里面，国库耗费殆尽，甚至天下出现了人吃人的惨不忍睹的状况。武帝暮年，悔恨自己长期派兵打仗，于是就封丞相为富民侯，开始把经济建设、富民工程真正摆上议事日程。武帝晚年才知悔恨，尽管迟了，但总比不后悔要好很多。所以，从《食货志》的记载我们可以推断，董仲舒之死，当在武帝执政的晚期。

董仲舒一生的事迹和活动，在当时比较有影响、能够引起后世史家重视的，当数他三答皇帝的策问。《汉书·董仲舒传》记载，“武帝即位，举贤良文学之士前后百数”，但董仲舒早在景帝朝就已经是博士官了，不需要借助对策而跻身士林，所以他的对策可能更具有智库建言的性质。

从建元元年到元光五年，武帝广泛征集治国的良策，“于是，董仲舒、公孙弘等出焉”（《汉书·武帝纪》）。董仲舒就是在这样一个历史活动中崭露政治头角的，尽管当时他可能已近花甲之年。

董仲舒的第一次对策似乎就引起了皇上的注意，“天子览其对而异焉”。（《汉书·董仲舒传》）于是便有了第二次策问。董仲舒的第二次应对依然很成功，“于是天子复册之”（《汉书·董仲舒传》）。皇帝又开始问他了，董仲舒再答。董仲舒的这三次对策，在内容上，主要涉及天人之间的关系和王者的为政之道，所以后人也将其称作“天人三策”。班固在抄录这些对策竹简的时候，可能改变了原先的文本次序。作为对策的直接结果，“对既毕，天子以仲舒为江都相，事易王”（《汉书·董仲舒传》）。对策完毕之后，皇帝把董仲舒分配到江都国，也就是现在的扬州城，做了国相，侍奉易王刘非。于是董仲舒便开始了自己的政治生涯。

江都王刘非，是汉武帝同父异母的哥哥。《汉书·董仲舒传》说他“素骄、好勇”，就是说他一向比较骄横，也比较崇尚武力；《汉书·景十三王传》称其“好力气”而“骄奢甚”。作为一介儒生的董仲舒，要侍奉好一个粗暴、蛮横的诸侯王，也不是一件容易的事情。

根据《史记·儒林列传》的记载，任江都相期间，董仲舒“以《春秋》灾异之变，推阴阳所以错行。故求雨闭诸阳，纵诸阴。其止雨反是。行之一国，未尝不得所欲”。也就是说，他把阴阳之学的理论运用于具体的生活实践当中，又通过生活实践去验证这些理论正确与否。这可能是董仲舒为江都相之职的最大收获，把他的理论付诸现实。

可是不久，董仲舒就被“废为中大夫”（《史记·儒林列传》），个中原因不得而知。有学者研究推测，董仲舒很可能在京城任博士官的时候，得罪了公孙弘。公孙弘，史书上记载他有很多小人之举，所以为真正的儒者所不齿。董仲舒又是一个性格耿直的人，很可能在他跟公孙弘打交道的过程当中，或者董仲舒的一些学术言论，开罪了公孙弘。而公孙弘这个时候已经在皇帝身边做了丞相。董仲舒被废为中大夫之后，回到京都长安的家中。

董仲舒依然悉心“著灾异之记”（《史记·儒林列传》），也就是说，一心一意地来研究和发挥阴阳五行之学，致力于从学理上演绎灾异因果关系。然而，天有不测风云，《史记·儒林列传》说：“是时，辽东高庙灾，主父偃疾之，取其书奏之天子。天子召诸生示其书，有刺讥。董仲舒弟子吕步舒，不知其师书，以为下愚。于是下董仲舒吏，当死，诏赦之。”这段话的意思是，董仲舒回到京都家中继续研究阴阳五行之学，研究灾异之学。当时辽东这个地方有个高庙，殿里面发生了火灾。董仲舒认为这是宣扬“天人感应”的好机会，于是带病坚持起草了一份奏章，以说明上天已经对武帝发怒。奏章还未交与武帝时，碰巧主父偃到董仲舒家做客，看到董仲舒写的奏章，就偷偷拿走，呈报给武帝。武帝看了以后，又给朝廷上的很多儒生来看，却没告诉大家这是谁写的。很多儒生就嘲弄这篇奏章。董仲舒的得意门生吕步舒也不知道是他自己的老师写的，只喊这个东西写得下三烂，上不了台面。于是，皇帝就免去了董仲舒的职务。本是当死的，但是最后皇帝又念及董仲舒“天人三策”之功，赦免了他。

这段冤案在《汉书・董仲舒传》里有较为详细的记载。应该说，罪魁祸首是作为中大夫的主父偃。他私自取走别人的奏章，明显是一种偷窃行为，这本身就为君子所不齿。再到皇帝面前告黑状，更非君子所为。主父偃这种做法的主观动机，一是出于嫉妒之心，二是想邀得皇上的宠幸。

就这样，董仲舒被小人所害。死罪虽然是免了，但此后的董仲舒便“不敢复言灾异”(《史记·儒林列传》)，不敢对灾异之说进行公开的应用研究了。

再后来，董仲舒又转任胶西相。胶西在现在的山东淄博境内。“是时方外攘四夷，公孙弘治《春秋》不如仲舒，而弘希世用事，位至公卿。仲舒以弘为从谀，弘疾之，……乃言于上曰：独董仲舒可使相胶西王。”（《汉书・董仲舒传》）可见，胶西相这一官职估计也是因为丞相公孙弘的嫉妒而得来的。

董仲舒去胶西国担任国相这一事件，其实可以称得上是一种阴谋和惩罚。因为《汉书・景十三王传》记载说，胶西王刘端“为人贼盭，又阴痿”，“数犯法，汉公卿数请诛端”。刘端为人处事阴险凶悍，几次违反国法和朝廷禁令，很多公卿都向皇帝奏请，要把刘端杀掉。可见其名声相当不好。所幸，胶西王刘端对董仲舒还能够“善待之”，并没有刁难董仲舒。

两任国相之后，董仲舒的政治生涯基本宣告结束。至于在仕途中的成就，《汉书・董仲舒传》评价说：“凡相两国，辄事骄王，正身以率下，数上疏谏争，教令国中，所居而治。”

董仲舒两任国相所侍奉的都是骄王——江都王、胶西王，不是平常的国王。但是董仲舒能够做到自己身正，能够让国中之人以他为榜样，几次还向皇帝上书，积极传递智库建议，即使发生争论，也还要坚持。他的教化在国中倡行，他所在的地方，都能够呈现出治理和洽的局面，这是其一。

其二，董仲舒还做过一些具体的实事。《汉书·艺文志》有《公羊董仲舒治狱》十六篇，说明在法律事务和司法实践中，董仲舒至少有一定的治理经验。

《史记·儒林列传》说："董仲舒恐久获罪，疾免居家。"董仲舒害怕在任上待得太久，难免获得罪责，所以向皇上称病，要求回家。"至卒，终不治产业"，专"以修学著书为事"。到死都没有帮家里买地买房产，一心向学，著书立说，当然还有教育弟子，体现出一代醇儒的精神风范。

其实，董仲舒"去位归居"之后，偶尔也能为皇帝所记起。《汉书·董仲舒传》称："仲舒在家，朝廷如有大议，使使者及廷尉张汤就其家而问之，其对皆有明法。"朝廷每有重大的事情，都会派使者以及廷尉张汤（汉初著名酷吏）到他家里面去询问他，而董仲舒所做的回答都很明确，很符合法理。

《汉书·叙传》也称："抑抑仲舒，再相诸侯，身修治国，致仕悬车，下帷覃思，论道属书。谠言访对，为世纯儒。"这些都是表彰董仲舒、歌颂董仲舒的汉赋式的文学记载。

清廉正直不得志

董仲舒一生，广招弟子。据《汉书·董仲舒传》所载，早在"下帷讲诵"时，"弟子传以久次相受业，或莫见其面"。因为学生数量太多，自己带不过来，便不得不让亲炙弟子再予传授。学生扩招，教育的规模化、产业化，可能古已有之，非独今天。

其弟子之中，发达、显赫的也有不少。《史记·儒林列传》说：“仲舒弟子遂者：兰陵褚大，广川殷忠，温吕步舒。褚大至梁相。”褚大这个人，最后也做到梁国的国相。吕步舒在学理上能禀受董仲舒的真传，以《春秋》经来断狱断事，得到了皇帝的认可与欣赏。

“弟子通者，至于命大夫；为郎、谒者、掌故者，以百数。”（《史记·儒林列传》）弟子有数百人，董仲舒在汉初这个年代有这么多弟子是一件不简单的事情。今天的博士生导师，终其一生也就能带三五十个博士而已。他当时有数百学生，真的非常不简单。所以，董仲舒对汉代儒家私学的兴起也起到了重要的推进作用。

综观董仲舒的政治生涯，几乎没有受到皇上的重用，当然也就难有辉煌的事功业绩。历史上伟大的思想家、儒学家往往都有这样的命运，孔子本人也是这样。他周游列国十四年不得志，推销自己的仁政主张，没有一个诸侯王理他，所以郁郁寡欢，形如丧家之犬，最后不得不又回到鲁国，晚年开始著书立说，传授弟子。董仲舒的命运基本上也是这样，一生不得志。

被《全汉赋》所收录的一篇《士不遇赋》，颇能说明董仲舒的心情。

鸣呼嗟乎，遐哉邈矣。时来曷迟，去之速矣。屈意从人，非吾徒矣。

一开始就感叹时光去得很快，人生走得很急，叫我委屈自己的意愿来服从别人，不是我这类人干的事情。

正身俟时，将就木矣。悠悠偕时，岂能觉矣。心之忧欤，不期禄矣。

当我正准备来发挥自己的聪明才智，大展身手的时候，我却老了，行将就木。时光悠悠，仍然没有到醒来的时刻，所以我心里面很是忧郁。我并不期待给我多么高的俸禄，我只图能把我自己的理想付诸现实，让我自己的才华能够展现出来。

生不丁三代之盛隆兮，而丁三季之末俗。末俗以辩诈而期通兮，贞士耿介而自束。

我生不逢三代之盛世——夏商周三代圣王治理天下的那么一个仁道大同的局面，我没有遇到大禹、商汤、文王武王那样的明主，是因为正逢三代以来的末世。要叫我以诡辩欺诈的手段来谋取仕途通达，这不是我一个耿介之士、醇儒所能干的事。我自己有我自己的规约。我不愿意与小人同伍，与乱臣贼子同道。

《士不遇赋》里面的这几句话已反映出他辞官之后的一个基本情怀。赋中所透露出来的失意、无奈、孤独和悲凉，着实让人为之扼腕。

其实，也难怪董仲舒发出如此的哀叹。刘向曾经给予董仲舒一个盛赞，说“董仲舒有王佐之材，虽伊、吕亡以加。管、晏之属，伯者之佐，殆不及也”（《汉书·董仲舒传》）。但纵使有“王佐之材”，也并不等于就一定受到重用。悠悠岁月等了几十年，辛辛苦苦对了三次策问，得到的却只是一个诸侯王的国相，朝廷中根本就没有自己的位置，连皇帝身边都留不下来。运气不好也罢了，偏又屡遭小人算计。

所以，《史记·儒林列传》说：“董仲舒为人廉直。”清廉正直，这样的性格，加上卓越的学识，所收获的人生之果注定是苦不堪言的——先是主父偃“疾之”，落得个“下吏”“当死”的下场。后来，又有公孙弘“疾之”，被惩罚性地派去侍奉胶西王。这中间还有一次被“废为中大夫”的经历。其实，应该说仕途坎坷。

然而，短暂的威风毕竟无法与不朽的思想相比拟。董仲舒在汉代学术方面的建树似乎足以弥补他在政治生涯当中的落魄。据说董仲舒“能持论，善属文”（《汉书·儒林传·瑕丘江公》），所以其著述应该是比较丰富的。

《汉书·董仲舒传》记载说：“仲舒所著，皆明经术之意，及上疏条教，凡百二十三篇。”董仲舒所作的著作有123篇之多，内容主要是申明儒家经典、学术的义理以及上书皇帝的一些奏请、奏章，可惜的是至今大部分均已经失传。

董仲舒的一些思想散见于《史记·儒林列传》和《汉书》的《五行志》《艺文志》《食货志》《匈奴传》等史籍中。《艺文类聚·卷三十》收有《董胶西集》。《全汉文》也辑录董仲舒之文两卷。《汉书·艺文志》还有“《公羊董仲舒治狱》十六篇”之说，但是仅仅存目，没有具体内容。

《后汉书·应劭传》也记载：“故胶西相董仲舒，老病致仕。朝廷每有政议，数遣廷尉张汤亲至陋巷，问其得失。于是作《春秋决狱》三百三十二事。”如果应劭说得对的话，《春秋决狱》就有三百三十二事，篇幅应该不小。

清代学者黄奭曾经编过《董仲舒公羊决狱》一书，可惜也没有留存下来。能够较为全面、系统地反映董仲舒思想风貌的文献，现在看来只有两种，一是为《汉书》全文记载的“天人三策”，一是由后世（至少不晚于隋代）学者辑录而成的《春秋繁露》。这两本书成为我们今天研究董仲舒学术的基础性文献。

第二节

阴阳五行与天人感应学说

天人感应的机理

天人感应学说对中国文化、思想、哲学的影响是非常深刻的，不懂天人感应，就不能说懂了董仲舒，懂了汉代的学说。

董仲舒的天人感应学说，有其严密的学术系统。它要借助于阴阳五行说来完成，而产生的结果是他的“灾异学说”，所以它可以称得上一套完整的思想体系。徐复观也说过，董仲舒非常重视“类”。董仲舒感应学说的一个核心观念就是“类”。在语义学上面，类包含着像、似、类比、类推的意思。董仲舒的立论大前提是天人同类。金春峰也说过，类比是董仲舒认识论的一个本质特点。

中国古代思想当中的感应，在对象内容上有物与物的感应、人与物的感应、天与人的感应。董仲舒认为，物物相感、人物相通、天人相应的根据，就在于同类相动，以类度类。董仲舒说，“天道各以其类动”（《三代改制质文》），“同者相益，异者相损”（《天地阴阳》），即相同类型、相同性质的天下万物可以互动，可以彼此沟通，但只有相同的事物之间才会相互助益，而相异的事物之间却容易导致彼此损丧。这既是自然世界和人类社会的一条普遍法则，也是感应现象发生的基本前提。

董仲舒说："天道施，地道化，人道义。圣人见端而知本，精之至也。得一而应万类之治也。"（《天道施》）所以，"类"是世界万物之间存在的可通约性。通过类的可通约性，我们建立起物与物之间的交汇。天、地、人三者之间，在本体状态中是统一的。它们之间存在着性质、作用和品格上面的类似和相通，找到了这种类似和相通，也就找到了它们的"类"。人如果抓住了天、地、人之间的"一"，就有可能与万事万物建立起有效的感应关系。

从感应的发生机制上来看，根据"气同则合，声比则应"（《同类相动》）的原理，阳之气当有助于阳性的事物，而阴之气则一定有助于阴性的事物。阳对阳的东西有作用，阴对阴的东西有启发。

人们可以从阴阳之气的沿袭、继承关系上明确推断出同类事物与异类事物相互益生的情况。比如说，在琴瑟的一根弦上面敲打出宫音，那么其他弦上的宫音也会有所响应，如果击以商音，那么其他弦也会发出商音，甚至宫、商、角、徵、羽五音当中，相近的音都可以引起共鸣。这并非有什么神灵在起作用，而是一种"类"的必然蕴藏在其中，并不神秘莫测。这个学说解释了同类相动的原理，而且时间上非常早，因而董仲舒是拥有发明权的。

在董仲舒的哲学里面，感应的中介、媒介或者感应发生的前提都来自两方面，一方面是阴阳之气，一方面是性情，这两个方面都是感应发生时必不可少的。但是说到底，这两个方面又是同一而不可分的。董仲舒说，"阴阳之气在上天，亦在人，在人者为好恶喜怒，在天者为暖清寒暑，出入、上下、左右、前后平行而不止"（《如天之为》）。也就是说，性情中的喜、怒、哀、乐等，乃是阴阳气在我们人身上的表述和反应。正因为有了阴阳及阴阳之气，物、事、人的感通才是可能的，感通才会发生和兴起。经由性情而呼应，物、事、人之间的感通才得以完成。不止于此，就是物也可以有性情，由此才能实现物与人的应合。

这个道理其实很简单，如果物没有性情，没有什么内在的机理，人根本没办法对它进行感知，若它只是个死物，即使人再怎么努力地主动感应它，它也不可能回答人、应对人。这样，天人感应学说就把物给“盘活”了。所有的物都是活的，都有内在的感应的基底和因素。只有这样，我们人才能跟它进行有效的沟通。

感应这个东西并不神秘，而是由感应性情而生发、推动和作用的。需要强调的是，感应的中介和媒介是阴阳之气，是性情。情与气看似是不同的，但是作为沟通天地、连接物物的桥梁，其实是一致而不相背离的。董仲舒认为，“夫喜怒哀乐之发与清暖寒暑其实，一贯也”（《王道通三》），人的喜怒哀乐之发与天气的清暖寒暑，自始至终都是同一的。

“喜气为暖而当春，怒气为清而当秋，乐气为太阳而当夏，哀气为太阴而当冬。四气者，天与人所同有也，非人所能蓄也，故可节而不可止也，节之而顺，止之而乱。”（《王道通三》）他说四气可以节而不可止。可以看出，董仲舒不主张堵塞、扼杀人的欲望，而是认为要有限度、有节制地使用它。

“人生于天而取化于天，喜气取诸春，乐气取诸夏，怒气取诸秋，哀气取诸冬。”（《王道通三》）人从天出，人的神、形、气皆取法于天。人情之喜，为暖性，与少阳、春天相当；人情之怒，为清性，与少阴、秋天相当；人情之乐，与太阳、暑日相当；人情之哀则与太阴、冬日相当。情与气，既在人也在天；情与气，既通人也可以通天。所以，这就是董仲舒天人感应所依赖的阴阳五行的产生机理。

天人感应在中国是一种信仰

但是关于董仲舒天人感应学说，甚至阴阳五行学说的作用，今天的很多人仍存有疑问。应该说，阴阳五行之学，以及建立在其基础之上的天人感应学说，在中国的影响还是非常大的。古今以来，好之者不绝，并没有因为现代科学的传入和盛行，而让阴阳五行之学在中国消失。相反，阴阳五行之学、天人感应学说，在中国一直有它们的坚定信仰者，更多的中国人是非常相信这一套学术系统的。

从学理意义上来说，董仲舒是汉初一个儒学大家。他在战国“百家争鸣”之后的历史背景下，对诸子学术进行整合，并发展和推动儒学。他站在儒学的立场上，广纳诸子百家之所长，其中就包括阴阳五行学说。他吸取阴阳五行的精华，以儒家的“仁义”学术为核心，再进行深度的加工和改造。可见，这是有他自己的学术创新的，进而开辟了儒学的另一番局面。

阴阳五行学术系统具有重要的学术价值。在西方现代科学传入中国之前，阴阳五行学术系统在中国盛行了两千多年。以看病为例，西医没有传入中国之前，中国人看病靠的正是阴阳五行这套系统所建立起来的中医中药理论和方法。在不知道西医为何物的情况下，在东方世界，我们的老祖宗靠中医中药已经繁衍了无数代人，并延续至今。这至少说明，阴阳五行系统，以及由此延伸出来的中医中药理论，在实践上来看，的确是行之有效的，在时间上来看，也是经历了相当长的时期，并且现在仍在发挥其作用。

从此来看，如果因为受到西方现代医学体系的影响和冲击，就否定中医中药的合法性，这不是历史主义应该有的态度。阴阳五行系统跟现代科学体系，是两个不同的系统，都有自己的历史、基础、学理和作用范围。

如果非要把这两个系统摆在一起，说谁好谁坏，是不科学的，也是不严谨的。

现代科学体系有它的作用范围，比如说我们能够把火箭发射出去，能让卫星上天，人类登上月球，这些都是靠现代科学原理及其相应的技术力量完成的，而不是靠阴阳五行气这套原理来完成的。而阴阳五行学说也有它的作用范围，比如中医中药、针灸推拿等，恰恰是靠阴阳五行学这套原理来支撑和构建的。两个不同的系统各自在自己的适用范围内发挥着作用。中医、西医有各自的合理性，不能用这个合理性来取代那个合理性，不能用这个有效性否定那个有效性。

现在人看医生，对于器质性的毛病，必须通过西医的手法，破肠开肚，把病灶拿掉。但是有一些功能性的毛病，西医根本就治不好，还得回到中医中药上来。这在民间有很多鲜活的案例。然而，中医中药这几十年来都在夹缝里生存、抗争，试图找回它自己的作用范围和存在空间。

阴阳五行之学跟《周易》思想结合起来以后，对我们的人生具有指导和引领作用。即使在今天，也有很多人信仰它，包括我在内，还是很相信阴阳五行和易学的。这套学说，在很大意义上来说，已经融入中国人的血液里面，成为中国文化的一部分，或者说遗传基因。

在当年，董仲舒把自然天象和皇帝的政治行为结合起来，就是基于经验观察总结的结果。而这种经验观察，是具有可重复性的，即使在今天仍然有它的认知效果。以前的很多人，以及现在的少数人也会认为，6月下雪肯定有很大冤情；大地震预示有人在闹国家分裂。公羊家的这套理念倡导，在中国已经成为一种共同信仰，很难在人们的脑海里面、在文化遗传基因里面把这个坚定的信念剔除出去或者完全清空，然后让人们全新地接受西方科学的洗礼，那显然是不可能的，除非谁有本事能够首先在人种学上把中国人都改造成为西方人。

天人感应学说的演变

基于阴阳五行学的天人感应学说，在汉代是个显学，从西汉一直大范围流行到东汉，一度以谶纬的方式出现。谶纬在西汉后期至东汉中叶达到极盛的状态，一时被称为内学。王莽改制、光武中兴都曾以谶纬作为合法性依据。王莽在位的时候，“征天下通一艺、教授十一人以上，及有逸《礼》、古《书》、《毛诗》、《周官》、《尔雅》、天文、图谶、钟律、月令、兵法、《史篇》文字，通知其意者，皆诣公车。网罗天下异能之士，至者前后千数”（《汉书·王莽传》）。

这一时期涌现出大批方士化的儒生，同时大量零散的经谶、图谶、谶语、符谶得以集结汇编。这就在客观上为谶纬的泛滥奠定了人才基础，提供了文本准备。

谶纬把天人感应学说演绎到极端，甚至出现了很多人造感应的劣作。比如人为制造的灾异谴告、祥瑞符号，几乎到了迷信的状态，而这种迷信状态跟当时官方的大力倡导有直接的关系。

谶纬之风的兴起，导致一个灾难性的后果：天人感应学说开始萎缩。最后朝廷不得不出面，禁止民间私自演绎感应学说，禁止私自演绎图谶，而只有国家才有资格颁布。因为国家认为，民间当时所做的事情都可能威胁到现政权的统治。现任皇帝坐得好好的，民间非要捣鼓出一个新皇帝，称他有什么征应，有什么祥瑞之兆，那这现任皇帝还要不要做？！

因此，天人感应以及谶纬之学被官方所禁止。禁止的后果直接波及董学，导致董仲舒的学术思想开始萎缩。有很长一段时间，董仲舒的学问无人问津，因为一旦触碰到它，就有政治风险，甚至有被杀头的可能。这也是董仲舒学说不可能成为显学的一个重要原因。

刘秀以图谶起兵。作为东汉的第一个皇帝，他即位后，重新将谶纬作为裁定重要政事的参考依据，这很有意思。建武中元元年，也就是公元56年，宣布图谶于天下。从此之后，谶纬所凭借的根本经典《河图洛书》45篇，以及纬书36篇，总共81篇，被正式确立为官方的经典。官方也取得了对谶纬的解释权，取消了对谶纬做随意歪曲、蓄意发挥的可能性。此后凡私自造作谶纬者，一律视为非法，罪当诛杀。于是，谶纬便获得了政治上的垄断地位。再经汉章帝建初四年的“白虎观会议”之后，谶纬又完成了与今文经学的合作，从而又在学术上占据了统治地位。

魏晋以后谶纬之学的主流，基本上便朝着两个方向发展。一个是为道教、佛教所消化和吸收，依托于一定的宗教形式而存在。一个是在民间信仰当中继续传播和扩散，成为民间宗教的一个组成部分。中国民间的谶纬以不同的文字、不同的形式以及不同的版本，在历朝历代流传不绝，至今仍不时有所表现。

这种流传，其实并不意味着相信它的人民群众就是愚昧无知的，它甚至与知识水平没有一点儿必然的关系。重要的是，中国人在本性上天生地就相信这种说法，而相信什么，就会进入什么样的逻辑系统。这是信念、信仰领域里面的事情，或许任何科学普及或者知识学习都难以对此做出修正和改变。

第三节

“天人三策”的前两策：以天人感应推行儒家教化

历史上，董仲舒曾与汉武帝进行了三次书面对话，被称为“天人三策”。“天人三策”是真正影响中国历史的著名对话，对中国历史的发展产生了巨大影响，但又充满褒贬争议，因而很值得我们探讨。

天象与人事的正相关

“天人三策”，可以视为董仲舒政治、哲学、文化、经济、军事、外交、民生等方面思想的总纲要。武帝第一次策问的核心问题是：“三代受命，其符安在？”“灾异之变，何缘而起？”（《汉书·董仲舒传》）

从第一次策问，我们就可以看出，汉武帝不愧为一代英主。他不但有文治武功，还有哲学理想，因为这个问题本身就是一个很纯粹的形上问题。一个整天坐在朝廷里忙得不可开交、日理万机的皇帝，哪有心思管哲学，哪有心思搞形而上？但是汉武帝不一样，所以在很大意义上他真的非常了不起，他能够就这么一个深奥的形上问题，追问、求教于天下贤良之士和知识精英：你们怎么看？你们对这个问题有什么解决方案？其实，汉武帝本人心中并不是没有答案，他不过是想试探一下天下人的智慧，把这个问题回答得更加完美一点。

他这样做的目的和动机是："何修何饬而膏露降、百谷登、德润四海、泽臻草木……"（《汉书·董仲舒传》）即让四时和洽合顺、天下太平，万民滋润，看上去还是为了百姓好，为了苍生好。

董仲舒第一策的回答可以分成三个方面。

第一，"受命之符"不是人为因素，而是"天命"，即神意的体现。他回答说："天之所大奉使之王者，必有非人力所能致而自至者，此受命之符也。天下之人同心归之，若归父母，故天瑞应诚而至。"（《汉书·董仲舒传》）在董仲舒看来，天底下，但凡能够做到王这个位置上的人，但凡能够成为王者的人，并不是他自己主观上想做就能做的，而必有非人力所能致的因素让他坐上王位，这就叫"受命之符"。祥瑞是天下归心的征兆。皇帝若是把天下和国家治理好了，祥瑞自然而然就出现了。如"白鱼入于王舟，有火复于王屋，流为乌"（《汉书·董仲舒传》），此盖受命之符也。你把天下治理得很太平，百姓都认同你、归顺你，那么祥瑞就会出现。这是神意的体现。这是第一个方面。

第二，灾异是上天对政治过失的谴告，是应事而至。"国家将有失道之败，而天乃先出灾害以谴告之。不知自省，又出怪异以警惧之。尚不知变，而伤败乃至。"（《汉书·董仲舒传》）这里面可以分成三个层次。如果治理国家出现了问题，上天就会以灾害的形式来谴告你，你不能怎样怎样，你必须怎样怎样，这是第一个层次；若通过小灾、小害警告你后，还不知反省，不及时纠正政策，改变措施，那么，上天就会再降临一些怪异的信号来警告你，让你害怕，这是第二个层次。

在公羊学里有灾和异的说法，得把它们分开来说，灾是小，异为大，统合起来称“灾异”。其实，灾和异是有差别的，关于这点，董仲舒很早就指出来了，并不是一直到了晚清的公羊学才做出的分殊。

第三个层次是，若警告不起作用，你仍然不改变自己的错误行为，不改变自己错误的治国路线、治国方针，那么这时候，就只能“伤败乃至”，就是让你的国家伤败、王朝毁灭。这是最大的一种惩罚，属于最严厉又没有任何回旋余地的那一种。

那么，董仲舒强调：“废德教而任刑罚。刑罚不中，则生邪气。邪气积于下，怨恶畜于上。上下不和，则阴阳缪盭而妖孽生矣。此灾异所缘而起也。”（《汉书·董仲舒传》）这句话的意思是：如果你把德教废除了，不相信德教，不使用德教，而听任简单粗暴的刑罚来治理天下，治理国家，而这些刑罚又太过了，不符合“中道”的原则，就会变成严刑峻法，像秦王朝那样，那么天下就会生成邪气。这个邪气在社会的底层积压太多太久，底层就会对皇上、对社会的上层有埋怨之气，有怨恶之心，这样就容易导致上下不和，进而使阴阳错谬，该阳的不阳，该阴的不阴，阴阳失去它的中和的基本的正常状态。这个时候妖孽出来，灾异也就产生。这句话非常重要，因为说出了灾异之变的一般原理。

第三，这一策还强调了德主刑辅，倡导教化。董仲舒说：“王者承天意以从事，故任德教而不任刑。”（《汉书·董仲舒传》）这句话很著名，引用率非常高。核心意思就是：德主刑辅。“王者承天意以从事”，你作为治理天下的君王，作为天之子，应该按照天之意来做各种事情。打个比喻，就相当于儿子必须按照父亲的意志来行事一样。王者作为天之子，你若不按照天的意志、天的意旨、天的意图来行事，你就失去了行事的根据。

做事一旦没有了根据，心里就不踏实。

“承天意以从事，故任德教而不任刑”，必须要听任德教，使用德教，而不要放任刑罚，特别是不能放任严刑峻法。接下来，董仲舒进一步解释说：“刑者不可任以治世，犹阴之不可任以成岁也。”（《汉书·董仲舒传》）

你不可以放任刑罚这个利器，更不能完全使用严刑峻法这个手段来治理国家，治理天下。“犹”一词非常重要，就像阴气不可以任以成岁。一年有四时，春、夏、秋、冬循环运转，成为一年。这么一个春、夏、秋、冬的轮回，并不是独阴之气而成的，而必须以阳气为主。四季是阴阳之气调和之后所形成的、实施的局面。

董仲舒说“教化不立，而万民不正”（《汉书·董仲舒传》），这句话非常关键。作为王者、作为皇帝，治理天下必须要立教化。立教化之后，天下万民才能够行得正，坐得正，树得正，利于秩序安定和政权统治。所以，“教化之道”才是王者之道。

“教化立而奸邪皆止”（《汉书·董仲舒传》），教化确立了以后，那些奸恶、邪恶的事情就会自动减去很多。“教化废而奸邪并出”（《汉书·董仲舒传》），教化一旦废除以后，奸恶、邪恶之事都会马上出来，所以“南面而治天下”（《汉书·董仲舒传》）的王者应当以教化为大务。

我曾提出个说法叫“教化中国”。中国历史上为什么没有出现像伊斯兰教、基督教、犹太教那样的一神教统治全境的局面，而只是借助于儒家仁义礼乐的灌输、渗透而教化一代代民众？这在很大程度上，得益于董仲舒在汉初这个时代向皇帝所建议的一种制度安排，一种意识形态化的思想“大一统”的管理方式。

董仲舒用教化取代了宗教。而教化从国家的政治生活到民众的日用生活进行全方位的渗透，通过双向的涵摄和作用，最后形成“教化中国”而不是“宗教中国”的局面。所以，古今中国都没有出现那种凭借一神教来统领我们民族的心魂、来主宰我们的精神世界的现象。中国为什么没有宗教？就是因为它已经被教化所取代。从董仲舒学说发生的历史角度来解读就是这样的，因此，它很关键。

具体地来说，董仲舒在第一策里面就建议皇帝“立太学以教于国，设庠序以化于邑，渐民以仁，摩民以谊，节民以礼，故其刑罚甚轻而禁不犯者，教化行而习俗美也”（《汉书·董仲舒传》）。

我们现在有大学，有高等院校这种公共教育机构。但是在两千多年以前的汉朝，董仲舒就建议在朝廷里面设立一个最高的学府、最高的学术机构——太学。太学是要对全天下行教化之功用的。同时在州郡里面设庠序，也就是我们现在的地方学校。这些地方学校是有行政级别的，因此就有了州学、府学、县学、乡学、村学之别。有了这些庠序，就能行教化与礼义于民间。董仲舒的这套制度设计得非常合理，他把对中国人的这种道德教化与精神引导，以学术化、体制化的方式确立起来。他的目的就是：“渐民以仁”，逐渐地教育民众，以儒家化的仁义道德来引导民众；“摩民以谊”，让老百姓有“谊”（“谊”通“义”）；“节民以礼”，用儒家的一套礼制规范来使人民生活有常有度。

所以，国家要是做到了这一点，刑罚当然就轻了很多，也就没有那么多人作奸犯科，没有那么多人行恶做坏事了。即使皇帝发布了禁令，也没有人故意去违犯它。所以董仲舒说“教化行而习俗美”，你只要把教化天下之策推行起来，民风自然而然也就好了，社会风气、世道也就好了，所以教化是个好东西，风险系数最小，治理成本最低，最合算。

无为与教化结合：调和儒道

在第一策里，武帝问的是哲学问题："三代受命，其符安在？""灾异之变，何缘而起？"收到董仲舒的第一策回复之后，武帝又再次策问，所问的内容是"帝王之道"的具体方略。这一点对武帝来说更为实用，而董仲舒对答的要点在于："无为"与"教化"的结合。

一方面，"贤能佐职，教化大行，天下和洽，万民皆安仁乐谊，各得其宜，动作应礼，从容中道"，唯其如此，才能"垂拱无为而天下治"。（《汉书·董仲舒传》）

董仲舒为什么在第二策里要说到"无为而治"呢？这里其实有一个背景。现在有学者研究出，很可能是班固在写作《汉书·董仲舒传》的时候，跑到皇家图书馆或皇家档案馆里去，翻阅了武帝朝代的竹简资料，但是他在录入董仲舒的"天人三策"的时候搞错了顺序。

从意义逻辑上看，第二策不应该放在这个位置，甚至有人提出第二策就不是董仲舒的。这是一个复杂的学术问题，我们可以另外讨论。那么，在这一策里，董仲舒的回答就有了道家之学、黄老之学的痕迹，他主张垂拱放手、无为而治，强调清静无为、不干扰、不打扰，让百姓自己呈现出一个自然而然的放松状态。

值得注意的是，这个"无为"，一定不是无所作为，什么都不做。道家的"无为"、黄老家的"无为"，一定还是"有为"的，只不过这个"有为"是充分尊重了自然世界秩序的，以自然世界秩序为做事情的前提和条件，而不是说肆意作为，为所欲为，胡作非为。这是一个方面。

另外一方面，董仲舒说："圣王之治天下也，少则习之学，长则材诸位，爵禄以养其德，刑罚以威其恶”；“兴太学，置明师，以养天下之士，数考问以尽其材”，“遍得天下之贤人”。（《汉书·董仲舒传》）

这个方面是回答“教化中国”的具体内容。圣王治理天下，正确的方法应该是让每一个人在少年的时候学习知识，当他长大成人以后就成了国家的人才，皇帝给予他爵位和俸禄，要让他养德。可见，儒家的人才标准是德大于才，德在前，德是才的前提，养其德是最重要的。“刑罚以威其恶”，就是说，王者在治理天下之人的过程中，迫不得已而施行刑罚，只是要让他产生一种畏惧感，让他不敢做坏事。达到这个效果就行，点到这里为止，威而不施，悬而不用，不使刑罚扩大化。这是儒家对刑罚作用的一个限定，很有特色。

接下来，董仲舒又说“兴太学，置明师，以养天下之士，数考问以尽其材”。就是说，在朝廷设立太学，邀请名师来讲学，豢养天下之贤良文学，把天下有志于学的人全部集中到皇帝周围来，然后再通过考问的方式来选拔人才，以供朝廷网罗智力精英。这是第二策的大致内容。

第四节

“天人三策”之三：王者顺天行事，奠定“大一统”根基

武帝第三次策问的主题是“天人之应”的问题。这是一个对中国文化、对中国的思想和精神都有深刻影响的著名的问题，值得我们展开讨论。

那么董仲舒的这一对策，我这里总共分成两点来讲。

皇帝顺承天意治理国家

一、天是万物之始，人世行为皆当取法于天

董仲舒说：“天者，群物之祖也。”（《汉书·董仲舒传》）儒家意义上的天，不是我们仰起头来就可以看到的那个由大气组成的天空。冯友兰把董仲舒的“天”分成两种含义。我在我的《唯天为大》那本书里面，把董仲舒的“天”分成三个层面，大家可以参考。在这里，董仲舒强调的是，天是群物之祖，是所有天地万物的始出与来源。所以，“圣人法天而立道”（《汉书·董仲舒传》），圣人要想治理国家，统一天下，就必须取法于天，而确立正道、王道、仁道。这是非常重要的前提。

二、天人同构，一体互证

天和人，它们有一致性。董仲舒说：“天人之征，古今之道也。”（《汉书·董仲舒传》）天和人各有内在的统一性，但又相互表征，相互应和，古今都是这样。董仲舒以四时为例，“春者，天之所以生也；仁者，君之所以爱也。夏者，天之所以长也；德者，君之所以养也。霜者，天之所以杀也；刑者，君之所以罚也”（《汉书·董仲舒传》）。

“王者配天，谓其道。天有四时，王有四政，若四时，通类也。天人所同有也。庆为春，赏为夏，罚为秋，刑为冬。”（《四时之副》）董仲舒认为，庆、赏、罚、刑为帝王的四种执政行为，要与四季变化相适应。春夏应该行赏，秋冬才可行刑，即后来所说的“秋后问斩”。这是有它的天道根据的。

三、灾异本于政事失误

天、人开始勾连、结合起来了。董仲舒说：“兼灾异之变，以此见人之所为，其美恶之极，乃与天地流通而往来相应。”（《汉书·董仲舒传》）

这句话说得非常好，非常点题。董仲舒把自然界的现象和规律、天地之气的运行变化与政事行为之间做了有效的连接。这个连接，在我们今天看来可能有点牵强附会，但是在当时算得上是一套先进的学术系统。因为它为王者治政找到了天道的根据。一般来说，我们人做事，如果你在自然界当中找到一个根据，或者在一个圣贤书本里面找到了一个根据，或者从前辈、师长那里找到一个根据，你的心里就会踏实得多。

汉初正处于人类文明的“轴心时代”，在中华民族成形期，在精神塑造的关键时期，他们的思想状况也处于找根据的阶段。他们的政事行为找不到根据，怎么办？只能把目光投向自然世界，取法于天，为天立道。

董仲舒的学说就把灾异之说跟政事密切联系在了一起，在当时有它的先进性和前沿性。我们千万不要以为今天的我们学了现代的科学文化知识，就可以瞧不起董仲舒的理论，认为董仲舒这一套理论完全是迷信，是无知。其实，它是具有时代合理性的。我们必须要尊重这段历史，才能理解这段历史。

四、王者治政，三大本务

治理国家和天下有三大根本要做的事情。董仲舒说："王者，上谨于承天意，以顺命也；下务明教化民，以成性也。正法度之宜，别上下之序，以防欲也。修此三者，而大本举矣。"（《汉书·董仲舒传》）

王者治政是有根本原则和基本要求的。首要的本务就是，承天意，顺天命。所有的王者在执政时，都必须顺承天意、天命的安排。所以，在中国古代，祭天的郊祭，是皇帝的头等大事。就像我们普通人是父母所生一样，我们每年都要在清明时节祭祀我们的先祖或死去的父母。中国历史上，凡是造反的、起义的，都要打着"替天行道"的旗号。这样才有号召力和动员力，天下人才能跟着你跑，才能一呼百应。这就是承天意、顺天命的一个基本道理。

第二点本务是"明教化民，以成性"，即用仁义道德来教化天下万民，让他们成其为人。生活在这个世界上的人，并不是说被父母生下来，有吃有喝，身体不断成长，就可以自然而然成为人了。那样的话，所成为的人仅仅是一种动物而已，跟小猫、小狗没有任何差别，但真正的人一定不是这样的。吃饱喝足，身体健康，维持肉体的存在，那只是人最基本的动物性本能，只是一种生物性存在。

人之为人，必须是在生物性的基础之上，有礼乐教化，有德性素养，要自觉提炼出人生的价值、人生的意义，成为一个超越自己动物性的精神存在者。只有这样，人活着才是有意义的，才能成其为人，所以这里用了一个“成性”。

《中庸》开篇就说，“天命之谓性，率性之谓道，修道之谓教”。“性”要用仁道的内涵去“修”出来，最后才能成为一个有教化、有教养的人，才能成为一个有尊严、有德性的社会存在者。这就是人之为人的价值意义所在。

儒家自始至终都强调这一点，董仲舒也强调这一点，就说明他是儒家。在基本立场上，董仲舒是以儒家来吸收诸子百家的。他不是阴阳家、五行家，也不是法家、墨家，也不是道家。尽管他的理论吸收了这些学说，但是他的基本立场和中心位置还是在人之为人上，他要在“成己成性”上面做文章。

“正法度之宜，别上下之序，以防欲也”（《汉书·董仲舒传》），这一点，我觉得非常重要。每个人都有七情六欲，都有自己的私心欲望，都有自己的动物性本能。那么，在这个欲望面前，我们到底是放纵它，想吃就吃，想喝就喝，想玩就玩，无限地膨胀自己的欲望，不断满足自己的欲望呢，还是要有节制地释放欲望，用礼乐教化限制我们的欲望呢？

董仲舒的态度很鲜明，他强调要有法度。“正法度之宜”，就是要有法度来限制我们的欲望，要别上下之序、尊卑之序。这都是儒家的纲常，最基本的人伦规范，都是我们活在这个世界上必须遵守的一个公共准则，或者叫一般法则。

有了这些准则、法度，我们人才能成其为人，社会才能成其为社会。儒家的价值，不仅仅是要让我们人成其为人，超越我们的本能，让我们人活得更有价值、更有尊严、更有意义，让我们每个人都有自己的德性和教养，更要让社会成其为社会，让这个社会有序，健康积极而向上。我们都生活在社会里面，都要共同遵守一些准则、法则，所以，儒家要强调社会共同体和公共秩序的建构，这就是儒家超越其他诸子百家的优点。不仅要让人成其为人，也要让社会成其为社会，儒家的高明之处就在这里。

“大一统”对中国社会影响深远

思想大一统，可以说真正地影响了中国两千多年。中国今天仍然是大一统的国家，而不是一个分裂的或联邦制的国家，这跟董仲舒当年对汉武帝的建言与倡导有着重要关联。董仲舒说：“《春秋》大一统者，天地之常经，古今之通谊也。”（《汉书·董仲舒传》）这是一条不可变更的法则，董仲舒上升到“天道”的高度来认识“大一统”。

所谓“大一统”，就是以一统为最高价值，强调一统的重要性。一统，不同于统一。一统不仅可以是政治的，还可以是语言的、文化的、精神气质的。而统一，则伴随着政治、武装的强力，或国家领域、地理疆域的一统。

“大一统”观念是董仲舒对公羊学思想的直接继承。“大一统”是春秋公羊学的一个重要主张。公羊学里有很多内容，比如说，大居正，大复仇，夷夏之辨，还有改正朔、易服色。改正朔指新王即位以后，要把时间制度改掉。究竟以十月、十一月或十二月为正月，这在上古中国是一个很重要的事件。易服色，是指徽号、旗帜、车舆、衣服等，使用的颜色，采取的礼制，都是很重要的标志性工程。

王者要确立自己的德运。每一个王朝都有自己的德运。秦始皇认为秦朝应该是水德，五行中水德对应的颜色是黑色，所以秦朝崇尚黑色，以黑色为上。汉朝确定德运经历了一个较长时期的复杂过程，最后汉武帝时才正式确定汉朝为土德，崇尚黄色，以黄色为尊、为大。

“大一统”可以说是公羊学的第一要义。几乎每一个公羊家都要对“大一统”问题展开论述，读《公羊传》的人轻易都不会放过“大一统”。

以一统为大，以一统为尊，是儒家“尊尊”之道的开始。以王者为尊，而不是以臣为尊、以子民为尊。分封制以“亲亲”为原则，“门内之治”是“恩揜（通“掩”）义”；而郡县制却以尊尊为准绳，“门外之治”则“义断恩”。《春秋经》里隐公元年，有“元年春，王正月”之说，被公羊家解释成“大一统”。“元”字，非常重要，何休把它总结归纳成“五始”，是“大一统”的重要标志。以时间制度的确立为抓手，为龙头，然后带动其他制度的变革，公羊家时间政治的一套方法就这样运转起来了。

秦始皇的时候，确立了郡县制，全国上下分成36个郡或者46个郡。这个数字不统一，但是他确立郡县的一个重要目的，就是要“尊尊”，把治理国家、治理地方的权力都集中到皇帝一人手中，高度垄断，形成一人说了算的专制局面。

地方的郡守、县令都是中央任命的，这样的官员被派遣到地方，只愿意代表皇帝和中央的利益，而不可能代表地方的利益，即便偶尔代表底层民众的利益，也只是出于良心发现而已。在“尊尊”原则下所实行的郡县制，其达成的“大一统”格局，两千余年来，几乎没有什么实质性的改变。

回到董仲舒的第三策里，董仲舒强调“大一统”，以之为“天地之常经，古今之通谊”，实质是开辟出“大一统”理论的宇宙论哲学、本体论维度。这就显示出他比之前的公羊家要深刻得多，显然这也是对“大一统”学说的推进和发展。在“尊尊”原则下所实行的郡县制，其达成的“大一统”格局，两千余年来，几乎没有什么实质性的改变。

在汉武帝已经实现政治疆域的大一统、政治体制的大一统的基础之上，董仲舒则充分强调了思想大一统的迫切性和必要性。大一统，可以分成政治大一统、军事大一统、文化大一统、思想大一统这些层面。而政治大一统又跟从上到下的官僚管理体制有直接的关系。通过郡县制，秦始皇把全国从中央到郡县分成三级行政幅度，形成一统。中国现在是五级行政幅度。统一的政治体制是“大一统”的首要标志。

全国东、西、南、北、中的疆域幅员的统一，则构成“大一统”的另一个重要标志。中国不是像欧洲那样分裂成四十多个小国的状态，中国是大中华概念，包含了政制、疆域、思想、文化多层面的一元和统一。而董仲舒在“天人三策”里特别强调的是思想的“大一统”。他说：“诸不在六艺之科、孔子之术者，皆绝其道，勿使并进。邪辟之说灭息，然后统纪可一而法度可明，民知所从矣。”（《汉书・董仲舒传》）

按照他的建议，除了孔子儒家的学说，剩下的诸子百家则“皆绝其道，勿使并进”。这句话非常重要，歧义也多，争论很大。实际上，这个时候的董仲舒显然是在谈官方的意识形态建构，而不是讲学术发展。学术发展可以多元，不要求统一；但意识形态管理则必须一元，不能多样化。许多人不做这样的区分，就眉毛胡子一把抓，恰恰有损对董仲舒“大一统”理论的正确认识。

董仲舒要求，“邪辟之说灭息，然后统纪可一而法度可明，民知所从矣”。他提出，思想大一统的目的，是要让人民有所适从。为什么要让人民有所适从呢？因为汉初时代，帝国刚刚统一，大家都相信黄老之学，其他的诸子百家也有人尊奉。但这个时候，董仲舒从帝国本身、从统治集团本身、从皇帝本身的角度出发，试图设计出一个思想一统的意识形态治理方案，借助于政治统御的威权与力量，让天下的人都来学习儒学，都以孔子之是非为是非，以儒学为最高的经典。

这个做法很重要，确定了儒家在汉代的“国教”地位，使儒家成为刘汉王朝的一种“国家宗教”。他的这么一个建议影响了武帝，影响了整个汉代，也影响了以后整个中国的历史。

现在来看，无论是诸子百家、儒释道，还是先秦诸子，没有哪一家像儒家学说这样能够有机会被全中国人普遍接受。儒家最基本的价值理念，譬如仁义学说，三纲五常，特别是五常，已经溢出了儒家，几乎所有人都相信它，从而成为我们全民族的共同价值元素。

所以，儒家之后能够成为中国文化的主流，其渊源，尤其是制度性渊源，应该追溯到汉初的董仲舒那里。而董仲舒能够脱颖而出，就在于他遇到了汉武帝这样一个有理想、有抱负的皇帝。汉武帝试图在历史上留下丰功伟绩，所以他在政治大一统的基础上，毅然果断地选择了“独尊儒术”，推行儒家思想，以儒家学说为“国家宗教”，让万民尊奉。其好处有很多，最大的一点就是有利于统治阶级建立一个稳定的社会秩序。

一个社会要乱，往往都是从思想现状开始的。皇帝要统一天下，首先就要统一思想，把人们的心绪都引导到儒家的学术精神上面来。当然，这样做的坏处也有，主要就是禁锢了人们的思想。本来是诸子百家、百家争鸣这样一个开放包容的格局，大一统之后，变成了“一家独尊、万马齐喑”的格局。因为一尊就意味着对其他学术的伤害和践踏，甚至是灭绝。

这个结论是“儒学定于一尊”后所发生的历史影响。实际上，在董仲舒的建议里，他并没有消灭儒家以外学说的意思。他认为其他学说在意识形态之外的学术空间里，还是可以自由发展的。事实上，在整个武帝朝，儒家也并没有获得真正的独尊地位，道家人物、法家人物被重用的概率更高。

董仲舒的“天人三策”，在当时所引起的影响并不如后世学者所虚构和夸张的那么巨大和深远，可能也只限于“天子览其对而异焉”（《汉书·董仲舒传》），即天子亲自看过他的对策以后感到很是惊奇。甚至有学者推断，汉武帝采取“罢黜百家，独尊儒术”的历史性举措很可能并非直接缘于董仲舒的“天人三策”。

在我看来，董仲舒“天人三策”的影响，是在学术上而不是在政治上，不应该过高估计它在“儒学定于一尊”这一重大历史事件当中所起的作用。但是，无论如何，董仲舒对策之后，武帝把儒家确立为官方主导意识形态，使之成为万民信仰的“国家宗教”，并开庠序之学，大兴教化，设立察举制度，从州郡选拔人才。仅这两条就深刻地影响了其后中国两千余年，经久不衰。

第五节

儒学国教化的影响

“罢黜百家”不全是因为董仲舒

“罢黜百家，独尊儒术”是中国历史上一次划时代的重要事件，几乎为以后各代的统治者所尊奉，长达两千余年不变，对中国文化教育事业的发展和各民族共同心理素质的形成，产生了深刻的影响。

一般学人或社会大众都把“罢黜百家，独尊儒术”八个字直接归因于董仲舒，认为是董仲舒向汉武帝提出了“罢黜百家，独尊儒术”的文教政策。但实际上，《汉书·董仲舒传》中所记载的董仲舒提议的原话是“推明孔氏，抑黜百家”。而《汉书·武帝纪》中记载的汉武帝的做法是“罢黜百家，表章六经”。因此，把“罢黜”“独尊”的罪名全都归于董仲舒，在历史事实面前不免显得过于牵强。因此，这是一个值得考辨的问题。甚至就连“罢黜百家，独尊儒术”这句话是不是出自董仲舒之口，也是值得怀疑的。“罢黜百家”的首次出现，是在《汉书·武帝纪》中，是班固所说。在董学界，有学者考证指出，仅仅作为一介书生的董仲舒，在当时可能还没有那么大的能力。他的建议也不会如后人想象的那样，能够对皇帝治政产生举足轻重的影响。

再退一步分析，对于董仲舒及其对策，汉武帝如果真的欣赏和器重，按理说，应该直接把他留在身边，以供垂询、资政之用，最差也应该在中央朝廷里赏赐给他一个官职，而不可能只是让他做一个小小的“江都相”，即一个侍奉诸侯王的事务总管。

作为对比，就在董仲舒对策五年之后，同样有一个人因对策而引起天子的兴趣，这就是公孙弘。他的政治待遇就明显不同：立刻被“召入见”“拜为博士”，元朔五年，又任为宰相，相当于国务院总理的角色，这是一人之下万人之上的要职，算是委以大任。所以，相比之下，董仲舒的政治待遇算是很差的了。

而必须引起注意的是那些一直起推波助澜作用、极富战略眼光，包括皇帝在内的政治家。早在董仲舒的“天人三策”之前，建元元年（前140），丞相卫绾就向武帝建议，应该罢黜那些治申、商、韩、苏、张之言的贤良，不再赐予俸禄。

建元五年（前136），朝廷设置了“五经博士”。于是，儒学迈开了官方化与尊贵化的步伐。与此同时，皇帝开始信奉向来为儒家所提倡的巡猎、封禅、郊祀、改制、乐府等一套礼仪法度。元光元年（前134），田蚡为相，罢黜了不治儒学五经的“太常博士”，把黄老、刑名等百家之言一律排斥于正统官学之外，并优礼延揽了一批儒生进入朝廷治政。至此，才近似于初步完成了所谓的“罢黜百家，独尊儒术”的运动。

汉武帝时代，是否将儒学定于一尊，依然有不小的疑问。他可能只是抬高了儒学的地位，将之确立为帝国政治实践的指导思想而已。历史事实表明，这一运动发起者的主观态度并不强硬，在实际操作中也没有导致废除儒学以外的各家言论或禁绝其他学派发展的灾难性后果，并不像后人所想象的那么可怕。

相反，在这一时期，继秦火之后，诸子百家的学说又获得了一次更为长足的发展。即使在两汉经学最为盛行的时候，儒学以外的各学派的学术活动也一直没有停止过。根据《汉书·艺文志·诸子略》的载录，当时研习诸子的人物、著作，在数量上仍相当可观。道家、阴阳家、法家、名家、墨家、纵横家、杂家、农家、小说家，依旧活跃于学术界，并没有被熄灭或被禁绝。

董仲舒的用意是否只在于建议朝廷仅用儒家一种学说来作为帝国的指导意识形态，而不应该同时用众多学派作为舆论导向以致扰乱民众的视听呢？儒学以外的其他学派虽然在官学当中丧失了独尊、垄断的地位，但并不意味着就不可以在民间、在社会上获得流传和进行研究。它们可以以"私学"的形式存在，并获得自由发展。

所以，尊儒并不等于设立"宗教法庭"，也并不就是狭隘地剪除"异端"，跟宗教迫害完全不是一回事。其实，儒家自身就不乏宽容、大度的精神气质，董仲舒本人"治《公羊春秋》，始推阴阳，为儒者宗"（《汉书·五行志》），以儒学融合、化解阴阳、法、道等诸家思想而形成自己的天学体系，就是最好的例证。

儒学国教化

在这里就有一个问题，董仲舒的提议——"把儒学定于一尊，成为国家宗教"，为什么会得到汉朝皇帝的支持？我认为，主要的原因还是时代的需要。

自刘邦建汉以后，汉朝的意识形态管控始终处于一个不确定的状态。政治上大一统了，但是思想上、文化上并没有实行大一统，意识形态的管理还没有摆上真正的议事日程。高祖刘邦马上取天下，是靠军事与武力，但是对于庙堂治天下还没有充分的心理准备，他甚至把儒生的帽子拿过来当成夜壶使用，嘲笑儒生无用。但是，经过叔孙通改变朝仪之礼，为朝廷建立一套规范化的制度程序之后，高祖改变了态度，开始对儒家刮目相看。

然而，即便这样，因为经济社会发展的现实需要，儒家并没有定为独尊，而是黄老之学继续成为帝国的主导意识形态。一直到文帝、景帝时代，依然是黄老之学的天下。到了武帝时候，汉朝已经有 60 多年的历史。在这个时候，真正的意识形态管理，或者说“思想大一统”就摆上了重要的议事日程。

这就是董仲舒“天人三策”提出的大背景，即在政治大一统完成之后，必须完成思想的大一统，地理疆域的统一也必然需要文化的统一。“天下一致”成为人心所向，“百虑同归”已成为时代趋势。

董仲舒说过，“百乱之源，皆出嫌疑”（《度制》）。因为主体思想不统一，意识形态理念不专一，导致天下百姓无所适从。所以，在这个时候，就该整合天下人心，整合之后又不能出现思想真空，所以就又提出“推明孔氏”的主张，要把孔子之学抬高到一个非常尊显的地位，让人民有所宗奉。

在跟武帝进行“天人三策”的时候，严格意义上来说，董仲舒已经不仅仅是儒家学者，还是一个儒家官员。因此，“天人三策”是儒家知识分子与集权皇帝的一次政治配合。之所以是政治配合，而不是合作，是因为合作双方是平等的关系，不可能一尊一卑、一高一低，但对于尊卑有别的两人来说，就只能是一方配合另一方。

所以，最可能的是，皇帝有对儒学的需要，而董仲舒恰逢其时，投其所好，对症下药，结合时代和皇帝的需要，及时进言。尊儒，抑黜百家，表彰六经，是时代的必然。如果不是汉武帝，董仲舒早 10 年或者早 20 年提出这个建议，可能连身家性命都保不住。

所以巧就巧在，董仲舒遇到了汉武帝，汉武帝也遇到了董仲舒。在正确的时间，遇到了正确的人，君臣携手联袂做了一件正确的事情。在董仲舒之前，历代儒生关于这个问题的倡议，从郦食其、叔孙通开始，到陆贾、贾谊，再到卫绾、窦婴、田蚡、公孙弘等，一批又一批具有儒家知识背景的政客、政治家对儒学的呼吁，功不可没。而只有时机成熟，才能够真正地实现所谓的“儒学国教化”。

当然，儒学只是国教化，还算不上宗教化。2018 年我在《江海学刊》上发了一篇文章，就是通过“教化中国”，来讲董仲舒的学说怎么就成为一种“国家宗教”，怎么被历代统治者所信仰的。“教化中国”这个词组非常重要。中国古代没有一神教，但是儒家通过教化的方式把自己的价值观渗透到每个人生活的方方面面，让你在生活的每个方面都有经典可依，都能够找到精神之源。

人若有了思想指导，就会生活得踏实。儒家取代了神性的主、至高无上的神，我们不需要一个莫名其妙、在我之上、永远看不见摸不着的神仙、上帝。而孔子、孟子、荀子、董仲舒，都是历史上曾经存在过的人，只不过已经逝去。他们说得有道理，我们就相信他们。

儒家通过“教化”这个实实在在的礼法规定，指导你生活的方方面面，让你可以自信到不需要神的存在。因为政教合一、官师一体、圣王同构、政统与道统统一，所以就不要外求了，找到儒家就行了。这可能也是后来的两千多年的历史风雨中，任何外来宗教都只能够进来打扰一下儒家，而从来都不能够替代儒家的真正原因吧！

但政教合一、圣王同构、官师一体也有弊端，就是容易导致思想禁锢，容易导致政统对道统的挤对和欺凌。皇帝一人说了算，其他人只能听从，道统只能屈服于政统。

孔子讲究“君君，臣臣，父父，子子”，君要像君的样子，君有君道，臣有臣道。荀子则是“从道不从君”，遇到矛盾和冲突时，我宁愿服从道统，也不听从君王的，先秦儒家就有这个气魄。而到了董仲舒这里，他也是强调“以天制君”的，要用天来限制君王，君王尽管是天之子，但也不能为所欲为，更不能为非作歹，要以天规约君，用天来限制君王，用“天人感应”的知识系统来匡正和挽救君王。董仲舒的“天人感应”学说的一个重要目的就是要限制王权，不让皇帝乱来而折腾和危害天下民众。

它最大的弊端就是 “政教合一”以后，导致道统疲软乃至丧失，圣、师、道都屈服了，萎缩了。所有知识分子都要听皇帝的，所有的学者都要听政客的，这必然导致君大于道、王大于圣、官大于师。这种格局的出现，不利于学术发展，也不利于政治经济发展。长此以往形成的习惯和传统，有碍于中国文明进步的实现，又必然导致近世中国全方位落后于西方世界，这就是它的负面效应。

第六节

儒家与皇帝配合的结果

儒学本身符合统治者需要

汉武帝选择儒家，采纳董仲舒的建议，一个深层次的原因还在于儒学本身所具有的思想内容和精神气质，迎合了统治者的需要。

汉初，遵循黄老道家的清静无为政策已经实行了60多年，国富民足。但此时，意识形态却一无建树。作为皇帝来说，是很着急的。汉武帝始终考虑的是长治久安，刘家人永远掌权。黄老道家强调清静无为，没有自己的一套思想政治体系和意识形态建构，完全按照自然本性来治理天下和国家，甚至连政府都可以不要。这种学说肯定满足不了统治者的现实需要。

而法家强调严刑峻法，以吏为师。然而，秦朝迅速灭亡的惨烈教训，已经足够让汉初君臣印象深刻了。他们都意识到，新的王朝要想治理好天下，不能再采取法家的严刑峻法了，必须改弦更张，必须“法后王”，必须有所创新，主导思想必须做出别样的选择。

至于墨家、阴阳家、名家、纵横家等，都有他们各自的巨大局限性。

那么，能够顺应治理天下民众的，能够满足统治集团现实需要的，能够成为皇帝统治方略的，似乎也就只剩下儒门一家了。

所以，在这个时候，董仲舒的“天人三策”，具体到“推明孔氏，抑黜百家”的建议，恰恰是水到渠成。过早提出，时机不成熟，条件不具备；过晚提出，也不太可能，因为武帝的事功心理是非常强的，他等不及。

许多人说汉武帝好大喜功，其实他是有抱负、有理想的一个皇帝，只要时机得当，有人提倡，他都会予以积极考虑。所以，董仲舒的“天人三策”，主要指他的“推明孔氏，抑黜百家”，应该是发生在“轴心时代”后期、君臣结合的一个时代产物。就那个时点，缺了哪一方都不行。

深入研究便可以发现，汉武帝当时可能仅仅是接受了董仲舒“天人三策”中的“推明孔氏，抑黜百家”“兴太学”“立庠序”，以及实行察举制度，普天下选拔人才的建议。其实只要前两条，便足以推动历史、彪炳千秋了。

但是，在最根本的问题上，汉武帝并没有认真对待董仲舒的对策。董仲舒提出的“以天制君”，即以“天人感应”限制王权这一点，还是犯了汉武帝的忌讳。这也是现在有学者分析说董仲舒为什么对策对得那么好，却只得到一个小官职，一辈子都没有受重用的一个重要原因。

当一个有为的、想做事的皇帝，要大显身手的时候，位于他之下的臣子却给他建议，要限制他的王权，要在他的头上加一个“天”的紧箍咒来限制他，妨碍他做事，无论如何，这个皇帝是接受不了的。所以说，董仲舒就不可能有好的政治归宿。没有受到重用，是因为董仲舒拿上天压了皇帝，要求限制王权；私自演绎灾异之说而免于一死，也是因为对策之功，受了武帝的赏识。

对比来看，公孙弘也是治公羊学的，他的专业程度、业务水平不如董仲舒精湛。按照后来《汉书》的记载，公孙弘比较会钻营，能够迎合皇帝的胃口和需要。尽管也治公羊学，但公孙弘就不会讲“天子一爵”，也不会讲“以天制君”。他在皇帝身边工作，皇帝的任何一个政策出台后，他都是积极的点赞者、讴歌者，而绝不会像董仲舒那样仗义执言，直接对事情本身提出批评或建议。所以，班固写《汉书》的时候，对公孙弘的评价就不是太高。

应该说，像儒家之类越是理想化成分多的学说，往往都不能够跟当权者、跟政治家达成一致。孔子、孟子、荀子，都是通过周游各国兜售自己的观念主张，但都不得志。春秋、战国之际的这些儒，其实都是真正的儒。而公孙弘未必就是真正的儒，公孙弘只不过是用儒家，用《春秋经》、用公羊学来赚取进身之阶，通过察举制度而进入朝廷体制，而且只到此为止，学术成为他的一种工具。不像董仲舒，他是把学术当作学术，当作自己的理想，而且执着于追求儒学史上先贤所设计的一种几乎没有实现可能的仁道理想。

与政治捆绑的双面性

儒家与皇帝的配合，使得儒家有机会获得全民认同，有机会成为普适性价值信仰，能够让天下人学习、接受并遵循儒家礼法体系和知识体系。特别是当儒家经典成为察举、科举的教科书，成为全民教化的一个普通读本之后，儒家的知识普及，儒家面向全社会、面向全体大众的机会也就来了，这就使得儒家成为被全民所接受的一种学术。儒家学术借行政之力而能够在一夜之间转化为一种全民教化。

然而，事情有利必有弊。儒家跟政治过于密切的联动，很容易让自己受到惯性力的作用。特别是在受到利益牵制之后，儒家往往就不能够站在一个客观、公允的立场上来判断是非对错，这样反倒影响了儒家道统的创新和发展。

所以，这是一把双刃剑。这里便引申出一个非常关键的问题：由于儒家与政治的长期结合，后世很多学者、社会大众，往往把儒家与独裁、儒家与专制联系在一起，甚至直接画等号，污名化儒家。其实，这是对儒家的一个极大的误解。

前面讲到，孔子强调“君君臣臣”和“正名”学说，荀子强调“从道不从君”，董仲舒要求“以天制君”，可以看出，他们其实都是有骨气的儒家，具有真性情。这种真正的儒家知识分子是不会向现实权威低头的，也不会向昏庸之君和残暴之君低头。

但是，儒家跟政治密切结合之后，很容易产生变了味的“儒家”，他们就是为了跟政治苟合，甚至为了些许蝇头小利，而取悦于政客、政治家，甘于被利用，甘于被当作工具使唤，最后丧失了儒之为儒的原则与底线，而不能坚守儒家的王道正义。穷则摇尾乞怜，达则助纣为虐。这样的儒家在政治势力面前始终是站不起来的。这是明清以后的很多儒者面临的一个基本状况。

所以，严格区分一下纯粹学术的儒家与被政治利用了的儒家，是很有必要的。把他们混为一谈，很容易损害儒家的声名。本质上，政统与道统，是有义界区别的。儒教的“圣”，一定不是现实当中的“王”。儒家所强调的道统，与君王所实施的政统，一定是有严格界限的。但是后世很多人，往往因为儒家和政治捆绑在一起，就忽略了这个界限，在骂专制统治、骂腐败政治的同时，连儒家也一起骂。这就是一件得不偿失的事情。

即使在今天，我也竭力呼吁和主张，儒学研究者要跟政治保持距离，保持学术的独立性，保持道统的纯正性。

儒家走到头了？

朋友经常会问我一个问题：从孔子到孟荀，他们对君王都有限制，到董仲舒，也试图用天道信仰来限制皇权的滥用，即用“以天制君”从思想理念、精神心理层面给帝王施压。那么，他们的这一套办法有没有用呢？在中国历史上成效究竟如何呢？

我可以很悲观地告诉大家，成效是微乎其微的，收效甚微。因为什么呢？儒家强调对君王的限制，一般来说，都是从君王修身的角度提出来的。儒家在《大学》文本体系里，确立了一套修身、齐家、治国、平天下的德性要求。这话是专门对帝王说的，而不是对普通老百姓说的。因为普通老百姓是没有治理天下的资格的。所以，儒学从一开始定位就是很高的，它的目标对象是“君上之学”、“帝王之学”。儒家其实非常强调劝学成本，对治理天下的教育成本核算得很清楚。在上古时代，文化尚未普及，“礼不下庶人”，而要教导天下所有人都开智开悟，让天下所有人都明白儒家仁政、道义的好处，显然是不可能的事情。怎么办？儒家非常精明，核算成本后，得出结论：就影响一个人——君王。得君行道，风吹草偃，大可形成一呼百应的治理效果。

影响了皇帝，把他引导好，他就能够治理好政府国家，容易形成天下大治、仁义大同的良善局面。而想要影响君王，首先要从君王修身开始，以德为本，建立一整套的修养功夫体系。“非礼勿视，非礼勿听，非礼勿言，非礼勿动”（《论语·颜渊》），等等。

儒家的许多经典和学问都是对君王来讲的，很多的要求都是向君王提的。但是，这些内容，都仅仅是道德性的规劝和希望，根本算不上基本制度。

这个君王，有道德，就可以“仁民爱物”，治理好天下；没道德，则像夏桀商纣那样暴行天下，不得人心。

仅仅指望君王一个人的道德修养去治理国家，而没有一个强硬的、外在的制度约束，中国古代的政治学说，儒家所有的政治哲学，其实已经走到头了。真正要使君王成为一个好的君王，则必须依靠刚性、严格的民主制度，以及现代背景下的对公权的制约体系。道德的约束作用在实际运作中显得过于苍白。

2018年在衡水召开的董仲舒学术年会上，我的开幕致辞里就强调，董仲舒“以天制君”“天人感应”的系统，实际上只是用外在的警告来提醒和约束君王，但实践下来是没用的，效果并不好，几乎没有一个皇帝遵从它。甚至，还有皇帝假借这套感应学说证实他的政治行为的合法性和正当性。

所以，真正的政治出路还在于现代民主，必须依靠一套法律制度来约束皇帝，这才是问题的根本所在。儒家的道德说教已经穷途末路，唯有进行必要的现代改造才有可能接榫当下，进而对人类文明有所贡献。

中国古代就有很好的史官制度用以记录和约束君王的言行。左史记言，右史记行。皇帝坐在大殿上面，一边是左史，一边是右史，皇帝说的话，行的事，颁布的政策，史官都会记录下来。左史、右史所记的档案，本朝皇帝是不能看的，唯有后代的皇帝才可以看到前朝皇帝的档案。所以，一般来说，皇帝会对左史、右史保持敬畏，以使自己在后世能有个好的名声。

但是，这种制度实际上也是收效甚微，也没有实施到底。因为左史、右史都是由皇帝任命的，不听皇帝的话，他们就会被撤掉或者被杀。因此，从总体来看，中国古代是根本没有一套良好的、行之有效的政治制度来约束、规制君王言行的。

第七节

读懂董仲舒

读懂《公羊传》的阶梯性文献

对于董学，许多人，甚至包括哲学名家和大家，总是拿起又放下，放下又拿起，却钻不进去。可见董学的晦涩难懂。

董学难懂，主要是因为其中隐隐地绵延着一根长长的诠释阅读锁链。你这一本读不懂，下面一本也读不懂，再下面一本更读不懂。

《春秋繁露》是我们研究董仲舒的基础性文献。要读懂《春秋繁露》，你就必须先读懂《春秋》经。《春秋》一经本身总共才1.6万字左右，看似轻薄，实则难啃。因为要读懂《春秋》经，你至少又要先读懂《公羊传》。《春秋》有三传——《左传》《公羊传》《穀梁传》，号称“春秋三传”。而要读懂《公羊传》，你就必须读懂《左传》和《穀梁传》，特别是《左传》，离开它，则根本不能理解《公羊传》。

另外，若想真正读懂《公羊传》，你也必须读懂汉代何休的《春秋公羊经传解诂》。这是对公羊学起到奠基作用的一本著作，内容非常全面周详，是我们治公羊学的必读书。而要读懂何休的《春秋公羊经传解诂》，则你又必须先读懂唐代徐彦的《春秋公羊经传解诂疏》。它们本身就形成一个学术积累的阶梯。

而要真正读懂何休、徐彦的注疏，又离不开无数后世学者解释《春秋》经、传的著作，包括杜预、孔颖达的《春秋左传正义》等。今存于《四库全书》和《续修四库全书》“经部”的许多春秋类著述，如胡安国的《春秋胡氏传》、孔广森的《公羊春秋经传通义》、刘逢禄的《春秋公羊经何氏释例》、王闿运的《春秋公羊传笺》，以及当代学者段熙仲的《春秋公羊学讲疏》、蒋庆的《公羊学引论》等，都是必读的延伸参考书目。这里面少了任何一环你都不可能读懂。而当真正进入董仲舒本人的思想领域的时候，则又必须先读懂苏舆的《春秋繁露义证》，甚至还得借助于康有为的《春秋董氏学》、徐复观的《两汉思想史》，以及当代学者钟肇鹏的《春秋繁露校释》（校补本）、韦政通的《董仲舒》、周桂钿的《董学探微》、王永祥的《董仲舒评传》、余治平的《唯天为大》等。实际上，研究董仲舒所需的阅读量和理解难度超过了研究其他许多思想家或哲学家。

我当年在做博士论文之前，就犯了一个毛病，满心以为《春秋繁露》就是一本小册子（上海古籍出版社 1989 年的抱经堂影印本，只有 102 页），谁知竟是“一入董门深似海”，进去以后就出不来了，里面是问题套着问题，值得你穷尽一生去钻研它。

治经学是有门槛的

董学的难懂，还体现在另一方面，即它的经学性质。经学强调文本的重要性与话语系统的封闭性，根本容不得研究者任意发挥，只能是死读书、读死书。诠释《春秋》、解读《公羊传》，必须具备足够的殷周史尤其是春秋史知识，而不可能游离于最基本的历史事实之外，做天马行空似的演绎。在经学研究领域，形而上学几乎没有任何市场。所以，我们有学者把经学研究称为“戴着镣铐跳舞”。你要受经学话语系统的约束，但又要在经学话语系统之内把义理发挥出来。

据《史记·太史公自序》记载，孔子作《春秋》“我欲载之空言，不如见之于行事之深切著明也”，显然是在刻意回避抽象化、理论化、思辨化的哲学叙事，而宁愿把进退褒贬、讥刺诛绝之类的王道大义一一寄托、渗透于具体确凿的历史事件之中。

我们知道，老子有五千言《道德经》留下来。“道可道，非常道”，道尽管不好说，说不好，但是老子还是说了五千多字，而孔子本人就没有留下自己的一本专著。

我们现在研究孔子依据的文本，仅仅是孔子弟子追述其教导，以及其与学生谈话的部分文字所形成的一部《论语》。江西南昌的海昏侯墓又发现了一篇《知道篇》。历史上伟大的思想家大多有一个不立文字的倾向，这里面的奥秘值得我们探讨。孔子就没有属于自己的文字，而是寄托于发生在春秋时代非常真切的历史事件，把自己的王道正义、思想主张及价值取向全部渗透到《春秋》一书中。

所以，《春秋》一书跨越鲁国十二王，揽尽 242 年之春秋史，涉及人物无数，其事、其文都有根有据，步步紧扣，根本容不得读者随心臆想、蔓延曲解。经过孔子精心删节的《春秋》一经，虽然篇幅短小，但其所含内容与旨意却高度凝练。孔子惜墨如金，字字有含义，句句有所指，行行藏玄机，寥寥数语，就可以牵引出一连串的历史故事，揭开一大片深刻的王法道义。如果不按照他的指引走，就进入不了《春秋》学，进而无法掌握孔子所要表达的精神意旨。应该说，通过《春秋》，孔子找到了一种把哲学叙事融入历史叙事，使天道真理更容易被人们所接受也更具有感染力的有效方式。

孔子没有走形而上的路线，没有走玄而又玄的抽象化道路，而是走了一条经史结合的道路。通过春秋242年的历史故事，揭橥真理，阐明王道正义。这也便解释了为什么我们中国民族的思维特性是具象的，而不是抽象的；为什么是经验的，而不是超越的。

董学堂奥艰深莫测

董学难懂的最后一个原因则在于董仲舒思想的内在动力系统——阴阳五行之学深不可测。《汉书·五行志》说："汉兴，承秦灭学之后，景、武之世，董仲舒治《公羊春秋》，始推阴阳，为儒者宗。"显然，"推阴阳"，援引阴阳五行之学而入儒，应该是董仲舒学术的一大重要特色。战国齐人邹衍"深观阴阳消息而作怪迂之变"（《史记·孟子荀卿列传》）之术直接被他继承和接续了过来，对阴阳五行和天、地、人十大要素进行了有机融合，挖掘并阐发它们的互动关系，把儒家许多非常重要的思想命题都做了一次严格的论证。这是专属于董仲舒的独特发明。

董仲舒是个有论证气质的思想家和哲学家。他的每一个命题都有充分的论证。经过董仲舒的改造，儒学与阴阳五行学说之间的界限变得模糊，关系也变得复杂起来。一方面，儒家哲学中从此渗透了阴阳五行学的思想与观念，儒家的宇宙观、世界观构造的主体工程基本完成了。另一方面，战国时期的阴阳五行观念也被儒学的宗旨和精神所统领和驾驭。借助于儒学的仁道关怀、礼乐教化和德性理想，阴阳五行的概念、观念不再冷冰冰、死板板，而是更富有人性色彩和生活情调，于是也才有机会、有可能深入中国人日常世界的方方面面，成为中国人文化思维和生存意识不可或缺的构成因子。

周敦颐的《太极图说》尽管开辟了北宋理学先河，但仍必须从阴阳五行学说中寻找动力源泉。可以说，不懂阴阳五行学说，就不懂中国文化。然而，其中烦琐复杂的演绎过程、抽象玄虚的发生原理、严谨缜密的论证技法，对于今天的我们来说，都已经非常陌生了。这就导致现在许多人在援引董仲舒的传世文献时，只能取其结论而回避其内里逻辑，知其然而不知其所以然。至于他的文质法统、祥瑞灾异、终始转移、求雨止雨、治水五行等文字内容和思想精神，则更难以被理解和接受。

第七讲

王充：一个勇于『疾虚妄』『求实诚』的思想家

作者邵毅平：复旦大学中文系教授、博士生导师。

第一节

王充：
一个“任气”的人

王充（27—约 97）是近两千年前、中国东汉初期出现的大思想家。他的《论衡》（约作于 74—84 年）是中国思想史上的一部名著，自问世以来，近两千年间，因其百科全书式的知识，“疾虚妄”“求实诚”的精神，在思想各个领域里的创见，而广受读者的喜爱，流传不绝，成了中国思想史上的一部经典。

王充，字仲任，会稽上虞人（现在的浙江省绍兴市上虞区），生于东汉光武帝建武三年，也就是东汉建立的第三年（27），卒于东汉和帝永元八年至十六年间（96—104）。他在《论衡》的最后一篇，即相当于自传的《自纪》篇里提到，自己“年渐七十”，也就是年近70，这是后人所知其最大年龄。那么，他大约去世于70岁左右或稍后（97年左右或稍后）。

王充祖籍魏郡元城（现在的河北魏县、河南元城一带），祖上曾以军功封会稽郡乌程欧阳亭（现在的浙江湖州南边）侯，但一年以后就因故失去了爵位，从此定居在了会稽郡。此后，王家从乌程迁到钱塘，再从钱塘迁到上虞，迁徙路线一路往东南，但都不出会稽郡范围。

王充的祖上，先是“以农桑为业”，也就是务农。到了祖父辈，开始“以贾贩为事”，也就是经商。王家从以军功封侯，到务农，再到经商，从汉代的社会地位来说，应该是每况愈下了。这是因为在汉代，商人阶层社会地位较低，政府有种种歧视性政策。

但另一方面，商人阶层一般比较富裕，在实际生活中受人羡慕，常游离于体制之外，得以有较大的自由度。王充后来能够不事生产，一门心思读书游学，或回到乡下教书，闭门著书立说，应该说受惠于家里较好的经济条件；他的思想开放，能够打破常规，不合于众，也应该得益于较为自由的生活。

但是，他的家族毕竟属于“细族孤门”，也就是普通人家，“中产阶层”，这在东汉，也就意味着不能像班彪、班固父子那样出入宫廷，进入上流社会，也不能进入兰台（国家图书馆）修史。这成了王充一生最大的遗憾。

据王充自己在《论衡》的《自纪》篇里说，他自幼聪敏过人，早慧早熟，父亲没有揍过他，母亲没有骂过他，街坊邻居没有数说过他。还在小时候，他就表现出独立、不合群的倾向：与小朋友一起玩，也不喜欢打打闹闹；小朋友都喜欢抓麻雀、捉知了、玩钱、上树，他都不喜欢。因此，他的父亲觉得儿子不同寻常，街坊邻居也总把他当“别人家的孩子”。

但是童年幸福好景不长，《后汉书·王充传》说：“充少孤，乡里称孝。”意思是王充从小失去了父亲或双亲，乡里都称道他能够孝顺长辈。东汉光武帝建武十四年（38），会稽郡发生瘟疫，死了上万的人，王充的父亲或双亲也许就死在那一年，当时王充年仅 12 岁，后来可能就跟母亲或祖辈一起生活。少年失怙所造成的心理上的不安全感，也许对他的性格形成和处世态度有很大影响。

他在乡里受完启蒙教育和基础教育，十七八岁的时候，就到首都洛阳去上太学。洛阳的太学，是东汉最高学府，那时刚建立不久。在洛阳，他有幸拜班彪为师，经常得到班彪的指点。班彪的儿子班固比王充小 5 岁，13 岁时，被王充看出来前程远大，后来果然成了大史学家。

不过，比起太学的课程和老师的教诲来，王充所受的教育，更多的是在洛阳的书摊上完成的。他说自己家贫无书，常常到洛阳的书摊上，站着读那里卖的书（所谓“立读”）。

“家贫”是相对而言的，这里指的不是吃不上饭，而是难以买书或雇人抄书。因为当时纸张虽已发明，却还没有普及，书都得抄写在简帛上。简帛当然不会便宜，抄写又很费工费时，所以书在当时是奢侈品，只有富贵人家才能拥有。比如东汉后期的蔡邕，就曾拥书近万卷。王充家的条件显然还不具备。

但这反而成了一件好事，逼他练就了“立读”的本领，培养了过目成诵的能力，而且能“博通众流百家之言”（《后汉书·王充传》）。我们读他的《论衡》，看到他学问那么渊博，引书那么繁富，想到这些大都奠基于他早年在洛阳书摊上的“立读”，就不禁要深感佩服并赞叹其功夫。当然，从《论衡》的引书大都准确无误来看，王充“立读”二三十年后写作《论衡》时，他身边应该还是聚拢了一些书的。

此外，他在洛阳书肆“立读”所养成的“好博览”的读书习惯，大概也造就了他“不守章句”（《后汉书·王充传》）的治学风格，这迥异于当时一班只会“寻章摘句”的儒生，最终孕育出了《论衡》这部另类的“异书”。

王充后来的人生道路颇不平坦。他出身于“细族孤门”，很早就失去了父亲或双亲；又生活于偏远之地，主要时间屏居教授；一生没有做过大官，大都只是长官的僚属（一般都是掾史级别，岁入仅百石左右），仕宦时间也很短暂。其原因大抵不在于他不能干，而是因为他性格独立不群，不善于与人相处，所以不容易受到上司赏识，也因此经常遭受挫折和失败。

王充的早年失怙，他的“任气”性格，他的独立不群，他的不善与人相处，他的一再遭受挫折，他对人际关系的历练，都影响到了他的人生观：一方面，促成了他的命定论倾向，认为一切都是命中注定的，人为努力是无济于事的；另一方面，也加深了他对于社会人生的认识，养成了远过常人的洞观能力，激发了他“疾虚妄”“求实诚”的精神。

生活不遂心，仕途不顺利，促使王充把全部精力投入著书立说中来。于是他关起门来读书思考，红白喜事全不参加，家里到处都放置了书写工具，想到什么就马上写下来。在中国传统的“人情”社会中，红白喜事全不参加，意味着断绝人际交往，这是需要很大勇气的，但王充为了专心著书立说，就这么义无反顾地做了。

这样，从30岁左右到年近70，近40年间，他著述不辍，除了一些单篇文章外，先后著有《讥俗》《节义》之书，《政务》之书，《论衡》之书，《养性》之书，总篇数超过100篇。可惜流传下来的只有《论衡》之书85篇（一篇有目无文，实际84篇）。

王充晚年似乎时来运转，据《后汉书·王充传》说，东汉章帝章和二年（88），同郡友人谢夷吾上书，推荐王充卓有才学。东汉章帝特下诏书，公车征召王充上京，那年王充62岁。这本来是他梦寐以求的机会，可惜来得晚了点，他因病无法成行。又过了若干年，他“病卒于家”，葬在家乡上虞。他的墓现在还在。

第二节

《论衡》：
“百科全书”式的奇书

“百科全书”式的知识和“疾虚妄”“求实诚”精神

就中国古代的学术分类而言，《论衡》难以归入任何一派，而只能归入杂家。《论衡》继承《吕氏春秋》《淮南子》以来的杂家传统，将其发扬光大，尤其是以破为立，以一人之力——《吕氏春秋》《淮南子》都是集体著作——成就了一部包罗万象、百科全书式的著作。

《七略》是中国第一部国家藏书目录，里面著录了当时几乎所有的书籍，总共有1.3万篇左右。王充在《论衡·案书》里说，该目录所著录的1.3万篇，自己虽然没有全部读到，只读过其中的大部分，但读过的部分都了解其旨趣，他要指出其中的问题之处，加以讨论并提出自己的见解。这是多大的功夫和抱负呀！

1958年，日本学者曾经编撰《论衡事类索引》，把《论衡》的内容分成哲学、自然科学、古典解释、历史、法刑、政治、经济、社会生活、文艺等九部，每一部里又细分为若干门，每一门下又细分为若干类，每一部后又各附“自说”，以概括王充有关该部类的思考和评论，结果形成了9部47门153类的庞大体系，显示了王充作为一个独立于各家各派的思想家，对于当时整个文化和所有知识的把握和批判。这个基础，就是他当年在洛阳的书摊上博览群书时打下的。

正如王充在《论衡·自纪》末所说的，他想要探讨的，上自上古，下至当代，各种学问，无所不包，都要衡量鉴别一下。也就是说，他的意图，是凭着自己的见识和方法，考察整个的文化遗产，无论各家，无论各派，凡有错误，在所必究。

所以，也有学者称《论衡》是“批判哲学”，王充是“批判哲学家”。“批判”是为了“求是”，这是一体两面的事情。王充的批判求是精神，一言以蔽之，曰“疾虚妄”“求实诚”。

王充的“疾虚妄”“求实诚”精神锋芒所至，可以说遍及方方面面，但主要指向迷信陋俗、天人感应论和“圣贤”经传这三个方面。

清算迷信陋俗

关于《论衡》中所载各种迷信陋俗和天人感应论，我们认为可以借鉴法国学者列维－布留尔关于原始思维的理论来理解其含义。王充以“疾虚妄”“求实诚”的精神，批判迷信陋俗和天人感应论，究其实质，便是用理性思维来清算原始思维。

原始思维的基本要素是原始表象。原始表象有两个基本特征，一个是“神秘性”，一个是“集体性”。所谓“神秘性”，就是说它是不能用理性来理解或解释的；所谓“集体性”，就是相信这些原始表象，不是个别人的个别行为，而是整个社会的集体行为。每个人在相信这些原始表象时，不是通过个人的感觉和判断，而是受到“世俗”和“传书”的影响，在未经理性思考的情况下接受的。

在《论衡》中我们可以看到，中国古代的传说记载中，保留了不少典型的具有神秘性的原始表象。

如古人认为，时间是神秘的，纪年的岁星，纪月的月亮，都不是纯粹的自然现象，而是具有某种神秘力量的东西，可以危及人类的生活与生命。在这种对于岁、月、日的神秘看法的基础上，民间产生并流传着形形色色有关岁、月、日的禁忌之说。比如“太岁头上动土”，就是指冒犯了岁星。

不仅时间是神秘的，方位也是神秘的。中国古代的方位皆与五行相配，不只是纯粹的方位概念，还具有神秘的五行属性，能够对人产生神秘的威力。比如古代传说不可以“西益宅”，也就是在屋子西边加盖房子，便是方位禁忌的一种。

另外，在古人看来，自然界的雷电等等，也不是纯粹的自然现象，而是具有神秘威力的东西。记得小时候老人总是关照，不能浪费粮食，否则雷公公要发怒打雷的。

在《论衡》中我们还可以看到，古人的原始表象也具有“集体性”。《论衡》经常批判的“世俗”和“传书”，其实就是集体性的东西。而且，这些原始表象，还是通过“世俗”和“传书”世代相传的。

《论衡》从《论死》到《祭意》一组（第六组）16篇文章，运用理性思维、类比推理乃至生活常识，全面清算了这些具有“神秘性”和“集体性”的原始表象。

王充的类比推理经常很有意思。比如他批判人死为鬼说，举例之一是：开天辟地以来，已经死掉的人比现在活着的人不知多多少，如果人死后都变成鬼的话，那么道路上每走一步就会碰到一个鬼，鬼会把道路都堵住，把房间都塞满……所以他推论说，人死了是不可能变成鬼的。在《论衡》中这样的例子非常多。

批判天人感应论

原始表象不仅具有“神秘性”和“集体性”的特征，而且在表象关联上也不同于理性思维，完全不能用逻辑来理解和解释。原始表象关联的这种原逻辑特征，列维－布留尔称之为“互渗”，其实就是我们通常所说的“感应”。

《论衡》记载了各种古人所相信的原始表象间的“感应”现象。其中出现得最多的就是天与人之间的“感应”，也就是所谓的“天人感应”。

比如，古人认为人的喜怒哀乐能引起天的寒温，引起星象的变化；人的坏行为会导致灾异的产生；人的善恶能带来天的祸福；人的行为的好坏会招来不同动物的不同行为；人有阴过便会遭到雷击；人的行为会使天象发生奇怪的变化；等等。比如古代发生大的天灾，君主有时就会下诏罪己，说是因为自己为政不善，才导致了天象发生异变。其基础就是天人感应论。

除了天人感应之外，古人还认为，人与自然界也存在着广泛的感应，人的行为会影响自然界。如人能使太阳停止移动；人的一些创造性行为，如仓颉造字，会引起天雨粟、鬼夜哭之类奇异现象。

《论衡》以“九虚”为主的一组文章（第二组），运用理性思维、类比推理乃至生活常识，全面清算了这种具有原逻辑特征的天人感应论；《论衡》的另一组文章（第四组），也就是从《寒温》到《感类》15 篇，或从自然现象，或从生物现象，或从灾异角度，或从祥瑞角度，批判了天人感应论的各种表现。

比如自古以来传说，我们今天所使用的汉字，是黄帝的史官仓颉创造的。据说仓颉造字的时候，“天雨粟，鬼夜哭”，也就是天上下起了谷子雨，鬼神在夜里痛哭流涕，意思是仓颉造字让天地、鬼神不高兴了。但王充反驳说，仓颉造字是了不起的好事呀，天地、鬼神没理由不高兴呀；大概仓颉造字的时候，正巧遇上了“天雨粟，鬼夜哭”，巧合而已，不喜欢认字的人就借题发挥了。王充四两拨千斤，轻轻松松，就把此传说给否定了。

通过对于各种天人感应论事例的批判，王充完成了对于原始表象关联的原逻辑特征的清算，从而为理性思维的发展奠定了更加坚实的基础。

质疑“圣贤”经传

除了用理性思维清算原始思维残迹以外，王充“疾虚妄”“求实诚”精神的另一矛头所向，就是所谓的“圣贤”经传，也就是到王充为止的所有文献，尤其是圣人的经典，质疑和批判其中的“虚妄”之言。

“圣贤”经传之所以广为人所信服，是因为一般人往往迷信圣人，以为他们有生而知之的能力。王充则指出，人不可能生而知之，一切皆从学习中来。最重要的是，圣人是“圣”而非“神”：“神”不用学习，生而知之；“圣”则要靠努力学习，才会知识渊博。圣人之所以比凡人厉害，比一般人更聪明、更有智慧，是因为他们好学深思、触类旁通，而不是因为生而知之。一般人恰恰混淆了“圣”与“神”的区别。所以王充主张，不应盲从“圣贤”，更不要把“圣贤”看作是“神”，而是要保持怀疑和重审的态度。

《论衡》著名的“九虚三增”（第二组），除了“九虚”中的《书虚》以外，在“三增”及以下诸篇中，王充重点批判了“圣贤”经传（从“传语”

到“儒书”到“经艺”）里的各种“虚”（夸大其词）、“增”（言过其实）。而《问孔》《非韩》《刺孟》，则更是批判了一些最知名的“圣贤”，如孔子、韩非子和孟子书中的“虚”和“增”。

在质疑“圣贤”经传方面，《问孔》堪称杰出代表。其中主要就《论语》和《礼记·檀弓》中记载的孔子言行，一共问难了18个问题。比如《论语·公冶长》中著名的“宰予昼寝”桥段，孔子骂宰予“朽木不可雕也，粪土之墙不可圬也”。王充就代宰予打抱不平，说“昼寝”不过是小事，孔子却骂得这么凶，宰予一定不会服气，云云。

其实，王充对孔子相当推崇，他问难孔子，不是为了反对孔子，也不是为了打倒孔子，而是反对将孔子神化。他对孔子有所继承和扬弃，而并非简单地抬杠挑刺。

他写《问孔》这样的文章，主要是不满意世儒学者一味“信师是古”，盲目崇拜“贤圣所言”，却不知难问的学风。在他看来，贤圣认真写的文章尚且有漏洞，何况是传道授业解惑时的随意发言呢。这种时候，最要紧的就是要勇敢问难，以弄清贤圣的真实意思。可是圣贤弟子却不知难问，放过了追求真理的大好时机。王充不满于圣人弟子的这种态度，尤其不满于汉儒将圣贤神化，所以自告奋勇、充满自信地起而问难。这是“吾爱吾师，吾更爱真理”的态度，并非真对圣贤有何不敬。王充更把这种态度上升为学问之根本。这种态度即使在今天也是值得发扬的。

综上所述，王充以其百科全书式的知识和“疾虚妄”“求实诚”的精神，对各种社会现象、文化知识做了总体检视和重审，清算了一切他认为虚妄不实的东西，构建起了他那独特的批判求是哲学。就其“离经叛道”的独立性而言，王充堪称名副其实的“异端”思想家，而《论衡》则是一部名副其实的“异书”。

第三节

中国思想史上的“另类”思想

汉代思想继先秦思想之后，达到了中国思想史上的第二个高峰，而王充则是其中最杰出的代表。他综合吸收了先秦老子、宋子、尹文子、荀子、韩非子，汉代陆贾、贾谊、《淮南子》、司马迁、扬雄、桓谭等思想中的合理因素，开创了元气论，把它贯彻到思想的各个领域，在形神论、人性论、认识论、自然观、道德观、历史观等方面，反对天人感应论、目的论，清算迷信陋俗，质疑“圣贤”经传，取得了杰出的成就。

他的学说后来又被东汉中后期的王符、仲长统，魏晋南北朝时期的杨泉、戴逵、何承天、范缜等继承，在中国思想史上产生了巨大的影响。

王充在思想的各个领域都取得了重要成果，这里只介绍其中几个较为主要的方面。

元气论

王充发扬“疾虚妄”“求实诚”精神，清算迷信陋俗，批判天人感应论，质疑“圣贤”经传，依据的是他自己的理论工具。其中最重要的就是“元气论”。元气论是王充思想的核心，也是《论衡》全书的灵魂，更是他在中国思想史上最大的贡献。

天人感应论、目的论认为，天是有意志的，天有目的、有意识地创造万物和人类，天按照自己的面貌塑造人类，天是人类的主宰，天为了人类而创造万物，天与人的行为可以互相感应，等等。王充以元气论对之做了否定，强调天道自然无为，天人之间没有感应。

王充所谓的“气”，是一种泛指生命本原的东西，来自作为物质实体的天地。王充认为，天地各有其“气”，天地之“气”相合，便产生了万物和人类。天道自然无为，天地没有意识，天地是自发地“合气”，而不是有意识地“合气”。天地“合气”后产生的万物，天地本身并不知道。天地“合气”之时，并不是为了产生万物，但作为“合气”的结果，万物却自然出现了。这是一个自然而然的、无意识的过程。

王充通过天道自然无为的论证，否定了“天地故生人”（《论衡·物势》）的目的论，否定了天道有为的天人感应论。而这是当时一般的儒者，尤其是董仲舒等人所竭力主张的。同时，天道自然无为的观点，也为清算迷信陋俗提供了理论工具。

王充的元气论影响了东汉末的仲长统。他在继承王充元气论的基础上，又修正了由此导出的命定论，强调了人的主观能动性，主张“人事为本，天道为末”（《群书治要》引《昌言》），补充和发展了王充的元气论。

形神论

基于元气论，王充发展了此前的形神论，如宋尹学派的精气说，荀子的“形具而神生”，司马迁的“形神离则死”，桓谭的“人死神灭”等，认为“神”不能离开“形”而独立存在，以此来反对灵魂不灭论、人死为鬼论等。

王充认为，人禀天地之气而生，之所以能超越万物，是因为人有“精神”（意识）。它来自“精气”，共生于形体。精神依赖形体而存在，人死了形体朽败不存，精神也就随之寂灭了。

这就正确地揭示了“形”与“神”的关系，批判了“人死为鬼，有知，能害人”（《论衡·论死篇》）的世俗观念，从而也就否定了灵魂不灭论和人死为鬼论。

到了魏晋南北朝时期，如嵇康的《养生论》，杨泉的《物理论》，戴逵的《释疑论》《答周居士难释疑论》，何承天的《报应问》，范缜的《神灭论》等，都继承了王充这一派的思想，并纠正了其理论上的某些缺陷，以之来反对佛教的因果报应论。

命定论

王充的元气论也导出了他的命定论。王充所谓的“命”，类似于今天所说的“宿命”或“命运”之类的东西，是一种在人出生前就已经决定了的、任何人为努力都无法改变的、左右人生各个方面的支配性力量，实际上是对除人自己努力之外的各种影响人类生活的力量和因素的集中展现。

尽管命定论早在汉初，甚至早在先秦时期就已经出现了，但是对于它的理论阐述和全面总结，却是由王充来完成的。王充的命定论，受过其师班彪的《王命论》的影响，只不过更“变本加厉”而已。王充认为，一切人生大事，如寿夭、贫富、贵贱、祸福等，都是由“命”决定的。他把“命”的决定作用普及到人生的一切方面，这无疑是对此前言命传统的一个发展。

以王充的命定论看来，人在降生之前，因为禀受了厚薄不同的自然之气，一切方面便已经决定了。王充的这种说法有一定的科学根据，暗合了现代的遗传、基因理论。不过，后天的生存环境也是非常重要的，将人生全部归结为先天决定，有其片面之处。

不仅人的生理方面，王充认为人的贫富贵贱等，也是由禀气的厚薄决定的，而与人的贤愚善恶无关。王充以自然原因解释社会现象，未能认识到社会制度的作用，自不免有牵强附会之处。但他试图以此否定人的贵贱贫富由道德决定的善恶因果论，努力解释善人遇祸、恶人得福的社会难题，间接地对不合理的社会制度提出抗议，这却是有现实意义的。

另外，王充主张命定论的目的之一，也是为了批判天人感应论。比如，他用“禄命”等命定论来证明祭祀的无用；用“命”的禀受的必然性与实现的偶然性，来否定其他有目的的“厌胜感动”之类原因；用“死生有命，富贵在天”的命定论，来证明岁、月、日、时禁忌的无用。由此可见，在批判天人感应论的种种表现方面，王充的命定论也是起了积极作用的。

王充对“命”的理论阐述和全面总结，又开了六朝时期讨论命运风气的先河。南朝刘孝标的《辩命论》，全面继承了王充的命定论，以此来批判善恶报应论。刘孝标说：“所谓命者，死生焉，贵贱焉，贫富焉，理乱焉，祸福焉，此十者天之所赋也。”又把“愚智善恶”分了出来，认为“此四者人之所行也”，从而给人为努力留下了更多的可能性，是对王充命定论的补充和发展。

正是在这种承先启后及集大成的意义上，王充对于命定论的理论阐述和全面总结，才是值得重视并具有历史意义的。

文论

王充是中国早期的重要文论家，其文论具有功利性（实用性）的特色，在后来的中国文论史上影响很大。

王充在有关文的本质、文的起因、文的作用、文类等级、文章风格、文人轩轾等方面，都发表了富于功利性或实用性的看法。这些看法不仅来源于源远流长的儒家文论传统，也来源于王充自己丰富的写作实践，并对后世的文论产生了深远的影响。

在中国文论史上，王充在强调“文”的功利性的时候，充分肯定了“文”的价值。这对于提高“文”的地位具有促进作用。在这一方面，他站在了发端于孔子、壮大于汉代、成熟于魏晋的文学意识的同一面。

但是，王充在强调“文”的功利性的时候，也否定了“文”的审美性。这对于以审美价值为目的的文学的发展具有消极作用。在这一方面，他又站在了从汉代开始觉醒的审美性文学意识的对立面。

从对后来的影响来说，王充文论的作用也具有两重性。一方面，它作为中国处于正统地位的功利主义文论史上的一环，发挥着对文学的消极作用；同时，又经常为中国处于非正统地位的唯美主义文论所吸收（典型的例子如刘勰《文心雕龙》关于文学发生论的自然主义观点所受王充文论的影响），从而对文学的发展产生了积极的影响。

而归根结底，他用自己刻苦写作《论衡》的实践，表明了他对于“文”的高度重视，与后来曹丕说的“文章，经国之大业，不朽之盛事”（《典论·论文》）一脉相通。

第四节

《论衡》的两千年流传与评价

《论衡》的早期流传

在东汉前中期，《论衡》首先流传于南方。在看到《论衡》的南方人中，有王充的同乡好友谢夷吾。他应该是读过《论衡》的，对王充的才学非常佩服，上书朝廷推荐了王充。他把王充比作前世的孟子、荀子，当世的扬雄、刘向、司马迁。

在东汉中后期，《论衡》更是流传到了北方。后世学者往往以为《论衡》当时在北方一直未获得流传，直到东汉末蔡邕、王朗入吴以后，把《论衡》带到了北方，《论衡》始得以流传。这其实是一种误解，以为《论衡》是部“异书”，不容易获得认可。其实东汉后期的蔡邕，在其著作《独断》里，已经引用了王充《论衡》里的话，表明他当时已经读过了《论衡》，时间则早在他入吴之前很久。可见当时北方已经有了《论衡》，《论衡》并非由蔡邕或王朗初次传入北方。

进入魏晋南北朝以后，《论衡》由于许多文人学士的表彰而名声渐显，开始成为一部具有全国性影响的著作。

在两晋时期，出现了一个大学者葛洪。他的著作《抱朴子外篇》，模仿、介绍和表彰了《论衡》，对于促进《论衡》的流传，扩大《论衡》的影响，做出了积极的贡献。

南朝梁代的文论家刘勰的《文心雕龙》，在许多方面曾受过《论衡》的影响。其中的《神思》《时序》《养气》等，还多次提到并评论了王充和《论衡》。刘勰以王充上与司马相如、扬雄、桓谭，下与班固、张衡、蔡邕、左思等人相提并论，并称王充为“磊落宏儒”，称《论衡》为“巨文”。

在隋唐宋初时期，最好地继承和发扬《论衡》“疾虚妄”“求实诚”精神的人，要数唐代史论家刘知幾了。在史论名著《史通》中，刘知幾一再提到《论衡》。他对《论衡》的“疾虚妄”“求实诚”精神评价甚高，自认为《史通》是继承《论衡》传统而写的，并表示要继承和发扬《论衡》的“疾虚妄”“求实诚”精神。当然，他也第一次批评了《论衡》的“不孝”，开了后来宋人、清人口诛笔伐的先河。

到了北宋庆历五年（1045），杨文昌第一次刊刻《论衡》时，《论衡》已经成为一部地位稳固的古典著作。自此以后，《论衡》进入了靠版本流传的新阶段，为其垂诸久远创造了良好的条件。

《论衡》的评论史

从《论衡》成书到现在，已经有1900多年了。在这1900多年里，《论衡》的遭遇是颇为坎坷的。它的声誉时而上升，被褒为天下奇书；时而下跌，被贬为名教罪人。一部名著的评论史，不仅反映了该著作本身地位的升降浮沉，也反映了各个时期思想意识的演化变迁。《论衡》的评论史尤其是一个典型的例子。

从东汉到唐代，《论衡》一直受到高度的评价，王充被看作是一个无愧于前贤的大学者，《论衡》被认为是一部齐肩于古典的大著作。对《论衡》的批评意见，或出自道家，或出自儒家，但在这个时期都未能占据上风。一般认为，《论衡》即使有缺点，也只是“小疵”，无伤大雅。

从东汉至唐代这一历史时期，是佛教思想传播、道教思想兴盛的时期，儒学独尊的局面逐渐被打破，对“圣贤”偶像的崇拜观念较为薄弱，伦理纲常尚未完全控制社会生活。在这种情况下，敢于批评前人、发表已见的《论衡》，势必会受到人们的广泛欢迎。这是《论衡》在东汉至唐代八九百年间受到高度评价的根本原因。

但是到了宋代，《论衡》的命运却发生了一个重大的转折。《论衡》的“疾虚妄”“求实诚”精神，《论衡》的“非圣无法”，《论衡》的文章风格，使它不容于儒学独尊的宋代，尤其是理学兴盛的南宋。

宋代对《论衡》的评论的最大特点，就是对其“非圣”“不孝”的批评。这是儒学占统治地位的宋代必然会出现的现象。“不孝”的批评发自唐代刘知幾，“非圣”的批评发自宋人自己。

所谓“非圣”，就是王充敢于质疑“圣贤”经传，“问孔”“刺孟”；所谓“不孝”，就是他在《论衡·自纪》里，说了父祖辈的一些所谓“坏话”。大意是父祖辈没出息，不妨碍子孙有出息，比如自己祖先一般，自己就很有出息云云。其实汉代社会强调门第，王充出身于“细族孤门”，为了替自己辩护，才说出这番话来的。而从今天来看，王充说话坦率，刻画父祖传神，《自纪》仍不失为自传名篇，在中国传记文学史上甚有影响。

“非圣”“不孝”在魏晋人眼里，是全然不成其为问题的；但在崇拜“圣贤”、强调纲常的宋人眼里，则成了原则性的大问题。这是时代思想的变化所造成的结果。宋人对《论衡》“非圣”“不孝”的批评，对后世的影响很大。尤其到了清代，《论衡》更因此而大受挞伐。

《论衡》的命运在明代虽略有好转，但到了清代则是一蹶不振。宋代对《论衡》“非圣”“不孝”的批评，到了清代是有增无减，口气也更为严厉了。清代凡谈到《论衡》的人，几乎没有不骂它几句的，甚至包括乾隆皇帝。这一片责骂之声就是清代对《论衡》的评论的基调，它反映了封建末世思想的僵化和专制的加强。

不过，乾隆皇帝认为《问孔》《刺孟》与晚明李贽的学说接近，倒是颇有些道理的。这也从一个侧面揭示了《论衡》在中国思想史上的巨大影响。《论衡》的“疾虚妄”“求实诚”精神，的确是李贽们的先驱，影响了中国历史上诸多的“异端”思想家们。

《论衡》的命运在近代发生了根本性的变化。近代对《论衡》的评论，最重要的特点就是肯定王充敢于发表己见，敢于批评“圣贤”。《论衡》因为“非圣”被骂了近千年，到了近代，第一次因为“非圣”而受到赞扬。从“非圣”之不成问题，到“非圣”罪莫大焉，到“非圣”非得好，近两千年来对《论衡》的评论这个三段式变化，充分证明时代的变迁对人们观念的影响和制约。

由于打破了儒学思想的束缚，近代对《论衡》的评论出现了多姿多彩的局面。各种近代思想在对《论衡》的评论中都有所反映，远非古代对《论衡》的评论所能企及。其中章太炎的评论最有代表性，他说汉代思想界有了王充，就足以洗刷它的耻辱（指天人感应、谶纬迷信那一套）；一直到现在，也很少有人及得上他（“汉得一人焉，足以振耻，至于今，亦鲜有能逮者也。”《检论》卷三《学变》）。章太炎说得一点也没错，在发扬“疾虚妄”“求实诚”精神方面，王充不仅可以说是汉代第一人，也可以说是两千年来第一人。

第五节

如何深入阅读《论衡》？

《论衡》的整理校注成果

清代考据学兴盛，但和整个清代考据学的成果相比，清人对《论衡》的整理工作做得不多。究其原因，清代对于《论衡》“非圣”“不孝”的批评，在根本上限制了学者们的工作热情。可以想象，如果没有这样的批评，清代一定会出现一个较好的《论衡》整理本，而不必把这个工作留给近人来做。

进入近代以后，由于打破了儒学思想的束缚，对《论衡》的价值有了新的认识，因此对这部书的整理也就日渐受到重视了。对《论衡》真正的整理工作始于20世纪初期，至今不过百年，其间出现了许多有成就的《论衡》整理者，以及好几部有分量的《论衡》校注本，如刘盼遂的《论衡集解》、黄晖的《论衡校释》、张宗祥的《论衡校注》、马宗霍的《论衡校读笺识》、杨宝忠的《论衡校笺》等等。

与此同时，近几十年来，也出现了几种面向一般读者的全注全译本，如北京大学历史系《论衡》注释小组的《论衡注释》，袁华忠、方家常的《论衡全译》，郑文的《论衡析诂》，等等。

想要全面深入了解《论衡》的读者，可以在上述书中任选一种或数种阅读。

《论衡》各组文章内容特色

《论衡》85篇（一篇有目无文），按照其内容，可以分为7组。如果只想选读部分内容的话，读者可以根据自己的兴趣，分别选择某一组或某几组来读。

比如喜欢哲学思辨的读者，可以选读《论衡》的第一组，也就是从《逢遇》到《奇怪》15篇。它们都是系统论述性、命问题的，集中反映了王充的人生哲学，尤其是他的命定论思想。

想要提高自己鉴别能力的读者，可以选读《论衡》的第二组，也就是从《书虚》到《说日》17篇，其中主要是著名的“九虚三增”。它们都是系统批判书传和传说中的各种虚妄之言的，集中体现了王充“疾虚妄”“求实诚”的精神。如《书虚》《变虚》《异虚》批判了古书记载的各种虚妄之事；《感虚》批判了14件天人感应之事；《福虚》《祸虚》分别批判了“祸”“福”方面的天人感应论；《龙虚》《雷虚》分别批判了天龙的“感虚”和天人的“感虚”；《道虚》批判了人可以得道成仙、度世不死的道教虚妄之言。

在人力资源部门工作的读者，可以选读《论衡》的第三组，也就是从《答佞》到《状留》8篇。它们都是系统论述人才问题的，其中的许多分析和论断，至今仍不失现实意义，有助于人才的甄别和选拔。另外，也可以参考第一组中的《逢遇》《累害》、第七组中的《定贤》等篇目。

对历史上的“天人感应论”感兴趣的读者，可以选读《论衡》的第四组，也就是从《寒温》到《感类》15篇（其中一篇有目无文）。它们都是系统论述天人感应问题的，其中既反映了原始思维的各种表现，也体现了理性思维对于原始思维的清算。此外，《论衡》第二组中的“九虚”诸篇，也有对于天人感应论的批判，可以一起参看。

喜欢历史尤其是汉代历史的读者，可以选读《论衡》的第五组，也就是从《齐世》到《佚文》6篇。它们都是论述汉代的一些社会现象的，可以了解王充对自己所处时代的认识。其中虽然也有不少歌功颂德的内容，但他批判厚古薄今的历史观，主张古今同视的历史观，即使在今天也还具有现实意义。

喜欢民俗学的读者，可以选读《论衡》的第六组，也就是从《论死》到《祭意》16篇。它们都是系统论述所谓“迷信陋俗”的。王充先以《论死》《死伪》《纪妖》《订鬼》4篇，从理论上阐述“人死不为鬼，无知，不能害人”（《论衡·论死》）的思想，对史书所载、世上所传人死后变鬼有知害人的事例，逐个予以批驳，考订史书上所载各种离奇古怪的迷信传说，从理论上对世上所传各类鬼说进行批判，系统地阐述了自己关于鬼神的观点。接下来的12篇文章，分别批判了当时的各种迷信陋俗，内容极为丰富多彩。

对王充本人有兴趣的读者，则可以选读《论衡》的第七组，也就是从《实知》到《自纪》8篇。它们可以说是对于《论衡》已经完成的77篇的补充和总结，其中包括《论衡》的自序《对作》和王充的自传《自纪》。

如果想要全面了解《论衡》，却又没有许多时间和精力去读全本，那么这里向大家推荐一个选本，也就是最近刚出版的由我解读的《论衡》。

它是国家重点出版项目“中华传统文化百部经典”之一种，去年刚由国家图书馆出版社出版。我从《论衡》的 7 组文章中，各精选了若干有代表性的篇目，一共是 14 篇，占全书 1/6 篇幅，吸收迄今为止几乎所有重要的整理成果，择善而从，做了详细的注释、批注、点评和导读，为读者提供了一个较好的选本，有兴趣的读者朋友可以参考。

古典名著，因为年代久远的关系，对一般读者来说，总会有些阅读障碍，有些是语言文字上的，有些是历史文化上的，有些是典章制度上的，有些是典据掌故上的。选取由专业出版社出版、由该领域专家解读、读者口碑较好的选本，不失为一条捷径；而如果想要全面掌握相关知识，最好的方法还是读比较权威的全本。

第八讲

嵇康：痛苦与生命铸就的风流

作者章启群：北京大学哲学系教授、博士生导师。

第一节

天下多故，名士少有全者

余与嵇康、吕安居至接近，其人并有不羁之才。然嵇志远而疏，吕心旷而放，其后各以事见法。嵇博综技艺，于丝竹特妙。临当就命，顾视日影，索琴而弹之。余逝将西迈，经其旧庐。于时日薄虞渊，寒冰凄然。

——向秀《思旧赋序》

嵇康，生于公元224年，即魏黄初五年，死于公元263年，即魏景元四年，是中国历史上一个特具风采的人物，一个特具魅力的知识分子形象。这种魅力不仅来源于他卓绝的才艺、超然不群的仪表和清雅脱俗的性情，更在于他人生的悲剧性。他临刑前神态自若、手挥五弦的形象，被定格为一道历史的文化思想景观。

说到嵇康的悲剧，就必须说到他生活的时代及时代政治。《晋书·阮籍传》说："魏晋之际天下多故，名士少有全者。"为什么名士少有全者？因为名士是社会精英，必然为政治家利用，成为政治斗争的牺牲品。嵇康是名士，因此也是一个悲剧。

首先，我要讲嵇康生活的时代。然后，介绍嵇康的性情，都说性格决定命运，名士的性情不同，命运也不尽相同。最后，我为大家介绍作为哲学家和音乐家的嵇康的思想遗产。这些都是后人对嵇康一直感兴趣之所在。

时代政治背景：从东汉倾覆到高平陵之变

一个正常、健康的社会必须有三个文明：器物文明、制度文明和思想文明。这三个文明必须是健全、协调的。西汉建立的中国封建社会结构，从经济基础到上层建筑都是比较完备的。因为它有以铁器为代表的物质生产文明，以“大一统”为标志的中央集权郡县制的制度文明，以及以天下一尊的儒学为精神核心的思想文明，并且三者一体，大致协调。

然而，这个社会形态运行到东汉末，已经三百多年，逐渐变得僵化、板滞，它的腐朽一面暴露无遗。表现在政治上，就是皇权微弱，外戚宦官争权，主要原因是皇帝寿短，儿皇帝被外戚摄政。例如章帝死，和帝10岁继位，太后临朝听政；和帝死，小皇帝刘隆还只是襁褓中的百日婴儿；第二年刘隆即死，10岁的刘祜继位，是为安帝；小皇帝长大后想夺回权力，又只能依靠宦官，于是外戚和宦官权斗。和、安、顺、桓四帝时期都发生了大的外戚宦官内斗事件。桓帝死时无嗣，窦太后及其父大将军窦武迎立河间王曾孙刘宏为灵帝。不久宦官杀了窦武，灵帝成为宦官傀儡，甚至称宦官为他的父母。

在外戚和宦官的绞杀中，社会精英遭到摧残、扼杀。著名事件就是“党人之祸”即“党锢”，被杀和放逐的近千人。既无理想、无能力、无品行，又极度贪婪的宦官和外戚，只关注权力和利益，把一大批既有理想又有才能的知识分子几近斩尽杀绝。在这样的社会中，再加上天灾人祸，动乱和灾难不可避免，各种危机也随之而来，人们揭竿而起。黄巾起义使这个表面光鲜的大汉帝国实质上坍塌了。

朝廷为了镇压黄巾起义，让各地拥兵自重，不承想，黄巾起义被镇压后接踵而来的是豪强混战，军阀割据。到了公元 220 年，刘汉王朝气数殆尽。于是曹丕废了汉献帝自立为曹魏皇帝，开启魏蜀吴三国鼎立和两晋南北朝政治分裂之局面，直到公元 589 年隋朝统一，其间共 369 年。

这是中国历史上最长的政治分裂时期。其间人口锐减，汉末的人口有5000万，到三国时却只剩2000多万。几年间人口不仅不增反而减少了3000多万，所以有诗云“白骨露于野，千里无鸡鸣”（魏武帝《蒿里行》）。每一次改朝换代，都伴随着阴谋和对庶民百姓的屠杀。除此之外，皇亲国戚、文臣武将，包括大批知识分子，也难逃厄运。曹操就诛杀了孔融、杨修、荀彧、崔琰等一批著名士人。

曹丕开创大魏江山后，雄心勃勃，试图统一中国，不料正当 39 岁壮年之际，暴病而亡。他的儿子曹叡——魏明帝也是短命，仅 36 岁就死了。继位的小皇帝曹芳只有 8 岁。老谋深算的司马懿为顾命大臣，与曹爽共同辅佐朝政。不久司马懿受到曹爽排挤，他在时机不利于自己的情况下蛰伏隐忍，暗中准备，终于在曹爽与小皇帝离开洛阳到高平陵祭扫明帝陵墓时，发动政变夺取军权，威逼太后废黜曹爽一党。

之后，司马懿开始残酷清洗曹魏余党和不合作精英，被杀的有曹爽兄弟、何晏、邓飏、丁谧、毕轨、李胜、桓范、张当等，后又杀王凌、李丰、夏侯玄、张缉、毌丘俭、诸葛诞等。每次都夷三族（父族、母族和妻族），成百上千人，真正的血流成河。而这个高平陵政变，正是嵇康在朝时发生的。

这就是嵇康所处时代的政治状况，可谓充满杀戮，弥漫着血腥味。

时代文化背景：从汉末清议到魏晋玄谈

“大风起兮云飞扬。威加海内兮归故乡。安得猛士兮守四方！”

从这首汉高祖刘邦在开国之初所作的《大风歌》，我们可知他对于治国人才的渴求。西汉初年面临的问题是全新的，因为之前从西周到战国，官员都来自贵族，而刘邦本身及其部下都属于草根阶层，此时的贵族基本上消亡了，所以寻求治国所需的人才就是刘邦面临的一个大问题。陆贾劝说刘邦，可以在马背上打天下，但是不能在马背上治天下。这句话刘邦听懂了也听到心里去了，他对于治国人才有一种强烈的渴慕。

因此，汉初就设立了“察举”制度以选拔人才。“察”是朝廷派人到民间考察，“举”是民间向朝廷推荐。由此形成臧否人物的“月旦评”，即评价人物的道德、才能的一套话语。例如“聪明秀出谓之英，胆力过人谓之雄”。这套话语集中体现在刘劭的《人物志》中。这种“月旦评”渐渐演变成“清议”，即由人物外部形貌和才能，演变为精神气质品评。例如我们评价嵇康“龙章凤姿”（《晋书·嵇康传》），“肃肃如松下风，高而徐引”（《世说新语》）。

汉末的政治腐朽，成了清议风气高扬的助推剂。因为外戚和宦官专权垄断了仕途，选举、征辟制度遭到破坏。如民谚所言“举秀才，不知书；察孝廉，父别居。寒素清白浊如泥，高第良将怯如鸡”（《抱朴子·审举》）。意思是，举荐的秀才都不认识字，所以不知书；察举的孝廉，他的父亲跟他分开住，他根本不孝；寒素清白的是贫寒，但实际上污浊如泥；高门大户出的战将，却胆怯得像鸡一样。

于是，“士子羞与为伍，故匹夫抗愤，处士横议，遂乃激扬名声，互相题拂，品核公卿，裁量执政”，例如“天下楷模李元礼，不畏强御陈仲举，天下俊秀王叔茂”。（《后汉书·党锢传》）由于征辟和仕途的选举办法遭到了宦官和外戚的破坏，所以普通的知识分子不再与他们为伍，而是互相之间激扬名声，批评政府。比如，对李元礼的评价是“天下楷模”，陈仲举是“不畏强御”，王叔茂则是“天下俊秀”，这就是“清议”，是知识分子自己的一套话语。

后来“清议”又发展为“清谈”，也就是“玄谈”，成为当时的哲理讨论。由于事情的发展一般都有一个惯性和逻辑，所以玄谈也有一个自然的进展。比如，开始评价一个人，用的是“聪明秀出谓之英，胆力过人谓之雄”，就讲这个人是个英雄。但是时间长了，有人总要创新，尤其知识分子不屑于过多关注一个人的外在表现，慢慢地就引到了对一个人的精神气象的评价。

特别是汉末宦官和外戚形成的党锢现象，成为清谈的添加剂，属于处士横议。他们不仅批评朝廷以及宦官和外戚，也会表达对自己的不满，当然也表达对自己的褒扬。他们之间互相题拂，激扬文字，把自己抬高到一定的地位。这是其中的一套逻辑。

但是到魏晋时期，它有了另一套逻辑。知识分子总要读书，读完以后他会有自己的看法，并乐于表达观点。此时，在儒家思想于现实中碰壁以后，知识分子就把疑惑的解答自然转到老庄上来。以前在太学里谈，现在在生活中他们也乐于交谈，这样就自然地发展成了玄谈。

这类清谈、玄谈在《世说新语》中俯拾皆是。例如大名士王衍问阮修：孔子和老庄有什么不同？阮修回答：“将无同。”意思是差不多。这就是谈哲学，谈思想了。

王弼的《老子注》、郭象的《庄子注》，在当时都是非常流行的文本。

这些人虽然研究老庄哲学，可是他们仍然信奉儒家思想。因为经过汉代的儒学运动以后，孔子已然是圣人，地位是非常高的。而现在这些人又这么推崇老子、庄子，把孔子又置于何地呢?

由此可见，王衍问阮修的就是一个让人头疼的问题。阮修的回答实际上也是模糊的、机智的、滑头的，就说“将无同”，差不多吧。实际上这是在回避矛盾。

他们把生活中遇到的问题和读的书结合在一起，这就是他们谈论的话题。

《世说新语》是魏晋时期非常重要的一本书。但是一般人看不懂，因为里面涉及大量的历史和相关人物，如果对历史不了解，就不太能理解那些故事。

比如王衍，他是西晋末年重臣、玄学清谈领袖，属于王氏大家族的成员。就是这样一个大人物，他都问阮修孔子和老庄之间的关系。

第二节

魏晋玄学是
本体论与纯粹哲学思辨

良马既闲，丽服有晖。左揽繁弱，右接忘归。风驰电逝，蹑景追飞。凌厉中原，顾盼生姿。

——嵇康《赠秀才入军·其一》

魏晋玄学是魏晋时期清谈的理论形态。它以《老子》《庄子》《周易》即“三玄”为本，解经求义，试图阐明宇宙、社会、人生之道。代表性文本有王弼的《老子注》、郭象的《庄子注》等，以及嵇康等人的论辩文字。代表性观点有王弼等人的“崇无论”，也有裴頠的《崇有论》。

崇无，也叫贵无，就是提出“以无为本”“以有为用”。它是一种哲学本体论，“有”和“用”之间是一个本质和现象的关系。而《崇有论》，就是反对“以无为本”，提出“以有为本”，因为它认为所有的“本”都是“有”。

虽然《崇有论》仅仅不到2000字，但是我们说到魏晋的时候，总免不了提起它。但是在我看来，《崇有论》还没有达到本体论的高度，它的观点实际上只是一种普通的政治评议或者一般的论述，还没有达到哲学高度的层面，所以他对“崇无论”的反驳是无力的。

《崇有论》认为，以什么东西为本，那个东西一定是“有”，“以道为本”，那“道”就是有，因为你要说的“道”，不能是空，但这实际上是对哲学的一个误解。因为哲学说的“以无为本”中的“无”属于本质，我们说的可能是个概念，也可以是一个总的归纳。

“无”是区别于现象的，现象是“有”，本质是“无”。这个“无”，我们用感官是看不到的。比如我们说一个人是善是恶，这个是本，善恶是看不见的，看见的是这个人，他是做了好事还是做了坏事。我们通过他做好事做坏事，然后分析他是善还是恶。再如宇宙万物，它是怎么来的？原来有人说来源于水，有人说来源于原子，有人说来源于气，这都是一种提法。但是道家认为它来源于“无”，这里的“无”就是一个总的概括，说明它总有一个来源。

凡物都是有原因的，这个原因为“无”，所以道家说的“道”也是无，“道生一，一生二，二生三，三生万物”（《道德经》）。那么生“一”的“道”，其实也就是“无”，它不是“一”，“一”就是有了，就是这个意思。这在哲学里面属于本体论，本体论也叫形而上学。形而上学跟本体论之间当然也有些差异。

但是这个问题，在中国古代只有道家谈得多一点，儒家谈的伦理学属于另外一个分支。当然形而上学、伦理学也有一些交叉，比如说我们刚才说的“善”，它就是属于形而上层面的，但是跟道家说的世界万物的本原，层次又是不一样的。所以在道家里面讲的 “道”，是纯粹的本体论问题，或者是形而上学问题。而儒家讲的只是伦理学的问题。

道，一方面是一个本原性的问题，但是另一方面它还有规律。宇宙万物怎么来的？它里面就暗含了它是遵循什么规律这个问题。比如说四季日月怎么运行的，我们人怎么生出来的，然后怎么成长的，长到什么时候会长胡子，什么时候头发变白，然后会怎么死亡，这是一个规律，这个规律也暗含在这个道里面。所以道既是它的来源，又是它的规律。

在这个意义上，孔子的说法叫“四时行焉，百物生焉”（《论语·阳货》）。简单提到这个以后，孔子没有专门讨论这些问题。他讨论的层面基本上是伦理学，甚至涉及现在所谓的政治哲学，但对于这种纯粹的抽象的形而上学的思考，孔子没有展开过。

在方法上，魏晋玄学超脱了汉人寻章摘句文字训释之藩篱，突破了先秦两汉哲学的经验直观方法，运用思辨和实证，在有无、本末、言意、一多，以及自然与名教等问题上，进行纯粹的哲学辨析和探讨。命题有“以无为本”“崇本息末”“得意忘言”“越名教而任自然”等。魏晋玄学还为佛教在中土的传播提供了媒介和机遇，亦为宋明理学之先导。

“崇本息末”跟“以无为本”的思想是相近的。崇本息末，就是我们要推崇本，要把本抬高，不要重视末，这就是本末之辨。遇到事物要看本质，要透过现象看本质。崇本息末也是这个意思。

“得意忘言”，就是要通过你的话，了解你背后的意思。庄子曾有这样的说法，但有一段时间慢慢地被遮蔽了。在魏晋玄学的时候，言和意之间的关系就全展开了。以前人们甚至更重视魏晋玄学里面的言意之辨，像欧阳建对此专门进行过论述。我研究庄子的时候，就认为庄子关于言意问题的思考实际上更深刻，甚至超过魏晋玄学，但是已经被遮蔽了。

“越名教而任自然”，名教就是对于儒家的思想、制度甚至伦理这一套体系的概括。自然，就是自然无为，这是道家的思想。“越名教而任自然”，实际上代表着儒家和道家两家的思想，以及在实际生活中的一种行为方式。

这句话是嵇康提出来的。原来很多人从字面意思理解为嵇康崇尚老庄，反对儒家，要超越儒家，打破儒家的条条框框，抛弃儒家的道德、儒家的体制、儒家的伦理习惯等，然后率性而为，放纵自己，自然而然地发展。

但是我们对嵇康进行深入分析之后，又得出了不同的理解。他提出这句话的那篇文章叫《释私论》。释是解释的意思，私是自私的意思，释私论的意思是：只要你做到没有私心，既符合名教又符合自然，就是一种调和。

魏晋其实一开始提倡老庄，也把孔子抬得很高。但是实际上主要是研究和信奉老庄，后来就在理论上和行为上把老庄和孔子综合起来了。所以虽然我们说魏晋玄学是这个时代的一个代表性的学术形态，但是这一时期对儒学的研究不但没有中断，反而研究的成果是非常多的，特别是像何晏、皇甫谧等几个大家都对《论语》做了注。

另外，根据钱穆的统计，宋明理学说的这个“理”，实际上在魏晋时期的王弼《老子注》、郭象《庄子注》里面就有很多。而在先秦的哲学家里面，提到“理”字的是很少的。因此，我们可以说它是宋明理学的先导。

所以，无论是知识观念还是论证方法，魏晋玄学都展示了思维风格和哲学精神上前所未有的崭新风貌。从思想史和政治学的意义上说，魏晋玄学也是对先秦儒、道两家思想及名教与自然的一种调和与综合。

第三节

残酷虚无时代的性格悲剧

嵇康身长七尺八寸，风姿特秀。见者叹曰：“萧萧肃肃，爽朗清举。”或云：“肃肃如松下风，高而徐引。”山公曰：“嵇叔夜之为人也，岩岩若孤松之独立。其醉也，傀俄若玉山之将崩。”

——《世说新语·容止第十四》

嵇康被杀的现实原因

陈寅恪说：“凡士大夫阶级之转移升降，往往与道德标准与社会风习之变迁有关。当其新旧蜕嬗之间际，常呈一纷纭综错之情态，即新道德标准与旧道德标准，新社会风习与旧社会风习并存杂用。……而其贤者拙者，常感受苦痛，终于消灭而后已。其不肖者巧者，则多享受欢乐，往往富贵荣显，身泰名遂。”（《元白诗笺证稿》第四章）就是说，处于乱世的知识分子，一部分人命运悲惨，另一部分人则飞黄腾达。这种区别取决于“贤拙”与“巧、不肖”，而嵇康属于“贤者拙者”。

这一时期知识分子的标志性生活和人格特征是什么样的呢？从大时代看，汉代是儒家正统思想的确立时期，到了魏晋时期，知识分子的世界观仍是儒家的，嵇康亦如是。但是，社会现实已经颠覆了儒家的观念。因此，对儒家思想的坚守与残酷现实的冲突，造成当时中国知识分子的悲剧。这就是为什么知识分子在乱世“少有全者”的原因。知识分子的悲剧，在于他有思想观念、道德情操和社会基本价值观的坚守，因而在价值观混乱的堕落社会之中必然痛苦，必须付出代价，甚至是生命的代价。

司马昭杀嵇康的原因可以说是莫须有的。司马氏掌控朝政之后，知道敌对势力还是很强大，毕竟高平陵政变发生于公元 249 年，离曹丕 220 年建立魏国还不到 30 年，曹魏的老臣旧部、皇亲国戚遍及各地。于是，司马氏一方面残酷杀戮公开的敌人，一方面又极力拉拢中间的政治势力。

嵇康一开始属于被拉拢的对象，但由于他不愿意与司马氏合作，于是被杀。具体的起因是吕安的哥哥吕巽迷奸了吕安的妻子，兄弟反目。因为吕安是嵇康非常好的朋友，于是嵇康去调解，反而与吕安一起被杀。可见这个罪名完全是个借口。

但是，嵇康的悲剧在于，他并不是以实际行动抗争司马氏篡位而被杀。如果那样，就不是悲剧而是正剧。他没有行动，甚至没有想到要反抗司马氏就被杀了。嵇康最多只是不想与司马氏合作，且在言论上暗示了司马氏行径的虚伪和大逆不道，这才是悲剧。可以说，他只是一个思想犯。这里有几个要素决定了嵇康的悲剧性。第一，他是曹氏宗亲；第二，他得罪了小人；第三是最重要的，即他的本性。他本性上不属于道家。

第一，嵇康是曹操儿子曹林的孙女婿，属于曹魏宗室成员。从外表看，嵇康身高七尺八寸，约 1.89 米，说他“龙章凤姿，天质自然”“肃肃如松下风，高而徐引”“岩岩若孤松之独立。其醉也，傀俄若玉山之将崩”。可见其一表人才。他家与曹氏是同乡，在谯县（安徽宿县）。父兄都在朝廷为官，但官都不大。所以，嵇康与曹氏结亲无疑是高攀。虽然嵇康对于入仕没有什么兴趣，他只做了中散大夫这个七品的闲官，但是，嵇康也没有感到不好或不合适。他的性情散淡，有随遇而安的特点，何况这门亲事对于家族还是有好处的。当然，他也绝没有想到司马氏会取代曹魏，并以血腥的屠杀清洗曹氏旧部。这表明嵇康在政治上不够老到成熟，至少不敏感。

第二，他得罪了小人钟会。《晋书·嵇康传》说嵇康性格是“恬静寡欲，含垢匿瑕，宽简有大量”。他高情远趣，远迈不群，“所与神交者惟陈留阮籍、河内山涛，豫其流者河内向秀、沛国刘伶、籍兄子咸、琅琊王戎，遂为竹林之游”。竹林在嵇康老家山阳，现在大概山东、河南一带，相同志趣才情的竹林七贤，经常在此饮酒谈玄，远离政治，具有隐士之风，体现了老庄亲近自然的思想。这种行为是古代中国文人“入世”以外的另一条道路，即出世之路。他们脱离官场政治，优游山水，融入自然。古代的隐士只是传说，竹林七贤是当时现实中的存在。因此，竹林七贤是时代偶像。现在考古发现有很多竹林七贤的画像石和画像砖，表明人们对于这个群体的崇仰、敬慕。

简单说，嵇康很清高，厌恶蝇营狗苟。他的性格决定了他很容易得罪人，尤其是得罪小人，为以后的人生之路埋下祸根。

钟会也是当时的大名士，与邓艾领兵灭了西蜀，后因谋反被杀。从这个经历可见此人之野心与心计之工。他当时对于嵇康的心态非常矛盾。一方面他仰慕嵇康的才华和品行，并试图结交嵇康，但同时又嫉妒嵇康，尤其是遭到嵇康冷遇之后，就起了杀心。《世说新语·文学》说，钟会写了关于才性的《四本论》一书，想得到嵇康的评价和赞赏，到了嵇康的住宅外，又产生畏惧，就把书扔进院内，匆匆走了。这件事不能肯定也不能简单否定。

但可见钟会这人心思太重。

《晋书·嵇康传》记载了另一件事。嵇康与向秀在大树下打铁，钟会来访，嵇康视而不见，继续打铁，此时钟会已经获得司马氏器重，而嵇康处境已经非常险恶。钟会等了好久，觉得无趣，悻悻然离去。嵇康说："何所闻而来？何所见而去？"钟会答曰："闻所闻而来，见所见而去。"两人就此结下梁子。

后来司马昭就杀不杀嵇康犹豫的时候，钟会进了谗言，说："嵇康，卧龙也，不可起。公无忧天下，顾以康为虑尔。"就是说杀了嵇康才能天下无忧。《晋书》载"帝既昵听信会，遂并害之"。可见，钟会之言是嵇康被杀的一个重要砝码。

清高难以苟合取容

嵇康被杀的第三个原因就是嵇康的性情。

其实，嵇康在当时有三个选择。

一是，如果决心反抗司马氏政权，他可以通过武装反抗，即使失败了也可以躲藏起来，在民间隐姓埋名，就像明末清初的顾炎武那样。但是，嵇康不是政治家，也没有政治抱负，官场对于他是枷锁和牢狱。他的《与山巨源绝交书》中说的有些原因是真实的："卧喜晚起，而当关呼之不置，一不堪也。抱琴行吟，弋钓草野，而吏卒守之，不得妄动，二不堪也。危坐一时，痹不得摇，性复多虱，把搔无已，而当裹以章服，揖拜上官，三不堪也。素不便书……四不堪也。不喜吊丧……五不堪也。不喜俗人……六不堪也。心不耐烦……七不堪也。"他对于官场上那些事务性的东西是不堪忍受的。所以，他不能像顾炎武那样或像当时毌丘俭、诸葛诞那样造反。

二是，他可以选择与司马氏合作，哪怕只是表面的应付，就像阮籍那样。阮籍，一方面，他在司马氏朝中为官；另一方面，他只要求做一个不重要的官——步兵校尉，天天喝酒，不管政事。司马昭试图让司马炎迎娶阮籍的女儿，但阮籍大醉六十日，于是“不得言而止”。但是，当司马氏要夺取皇权，加九锡，让阮籍写劝进书时，他虽然喝醉了，也知道这个事马虎不得，不敢怠慢，提笔就写，一挥而就，史书就说他“无所改窜，辞甚清壮，为时所重”。（《晋书·阮籍传》）

当然，这样的阮籍也是很痛苦的。他母亲去世的时候，他正与人下棋，对手说不下了，他不让，非要下完，然后“饮酒二斗，举声一号，吐血数升”（《晋书·阮籍传》）。他的《咏怀诗》说：“夜中不能寐，起坐弹鸣琴。薄帷鉴明月，清风吹我襟。孤鸿号外野，翔鸟鸣北林。徘徊将何见，忧思独伤心。”他经常“率意独驾，不由路径，车迹所穷，辄恸哭而反”（《晋书·阮籍传》），就是驾一辆车，随便这个车往什么地方去，走到走不动，没有路的地方，然后就大哭着回来。“观楚汉战处，叹曰：‘时无英雄，使竖子成名！’”（《晋书·阮籍传》）可见其幽愤之深。阮籍最后善终，也只活了五十四岁。

但是，嵇康学不了阮籍，因为嵇康太清高。不仅阮籍，他的好友山涛也看到嵇康处境极为凶险，于是举荐他入朝做有实权的选官郎，这其实是想要救他于水火。嵇康深知这一点，所以临刑时对自己的儿子嵇绍说：“巨源在，汝不孤矣。”就是说有山涛在，将来他会帮助你的。不过，嵇康虽然纠结一番，还是放弃了最后这个机会。

他的《与山巨源绝交书》其实是写给司马氏看的。山巨源就是山涛。说山涛举荐他自代，是“羞庖人之独割，引尸祝以自助，手荐鸾刀，漫之膻腥”，有拖人下水同流合污之意。然后又说：“老子、庄周，吾之师也，亲居贱职；柳下惠、东方朔，达人也，安乎卑位，吾岂敢短之哉！”意即他是仰慕这些人的。并说自己“少加孤露，母兄见骄，不涉经学。性复疏懒，筋驽肉缓，头面常一月十五日不洗，不大闷痒，不能沐也。每常小便而忍不起，令胞中略转乃起耳。又纵逸来久，情意傲散，简与礼相背，懒与慢相成，而为侪类见宽，不攻其过。又读《庄》《老》，重增其放，故使荣进之心日颓，任实之情转笃”。一句话，就是自己散漫成性，不可改变。

然后具体说自己有九大缺陷，即“七不堪”和两个“甚不可”。最后表明自己的心志，就是“今但愿守陋巷，教养子孙，时与亲旧叙离阔，陈说平生，浊酒一杯，弹琴一曲，志愿毕矣”。就是养家糊口，了此残生。“若趣欲共登王途，期于相致，时为欢益，一旦迫之，必发其狂疾。”如果强迫他做官，他可能就要发疯。

全文无非表明，他不做官，不是与司马氏为敌，而是因个人志向和性情不能做官。由此可见，嵇康在政治上很幼稚，以为这样做了，司马氏就能放过他。以他当时的声名，三千太学生请愿不杀他，并让他做老师，司马氏是绝对不放心的。同时他声称“非汤武而薄周孔”，正如鲁迅所言，“汤武是以武定天下的；周公是辅成王的；孔子是祖述尧舜，而尧舜是禅让天下的。嵇康都说不好，那么，教司马懿篡位的时候，怎么办才是好呢？”所以更要杀他。

三是，他可以选择彻底远离政界，隐居山林，不谈国事。然而，他也做不到。嵇康也不是真道家，虽然《晋书·嵇康传》说他“学不师受，博览无不该通，长好《老》《庄》”，他也有大量的诗文赞赏老庄，包括《与山巨源绝交书》中也写到，并且也短暂优游山林，跟孙登学啸。但是，他终究不是道家。此时佛教还未普及，他也不可能是佛家。所以从根本上看，嵇康还是儒家。他所谓“越名教而任自然”，其实是调和名教与自然。

这一点鲁迅看得很清楚。从嵇康大量的文字中，尤其是最后在狱中给家人作《家诫》:“不须作小小卑恭，当大谦裕。不须作小小廉耻，当全大让。若临朝让官，临义让生，若孔文举求代兄死，此忠臣烈士之节。”以伯夷叔齐、柳下惠、苏武等儒家的“忠臣烈士”为典范教育儿子，可以看出嵇康在根本上还是个儒家。

具有讽刺意味的是，嵇康被司马昭所杀，他的儿子嵇绍后来由山涛举荐做官，最后在八王之乱中，嵇绍为保卫晋惠帝（司马昭的孙子），竟然死在晋惠帝车舆旁边。史书说：“血溅御服，天子深哀叹之。及事定，左右欲浣衣，帝曰：此嵇侍中血，勿去。”（《晋书·忠义传·嵇绍》）就是说他的血溅在了晋惠帝的衣服上面，边上的人要晋惠帝把衣服洗一洗，晋惠帝说不要洗，嵇绍的血在上面。这是非常有讽刺意味的。

当然，说嵇康是儒家也不全对，要是真儒家的话，他该做曹氏王朝的忠臣烈士，他却没有。他只是保有儒家的观念，对于司马氏的虚伪残暴有一点“不甘之心”。

性格悲剧与虚无主义时代

一般认为，嵇康宽简有大量，含垢匿瑕，还是挺能包容的。但是他一旦发作起来脾气就很激烈，有些底线是不能碰的。写《与山巨源绝交书》的时候，嵇康其实很想活命，但是他又没有策略。如果他完全是为了保命，他不会这么写《与山巨源绝交书》，可以在里面吹捧司马氏。如果他这样做了，那他就是道家，甚至是佛家。但是他没有，他骨子里表露出对他们的瞧不起，认为他们是虚伪的。这是谁都能看出来的。所以这是一个性格悲剧，嵇康的性格之中有不甘心的东西，而他的迷人之处也正在于此。“不甘心”是中国古今知识分子普遍具有的悲剧性特征。

当然，这一时期的士人还有更深的痛苦，就是面对血腥的现实社会，精神上是虚无主义，没有类似宗教那样的精神力量的支撑。因为当时佛教还没有广泛传播。他们只能把现实的功业即经邦济世作为自己的理想。但是，残酷的现实又不能让他们去经邦济世。

因此，他们只能苦闷、空虚、颓废、虚幻、放诞任性。例如阮籍饮酒经常喝到吐血；刘伶饮酒就让仆人荷锹跟着，死掉随处埋葬；何晏在没有病的情况下服用五石散；石崇穷奢极欲，招待客人的时候吩咐侍女敬酒，如果客人不喝酒就杀掉这个侍女，有一次连杀三个侍女。

这个时期的知识分子，精神深处都有一种虚无主义倾向。即使文治武功的曹操，位极人臣，权倾朝野，也不得不慨叹“对酒当歌，人生几何？譬如朝露，去日苦多”（《短歌行》）。魏晋诗歌文学总的特点是“慷慨悲凉”，这也是嵇康悲剧的精神底色。

第四节

知识分子的
两个虚无主义时代

息徒兰圃，秣马华山。流磻平皋，垂纶长川。目送归鸿，手挥五弦。俯仰自得，游心泰玄。嘉彼钓叟，得鱼忘筌。郢人逝矣，谁与尽言？

——嵇康《赠秀才入军·其十四》

竹林七贤为什么成为时代偶像

在我看来，竹林七贤的突出性，与后来的文人社会的文字记述有关。在这之前也有隐士，但他们在后人心中的形象都比较模糊。最早的隐士伯夷叔齐只是传说，离我们很遥远；春秋时期，也有一些隐士，但是基本上没留下什么名字；战国时期，我们只知道有庄子，但他的形象非常模糊，也没有形成一个群体；而到了汉代，经过儒学宗教化运动以后，儒家思想基本就已经一统天下了。

一直以来，对于传说中的隐士，以及道家思想的身体力行者，关于他们的文献本来就少，传下的东西也很少，因此，他们在大家心目中的印象都是比较模糊的。

在这个时候，突然出现了竹林七贤这样一个现实群体，而且每一个人在当时的影响都很大，命运各不相同，非常具有故事性。他们在一起优游的话，就非常引人关注。就像现在，如果有几个学界的名人，他们各自的活动并不会激起太多水花，但一旦他们集中到一个地方，住上一个月，或者经常聚会几次，那这些人的活动就会成为重大事件甚至变成惊涛骇浪。

所以，竹林七贤成了当时人们尤其是知识分子膜拜的一个偶像群体。后来经过西晋统一、八王之乱、东晋渡江、五胡入中华等长年的不稳定战乱时期，在这样的情况下，知识分子的命运可想而知。所以竹林七贤这样一个群体的生活方式就成为知识分子理想的生活方式，这很自然，也是时代的特点。

我们知道，过了这个阶段，竹林七贤的影响一直是负面的。唐宋都不提倡清谈玄学，认为它是误国。近代以后，知识分子又开始讲哲学讲玄学，所以就为玄学翻案，又把竹林七贤“炒作”起来。《世说新语》这类书也在知识界得到推崇。

但是现在恰恰通过考古发现，在南京一带，挖掘了一些魏晋南北朝的墓。墓室里有竹林七贤的画像石、画像砖，上面刻有他们的名字，并且画像也都是在一起的。这就表明他们在当时是非常受一般人崇仰的。

两次虚无主义

中国历史上有两个时期盛行虚无主义，一次是魏晋，一次是明末清初。虚无主义是知识分子的，而不是老百姓的，因为老百姓一直有民间信仰，任何时候都没有中断过。

那么知识分子的虚无主义是什么？汉代的儒学宗教化运动，把知识分子都洗脑了。知识分子都信仰儒家，崇奉儒家。所以在整个两汉400年期间，没有庄子的书，没有研究庄子的书，研究老子的书只有一两家。我们只知道严遵的《老子指归》，就这本书我们知道是汉人写的。其他的可能是《老子注》，河上公是不是汉代人，这还有争议。所以整个400年期间，关于老庄的这些东西，没有人说。那么到了魏晋的时候，虽然是大家在谈玄，但是骨子里面，我们说嵇康骨子里面也是一个儒家，这就是被洗脑了。

儒家是很现实的，经邦治国，上要报效朝廷、君王，下对黎民百姓，你要建功立业，就这个思想。可是到了魏晋南北朝的时候，经过三国，然后到了司马氏掌权的西晋，现实的政治已经把他们的理想打碎了。为什么？儒家讲的忠孝节义这一套在政治上完全被摧毁了。所以曹操一开始就说，选举人才的时候，可以是不忠不孝之人，不要儒家那一套了。

到司马氏以后就是以孝治天下，不讲忠。为什么呢？你要讲忠，你司马氏是曹魏的臣子，你要忠于曹魏，你怎么把曹魏废了？当然也是曹操他们开头的，特别是曹丕，你本来是汉家的臣子，你怎么取代汉家做了皇帝？所以这是一个政治现实、社会现实，让知识分子的理想破灭了。

你要抗争的话，会面对一个非常残酷的现实。不仅是杀你一个人，杀你一个人的话，有时候知识分子可能舍生取义，就是儒家说的舍生取义，这也带有宗教性质。但是，他是夷三族，每家都有几十口子人，甚至上百口的人，所以每一次都是血流成河，这是个残酷的现实。当时在东市行刑，都是老百姓可以观看的。统治阶级也通过杀来巩固他的政权，因此知识分子就苦闷了。我要想反抗，就是我要做一个有理想的儒家的人，我又做不到。但是我不做这个，我的思想上面，我的精神上面，我的家园没有了，所以他空虚。

所以魏晋时期是一个虚无主义时代。这个虚无主义表现为行为怪诞，也有穷奢极欲，当然也有吃药喝酒这一类。但是这个还是有文化的。

明代知识分子也有一个虚无主义的阶段，这个虚无主义是什么呢？从魏晋以后到隋唐，佛学起来，唐代基本上是一个佛学的时代。但是唐朝的儒家知识分子，这个脉一直还留着。因为儒家在朝廷、在官方，一直是一个正统、一个正宗。不论谁做皇帝，都要讲儒家那一套。儒家的那些书，因为科举考试，也一直被作为教材，虽然四书是后来定的，但是以前考的东西也有儒家经典，比如至少五经是必须要学的。那么就有儒家知识分子起来想对抗佛学。我们知道像韩愈他们做过这个努力，但是这个努力很微弱。

到宋代以后，像朱熹和王阳明，他们实际上也受佛学的影响，受到的影响还很深。可是另外一方面，他们认为这个毕竟是西方的、印度的，不是我们自己老祖宗的，他们希望用自己、用我们本土的思想资源来取代佛学。所以他们创立的理学、心学，在根本上是排佛的，里面有很多的方法实际上是针对佛家的。

宋明理学这一套到了明末的时候，出现一个问题，就是把儒家的思想提得太高了，对老百姓的要求太高了。在孔子那个时代，我们只知道要克己复礼，最多是这样。那个礼嘛，规定得很松散。但是宋明理学有一整套的规定，特别像朱熹、王阳明，要求每个人都像孔子，像圣人。比如要求妇女不能改嫁，我们知道至少在魏晋以前没有这个事。还有就是要求一个读书人，一个君子，按照儒家的说法约束自己，要一点邪念都没有，行为方式都要符合规矩，这个也造成了另外一种反叛。

那就是我做不到了。做不到了怎么办？我就开始放任。但是这个时候的放任跟魏晋时不一样。魏晋时是一种有文化的虚无；这个时候的虚无，走向了人欲，它不是向上，它向下了。所以我认为明末的这种所谓泛情主义，包括李贽，他们这个思潮其实是向下的。像文学作品“三言二拍”、《金瓶梅》等等，是带有我们现在说的纵欲倾向的。

这些倾向，现在我们全盘地吸收，我认为也不好。像昆曲里面就有很多这些东西，《牡丹亭》不是讲情而是讲欲。所以到宋明的时候，知识分子走向了这个方向。特别是明末清初，明朝灭了，天天讲心性，终日无事谈心性，临危一死报君王。

空谈这一套，没有用，不能经邦济世。到国家出现危难的时候，一点办法也没有。平时生活又限制约束自己，实际上自己也做不到。圣人毕竟是少数，普通人有七情六欲，硬要抑制，是很虚伪的，然后就出现另外一套东西。所以此时的虚无主义跟魏晋时候的虚无主义是不一样的。

顺便讲一下朴学。清代朴学的出现，当然首先跟文字狱相关，但是另一方面也受到了上述原因影响。不让自由做学问了，那做什么呢？清理古代的书吧，所以朴学的产生有这样一个背景。朴学，不像汉代的儒学、经学，是一种意识形态，它差不多是纯科学，是纯粹的学术研究。宋明理学也是意识形态，四书后来就是科举必考的内容。但是清代朴学没有这个，这又是另外一个反弹。

第五节

中国哲学史上难得的理性主义

> 夫称君子者，心无措乎是非，而行不违乎道者也。何以言之？夫气静神虚者，心不存于矜尚；体亮心达者，情不系于所欲。矜尚不存乎心，故能越名教而任自然；情不系于所欲，故能审贵贱而通物情。
>
> ——嵇康《释私论》

破除谶纬迷信后产生

刘勰《文心雕龙》说嵇康诗文特点："嵇志清峻。"清：干净清晰，逻辑性强。峻：险峻，指思想深邃，逻辑严密。因为嵇康在当时就是负有盛名的玄学家。

魏晋玄学的出现有历史原因，也有思想史的逻辑。中国思想史的大致描述是这样的：先秦诸子百家，两汉经学，魏晋玄学，隋唐佛学，宋代理学，明代心学，清代朴学。先秦时期，孔子、孟子、荀子和儒家只是百家中的一家，当然是影响比较大的一家。到了汉代，董仲舒提出“罢黜百家，独尊儒术”，为汉武帝采纳，于是儒家定于一尊。《诗》《书》《易》《礼》《春秋》被称为“五经”。儒家不仅成为官方意识形态，也是学术主流。全部知识分子的学术研究工作差不多都在儒家范围内。作为意识形态，儒家在汉代也有一个试图宗教化的创构过程，就是要把儒家变成类似宗教一样的东西，代表文本就是《纬书》。我们刚才说的经书就是五经，这个文本叫作《纬书》。织布的时候，有经线和纬线才能织出布来。那么根据前面说的五经，有人就做了“六纬”，就是《纬书》。

与《纬书》相配套的是图谶，所谓“河图洛书”。他们的理由就是，圣人和君王都是天命、天意在民间的代表，民意是通过图谶显现出来的。这套理论后来泛滥成灾，出现的一些符瑞都是一些野心家人工制造的。黄巾大起义的口号“苍天已死，黄天当立。岁在甲子，天下大吉”就是谶语。到了东汉末，王充写《论衡》，说：“诗三百，一言以蔽之，曰思无邪。《论衡》篇以十数，亦一言也，曰疾虚妄！”“虚妄”就是谶纬这一套。

经过王充的彻底批判，这一套理论在思想界和学术界声誉扫地。因此，儒学宗教化运动以失败收场。与此相关的汉代阴阳五行——占星说为主的经学，即星占象数那一套，也被人厌烦。到了魏晋时期，王弼、何晏以义理取代象数来谈论经学，令人耳目一新。于是成为时代学术主潮，这就是魏晋玄学。

魏晋玄学的四期

魏晋玄学共分四期。第一期是正始时期，以王弼、何晏为代表，作品有王弼的《老子注》《周易略例》，何晏的《论语集解》等；第二期是竹林时期，以阮籍嵇康为代表，作品是他们的论文；第三期是元嘉时期，以郭象为代表，作品是郭象的《庄子注》；第四期是东晋南朝，属于佛学，代表人物有支遁等高僧。

第一阶段，王弼突出地提出来“以无为本”，就是本末和体用学说，对老子的思想进行改造。老子说“道生一，一生二，二生三，三生万物”，就是“有生于无”。《道德经》这个“生”，就是我们现在经验意义上的生，生出来了，就像女人生孩子一样。这样一个思想，实际上是一个宇宙发生的学说，它不是哲学。

但是王弼，他在注《老子》的时候讲“无”和“有”的关系。“无”是本，什么事物都有一个本，“有”是事物的末。本和末的关系，也就是我们现在讲的本质与现象的关系，也就是概念与具体事物的关系。比如我们现在说吃水果，哪有水果呢？没有水果。只有梨子、香蕉、苹果，这是具体的，它是“有”，水果是个“无”。但是，没有水果，我们怎么能概括这一类的事物？比如说一个水果摊，如果说没有“水果”这个词，我们应该怎么叫这个摊？所以本质或者叫本体这些东西，它是对现象的一个概括。这个东西出现是人类思维的一个提升。到了一定阶段的时候，人类的思维提升，我们不像动物那样，只谈具体的事物，我们要有抽象的一个东西，抽象的东西就是“本”。那么现象就是“有”，就是我们看到的具体的东西。

这是王弼在第一时期，实际上把老子的“无”“有生于无”这样一个宇宙论的思想，改造成为一个本体论的思想，就是“以无为本，以有为用”。它是一个体用关系。但是“有”和“无”之间也是相辅相成的。“无”不能离开“有”，“有”也不能离开“无”，就是这样一个关系。

第二阶段是竹林七贤，其中主要是嵇康，实际上是对名教和自然思想提出一些观点，后面我们也讲，他实际上更清晰地提出了一种理性主义观念。我们后来讲理学，讲道理，是从王弼开始，但是在嵇康这里讲得特别透彻。这是第二个阶段。我认为在第二阶段，嵇康就是讲道理，讲逻辑，理性主义，他的价值在这个地方。

第三个阶段是郭象，郭象对《庄子》进行注解，他提出一种自生论。怎么生的呢？原来老子说“有生于无”，郭象把这个解构了，认为万事万物都是自然而然地生发，所以这是一个彻底的自然主义思想。那么我们每个人，从所谓本体论上面，再延伸到我们日常生活中间，我们每个人只要率性自然，顺应自然，你的本性是什么，你就按照那个去做，就是符合道理，符合儒家的、名教的。所以他是在这个意义上面，又对儒家的思想和道家的思想进行了一些综合。没有“无”了，到他那儿就讲“自然”了。自生，所有的事物都是自己生出来的。这是第三个阶段。

这个阶段既有哲学上的意义，也有政治上的意义。到郭象的时候是一种调和，他在这个意义上真正把名教和自然调和起来了。你学道家，崇尚自然，其实跟儒家的经邦济世是一致的。你学道家的自然，不仅仅是到山林里面去修炼。你到山林里面修炼，如果装模作样的，同样不是自然的。你在朝廷做官，做大官，但只要你心中想着自然，你同样是道家，没必要从外在来分。我好好做官，做得很自然就符合道家思想。这就是名教和自然思想的一种高度的综合，所以它是一个调和主义。

到第四阶段基本上就是佛学了。东晋佛学，我们知道，在鸠摩罗什之前还处于格义的阶段，用老庄的名词来解释佛家的思想，比如用“无（道）”来解释“真如”。因为佛教的“真如”是什么，当时人不懂，可是“无（道）”大家都懂，所以他们就用老庄的这些术语来宣传佛家的思想，讲佛家也讲“无（道）”。其实“无（道）”原来的概念是“真如”的意思，这就是格义。那么这个时候的佛学，实际上你一看，像支遁，他们讲的东西，跟老庄的思想差不多。可是经过一个阶段，到鸠摩罗什的时候，真正的佛学进来了。之前的佛学是格义的格，格子的格，严格的格；义，主义的义。到鸠摩罗什的时候，他们开始真正地翻译一些佛家的作品，像鸠摩罗什的两大弟子道生和僧肇，如僧肇的《肇论》，就是比较原汁原味的佛学。但是我们仍然把像支遁这些人算作是玄学的第四阶段，因为他基本上是老庄的思想。

嵇康的理性主义

魏晋玄学是纯粹的哲学本体论。汤用彤对此有一经典概括，即汉代哲学是宇宙论，魏晋玄学是本体论。汉代哲学家董仲舒讲天人感应，将宇宙论与本体论纠缠一体。冯友兰说："玄学的辩名析理完全是抽象思维，从这一方面说，魏晋玄学是对两汉哲学的一种革命……在中国哲学史中，魏晋玄学是中华民族抽象思维的空前的发展。"意思也是指魏晋玄学的哲学思辨特征。哲学思辨的表现手段或形式是理性和逻辑。早期中国哲学著作曾大量使用隐喻、寓言等表达方式和手段，尤其《老子》中大量运用隐喻、寓言等，表明这种哲学在思维上还具有人类早期的思维特征。

而在魏晋玄学中，这些论述手段已经被清晰的逻辑和经验的实证所代替。《老子》"无中生有"意即"无"生万物，是一种宇宙生成论思想。在王弼看来，"无"是万物之本，但"无"也不能脱离"有"而独立存在。无与有是体和用的关系。就像现在说的本质与现象的关系。本质（无）是看不见的，例如说一个人"恶"，但"恶"是看不见的。看见的现象，就是"有"，例如这个人杀人、偷盗、强奸等。本质看不到，只能通过理性分析出来。所以有的人杀人也未必是恶。从早期中国哲学的独断论向玄学哲学思辨的转变，标志着理性原则的确立。

嵇康玄学突出的是理性主义，主要体现在关于"宅无吉凶""养生""自然好学"等论辩中。嵇康的理性主义首先是强调逻辑推理，就是把道理讲清楚，讲透彻。他对思维的逻辑有执着的追求。他的辩论文字主要是运用逻辑的武器战胜对手。比如他对阮德如"宅无吉凶"论的批评，这个论点是反风水的，认为住宅没有吉凶。嵇康批评阮德的文章，实际上并非讨论"宅有吉凶"或"宅无吉凶"，不是提出反面的立论。嵇康批评的主旨，是指出阮文的逻辑漏洞和谬误。因此，嵇康辩论的焦点不在"有吉凶"与"无吉凶"之间，而是阮文之"理"能否成立。文章重点是在逻辑，而不在观点；在推理，而不在立论。

嵇康理性主义的另一个方面是怀疑精神。就是不人云亦云，陈陈相因。例如关于千岁人的辩论。当时关于千岁人是否存在的讨论，不像现在能用自然科学来证明。例如人的机体和组织的运行功能是否达到千年之长，主要涉及实际寿命和时间的证实和检验问题。葛洪《抱朴子》内篇把这一问题作为重点来提出并论证。嵇康则认为，对于神仙和长寿之人的存在与否，经验难以检验。问题在于，为什么人们没有见到活着的千岁人。很多人说，我们没有见到活的千岁人，所以千岁人是不存在的。

嵇康说："见千岁人，何以别之？欲校之以形，则与人不异；欲验之以年，则朝菌无以知晦朔，蜉蝣无以识灵龟。然则千岁虽在市朝，固非小年之所辨矣。"（《答难养生论》）用短暂人生去校验一个千岁之人，正如朝生暮死的小虫去校验一月的晦朔盈亏，当然不可能。千岁人就算在我们面前，我们也不认识他。就是说，有些事似乎不符合常识而为我们所否定，实际上没有经过经验和理性的严格审定。因此，我们就不能凭空否认像《列仙传》中记载的赤斧、涓子、务光、方回、昌容等长寿人的存在。

对于不符合经验和理性尺度的一些传闻和假说，嵇康大胆否定；而对于史籍上记载的一些用经验无法验证，但也无法推翻的事，哪怕是神仙这样的说法，嵇康则“宁可信其有，不可信其无”。这在逻辑上是一致的，只能证明他是一个只承认经验事实、具有一种理性主义精神的人。从《庄子》“朝菌不知晦朔，蟪蛄不知春秋”（《逍遥游》），到嵇康等人关于千岁之人的证明，这个话题的意义有了根本性的转变。《庄子》用“小年不及大年”说明“小知不及大知”，重点在于“知识是否可能”。《庄子》的目的是主张人们“离形去知”“坐忘”“心斋”，不要参与经验生活的认知活动。嵇康等人则是说明，我们无法用有限生命的经验时间，来检验超过我们生命长度的事物，重点是“知识如何可能”。经验是证伪知识的唯一标准。故从《庄子》到嵇康等人的这一转变，应该是从否定经验知识的哲学观念到肯定经验知识的哲学观念的转变。

嵇康的理性主义是中国哲学史上极为少见的，除了庄子。现在人们经常谈中国古代哲学是“天人合一”，西方是“主客二分”。但其实，嵇康早就从哲学的表述上深刻而又清晰地划分出主体与客观世界的明确界限。就是说，嵇康早就证明了“主客二分”。这一点也体现在他的音乐思想中。

第六节

音乐哲学思辨颠覆儒家传统观念

夫天地合德，万物贵生，寒暑代往，五行以成。故章为五色，发为五音；音声之作，其犹臭味在于天地之间。其善与不善，虽遭遇浊乱，其体自若而不变也。岂以爱憎易操、哀乐改度哉?

——嵇康《声无哀乐论》

嵇康有极高的音乐修养。临刑前弹《广陵散》，他神色不变。他的《声无哀乐论》主旨是抨击儒家音乐政治学，即儒家所宣扬的“乱世之音”“治世之音”等说法。嵇康在批评儒家思想的时候，阐发了音乐本体论与哲学本体论。从孔子开始，就强调音乐的教育功能，所谓“兴于诗、立于礼、成于乐”（《论语·泰伯》）。

当然，《诗经》以前的诗与歌是一体的。诗、歌、舞与乐难以分家。但墨家与儒家对立，提出“非乐”，实际是反对儒家烦琐的礼乐程序。但随着墨家消亡，儒家成为正统。儒家认为音乐不仅具有巨大的教育功能，也能反映出社会心理，与社会的治乱密切相关。《礼记·乐记》有“大乐与天地同和，大礼与天地同节”之说。这些观念经过几百年传承，形成一种巨大的惯性。汉代的“制礼作乐”也登峰造极。《史记》《汉书》都有《乐书》《律历志》。《汉书·律历志》其实是一个以音乐为中心的宇宙本体论。

但是，嵇康对这个巨大的传统观念提出挑战。他认为，音声之和是音乐本身的美，与政治、意识形态等无关。他说：“音声之作，其犹臭味在于天地之间。其善与不善，虽遭遇浊乱，其体自若而不变也。岂以爱憎易操、哀乐改度哉？”就是说，声音有和谐不和谐这样一个区分，但是它跟我们的爱和憎、喜和乐是没有关系的。可见，嵇康提出这个观点的一个重要论据，就是把声音与嗅味视为同物。

这种物的存在是客观独立的，不依赖主体。声音、嗅味与主体的关系，亦如同爱憎属主体、贤愚属客体一样。很明显，一个人的贤愚是他自己的品质，而对于他的爱或憎则属于我们的情感。就像快乐与钟鼓无关，眼泪本身也无悲哀。所以，“玉帛非礼敬之实，歌舞非悲哀之主也”。同时，嵇康承认“声音和比，感人之最深者也”。人们在听音乐时，有哀有乐，但嵇康认为，这是因为人们在听音乐之前，已经有哀乐在心中了。“内有悲痛之心，则激切哀言”，“夫哀心藏于苦心内，遇和声而后发”。所以说，“和声无象，而哀心有主。夫以有主之哀心，因乎无象之和声，其所觉悟，唯哀而已”。他因此进一步明确提出：

> 音声有自然之和，而无系于人情。克谐之音，成于金石；至和之声，得于管弦也。……然则声之与心，殊涂异轨，不相经纬……
>
> ——嵇康《声无哀乐论》

嵇康把宇宙结构称为自然之“和”或“大和”。这里所指声音的“自然之和”，是一种来自自然界的客观自然、独立存在的秩序与和谐。他所说声音与“心”（即情感）“殊涂异轨，不相经纬”，“心之与声，明为二物”的观点，不仅是一个音乐本体论的命题，也是一个哲学本体论的命题。因为，他所说的“自然之和”，是一种自然事物自身的秩序与和谐，是一种客观规律。这个客观规律，独立存在于主观意识之外，与主观的意识情感是无关的。因此，这里还具有更深的哲学蕴涵。

“心之与声，明为二物”的观点，是从哲学上明确界定了主客二分的观念，为自然和认识、客体和主体划分了一个清晰的界限。我们知道，嵇康是一个哲学家。他从哲学上倾覆了儒家音乐政治学。这是一个釜底抽薪的颠覆。

从此以后，音乐中有没有情感的问题，实质上成了一个音乐本体论，也成了一个哲学问题。关于音乐本身是否真正含有情感，在20世纪，西方一直还有争论，不同观点的代表是德国的爱德华·汉斯立克的《论音乐的美》和波兰的索菲亚·丽莎的《论音乐的特殊性》。这个争论至今没有结论。而嵇康提出这个问题是在公元3世纪，距20世纪有1700多年。由此可见嵇康思想的宝贵和价值。

音乐的声音有和谐和不和谐的分别、好听和难听的区别，但是它跟情感没有关系。这是一类观点。还有一类观点认为这样的认识不对，音乐本身就有情感。所以这是一个哲学问题。到了20世纪，人们还在讨论。他们可能还没见过嵇康的观点。嵇康在公元3世纪提出的这个问题，跟他们一模一样，而且论证得非常好。

大家看嵇康《声无哀乐论》那篇文章，就会发现嵇康这个人脑袋特别清楚。所有的传说，就是声音表明音乐里面有情感，他都给反驳了，都证明跟你论证的观点毫无关系。比如说有一个人听到驴说话，然后哭了。这不就证明声音里面有感情吗？嵇康就说，即使这是事实，证明这人懂驴的语言，也不能证明声音里面有情感。你是因为懂得它的语言，你才哭了。所以读了嵇康以后，对他的逻辑会有很深的感受。

一个理论的价值，不仅在于解决了什么问题，能解决问题当然很高超，有时候提出一个问题也是伟大的。在数学界，提出问题的那些人就非常有名，比如哥德巴赫猜想，孪生素数的问题。提出问题本身就很有价值，尤其在哲学上，人文社会科学领域。古代希腊，像高尔吉亚，他们是怀疑主义。高尔吉亚说，世界是什么，我们根本就不知道，我知道了也不能说出来，我即使说出来你也听不懂，所以我们都是不知道的。

普罗泰戈拉说“人是万物的尺度”，即我们说的这一切都是以我们人作为标准的，不是世界本身。其实一直到现在，西方哲学家里面的康德，也是把世界本身的事情切出去了。我们知道的是现象。我们谈的所有问题都是根据我们感官感知到的外面的现象进行总结的。只谈论这个事件，而现象背后的东西，我们不知道，但是现象背后肯定有。用康德的话说，没有物自身，现象就无所依托，总有一个根本的东西，但是我们不知道。这就是怀疑论，嵇康他们的怀疑主义。老说我什么都知道，那个人肯定是肤浅的。只有提出怀疑的这些人，他们才是非常深刻的。只有理性很强的人，才这么提出来。

嵇康可以说是中国历史上一个伟大的哲学家，同时也具有一个非常伟大的悲剧性格。

第七节

要读经典“大书”

第一个，关于儿童启蒙，我认为要读普及的东西，但不是流行的东西，普及的跟流行的是不一样的。普及的是真正有价值的东西，比如说《千字文》《三字经》《百家姓》，它们是普及的。还有唐诗100首、300首，宋词100首、300首等等这些，也是普及的，但不是流行的。流行的，就像流行歌曲，一段时间大家感到很热门，可是过一段时间以后，大家就把它抛弃掉了。所以往往流行的不是很有价值的，普及的恰恰是经过时间检验的。几百年的检验，它是经得起的，而且普及的东西是一般人做不出来的。

很多人现在编新的《三字经》，但是他们编不出来，编出来以后不流行，为什么？因为水平不够。写普及作品的这些人，水平是很高的。所以儿童启蒙一定要读普及的。流行一段的东西，特别是进入课文的这些作品对一个人是终身有益的。

第二个就是读经典。读经典，一方面要读专业范围内的那些代表作，经典作品的那种原来的、原始的文本。原始的文本，有汉语和外文两类。外文作品，如果能看原文更好。如果不能看原文，也要找那些可靠的译本来读。中文的也一样。我们知道，中国的经典包括十三经、诸子集成、二十四史等，也就是经史子集。我建议，看中国的经典，最好也看原始的文本或清人注释的版本，不要看翻译的。

第三个，青年时期要读大书。特别是做学术的，不读大书，将来在学术上是没有什么根基的。

比如说《资本论》就是大书；康德的“三大批判”，也是大书。十三经里面，至少五经是大书，要把它啃下来。而且这些大书，有名家作注，清人也做了一些整理。《诸子集成》，还有《十三经注疏》，这些文本都挺好的，现代有些人做得也不错，但是一定要挑选。

学哲学，一定要先学西学，从西方哲学史入手。译著如梯利的《西方哲学史》，应该是一个比较好的入门书。中文原著如赵敦华的《西方哲学简史》，也可以作为入门书。入门以后，要读亚里士多德等人的著作，他们的著作也不难读。把西方哲学搞清楚以后，对于中国哲学那些问题才能抓得住。

而且搞哲学研究，一定要与宗教切割开来。中国哲学里面，中国古代的一些文本里面，有些方面是混淆的。比如说《庄子》有很多东西是接近于宗教的，《老子》也有接近于宗教的内容。做研究时，要把这些东西切割开来，看哪些属于哲学问题。哲学问题都是可以讨论的。

包括宋明理学、心学，要是作为哲学问题研究的话，都是可以讨论可以批评的，不能将其变成宗教。把朱熹、王阳明当神，这不是哲学研究的方法。

第九讲

惠能：我们的『佛系』精神由他而来

作者徐文明：北京师范大学哲学学院教授、博士生导师，中国宗教学会理事，中国佛学院研究生导师，主要从事禅宗研究。

第一节

禅宗发展史中的六祖惠能

禅宗简史与惠能

六祖惠能大师是中国禅宗第六代祖师。中国禅宗源于印度，盛于中国，在印度经历了西天二十八祖。第二十八代便是著名的菩提达摩大师，他也是中国第一代禅宗大师。大致是刘宋（南北朝时期南朝的第一个朝代，420—479）末年，达摩大师经海路来到中国，在华69年，足迹遍及大江南北，收了很多门人。其中最出色的是二祖慧可大师。

二祖慧可大师是中土禅宗第二代祖师，也是一个真正的中国人。从二祖慧可大师开始，禅宗完成了中国化的第一步骤。随后，二祖慧可传三祖僧璨，三祖僧璨传四祖道信，四祖道信传五祖弘忍，五祖弘忍传六祖惠能。

六祖惠能大师出身北京范阳（今北京附近的涿州市）卢氏。范阳卢氏为东汉卢植之后，是东汉以来著名的世家大族。但六祖惠能的父亲被贬官到岭南新州（今广东新兴县），具体原因不明。

在他三岁的时候，父亲便去世了。他和母亲孤苦无依，相依为命。从小没有条件读书、学习，只能以砍柴为生。因此六祖惠能虽然出身高贵，但是他从来没享受过贵族的生活，从小过的都是贫贱的生活。他一直努力工作，自强不息，寻找机会，以期改变自己的命运。

有一天他卖柴时经过一个客栈，有个买柴的客人进屋取钱，他站在庭院里听到有人在诵经，这个经就是《金刚经》。当听到“应无所住而生其心”这句话的时候，他恍然大悟。

这时客人拿钱给他，他茫然不动。客人问他是什么原因，他说：“这个经实在是太好了，您从哪里得的？”

客人便告诉他：“这是五祖大师所强调的一个非常重要的经典。五祖大师在黄梅传法，门下弟子千人，经常阐释《金刚经》的重要性。”

六祖一听便生起了想去求法的念头。客人问他，他便把自己的意愿讲了出来，还说自己家境贫寒，如果前去求法，老母无人照顾，非常为难。

这个客人是五祖的大弟子，也是俗家门人，非常有道心，就告诉他：“你想要去学法求道，我愿意资助你十两银子安顿老母。”

六祖一听就非常高兴，回家准备柴米安顿好老母之后便直奔黄梅。六祖惠能从广东出发，经过一个多月才到达湖北黄梅，见到五祖大师。

见到五祖之后，五祖便问他：“你是哪里人？想来求什么？”惠能答道：“弟子是岭南新州百姓，远来礼师，唯求作佛，不求余物。”

五祖想试探他，便说：“你是一个獦獠，就是个南蛮子，语音不正，怎么可能作佛呢？”

惠能说：“人虽有南北，佛性本无南北，獦獠身与和尚不同，佛性有何差别？”

五祖一听，非常欣赏，就说：“好，你不要多说了，赶紧去随众作务。”

这时候惠能就说：“弟子自心，常生智慧，不离自性，便是福田。未审和尚教作何务？”

五祖说：“孩子根性大利，不要再说了，到厨房去帮工。”

于是六祖到黄梅之后，就在厨房帮工，每天砍柴舂米，非常卖力。

五祖大师已经到了晚年，想通过考试来寻求弟子接班。当时在五祖门下有很多出色的弟子，其中最优秀的便是神秀大师[1]。神秀早年出家，精通各种经论，长期游方访道，当时是掌门大弟子，地位很高。

五祖吩咐大家每人写一首偈颂，来体现自己的境界和修为。但吩咐下去之后，大家都不敢作，因为都觉得自己的水平赶不上神秀大师兄。神秀也感到为难，如果不写，老师吩咐的任务没人去执行，如果写了，怕人说闲话，有抢班夺权之嫌。经过多方考虑，他还是写了一首偈颂：“身是菩提树，心如明镜台，时时勤拂拭，勿使惹尘埃。”

大家看到这首偈颂都点头称是。五祖大师也当面称赞，但是觉得这首诗境界还不够，便让神秀再作一首。神秀精神恍惚，没有办法写出更好的诗。六祖惠能在厨房听说之后，感觉这首诗水平还是不够。他也写了一首诗，来表达自己的思想：“菩提本无树，明镜亦非台，本来无一物，何处惹尘埃。”（《六祖坛经》）

众人听后都觉得这首诗水平更高，大加夸奖。五祖赶来之后却说这首诗“亦未见性”，用鞋底把它擦掉了。众人一听，老师不认可，也就四散而去。

当天，五祖到六祖工作的厨房，在碾子上敲了三下。惠能明白老师的意图，半夜三更进入五祖的方丈室。五祖为他重新讲解《金刚经》，让他彻底悟道。惠能讲了这么五句话：

“何期自性本自清净！何期自性本不生灭！何期自性本自具足！何期

[1] 神秀（606—706），北禅宗创始人，俗姓李，汴州尉氏人。

自性本无动摇！何期自性能生万法！”（《六祖坛经》）

五祖听后谓惠能曰：“不识本心，学法无益，若识自本心，见自本性，即名丈夫、天人师、佛。”（《六祖坛经》）

三更半夜把顿教法门传授给六祖惠能，并连夜送他过江。五祖送惠能上船，亲自摇橹。惠能说：“请和尚坐，应该是弟子来摇橹。”

五祖说：“应该是我度汝。”惠能说：“迷时师度，悟了自度。”（《六祖坛经》）就是说我迷惑时需要老师来度我，我已经悟了，应该是自己度自己。

五祖听后说：“如是，如是。以后佛法，由汝大行矣。……努力向南，不宜速说。”（《六祖坛经》）

惠能离开五祖之后，发足南行，两个月时间就到达了大庾岭。

五祖的袈裟

五祖回去之后数日不说法，弟子们都感到不理解，说：“和尚是有病吗？”

五祖说：“病则没有，衣法已南矣。”

弟子问他是谁人得到传授，五祖说“能者得之”。众人琢磨半天才明白，有一个叫惠能的居士已经不在了，于是有一帮人在慧明的带领下前去追他。

这帮追兵人数众多，成分复杂，其中包括三类人。一类是官府的密探，他们对五祖门下有这么多人不放心；另一类是觊觎传法袈裟宝物的人；第三种是慧明这样的想来求法的僧人。

慧明是四品将军，武功高强，轻功卓著，走得最快，赶上了惠能。惠能把衣钵放在一块大石头上，藏在旁边的树林中。慧明到来之后，提了半

天提不动，便说："行者，我为法来，不为衣来。"（《六祖坛经》）

惠能出来为他说法，告诉他说："你既然是为法而来，应当屏息诸缘，勿生一念。我跟你讲说。"然后道："不思善不思恶，正当此时，哪个是明上座本来面目？"

慧明听到之后，恍然大悟，然后离开惠能，和后边的追兵会合，告诉他们："我追了半天没有追到，可能是方向错了，我们到别的地方去追。"

惠能摆脱了追兵继续前行，回到老家安顿老母。数年之后，母亲去世，他便离开新州老家，四处流浪。

五祖知道惠能已经悟道，便把衣钵传授给他。传法袈裟源于印度第二十四代师子比丘，是禅门代代相传的信物，入水不湿，入火不烧，是一件非常有价值的圣物和宝物。

慧明本来是四品将军，后来发心求道，出家学佛，跟随五祖多年。慧明在惠能启发下悟道，尊惠能为师。但是惠能很谦虚，说："咱们两个还是同学身份，同师黄梅，善自护持，你还是我的师兄。"

逃亡之路

惠能四处流浪，到达韶州的曹溪，在曹溪的曹侯村，没人知道他的身世。有一个儒士刘志略，是他的朋友，对他非常友好。刘志略有个姑姑是个出家的比丘尼，叫无尽藏，经常诵读《大涅槃经》。惠能一听，便知道经中妙义，为无尽藏解说。无尽藏便拿着经典请教惠能其中的字义。惠能说："字即不识，义即请问。"（《六祖坛经》）无尽藏感到非常奇怪："您字尚且不认识，怎么可能知道里边的妙义呢？"惠能说："诸佛妙理，非关文字。"（《六祖坛经》）

惠能在曹溪隐居数载，那帮追逐他的人又闻讯而至，他不得已离开曹溪，向西奔逃。在广东、广西交界的四会那一代，他避难于猎人队中，并且为猎人随宜说法。猎人让他守网，他经常是见到生命，尽情放之。

多年之后，五祖弘忍大师去世，惠能知道不能一直隐遁下去，该到弘法的时间了。因此便来到广州的法性寺，也就是今天的光孝寺。

等他来到门口的时候，恰恰遇到风吹幡动，有两个看门的僧人在那里议论，一个僧人说风动，另外一个僧人说幡动，相互争论，谁也不服谁。

这个时候惠能便说道："不是风动，不是幡动，仁者心动。"（《六祖坛经》）大众听完之后都非常地佩服，非常地惊异，便带他去见讲经的印宗法师。印宗知道他是五祖大师的传人，便为他剃度，他才成为正式的僧人。

惠能讲"不是风动，不是幡动，仁者心动"，有人认为是主观唯心主义，这个说法是错误的。它事实上是讲风动和幡动本身无关紧要，最关键的是让大家保持一颗平常心，面对艰难困苦，面对种种逆境，保持一颗不动心，不要计较。

禅宗强调众生平等，能者为师，和中国的儒家传统差别很大，不讲究辈分和身份。印宗大师为惠能剃度，成为惠能的剃度师。在惠能正式出家之后，他就拜惠能为师，成为惠能的传法弟子。这就体现了"能者为师"这一个传统。

第二节

大梵寺说法：

禅宗新思想将佛教中国化

惠能对“大”的新解释

六祖惠能在法性寺出家之后，在那里说法半载。第二年春天便来到他曾经隐居过的韶州，在韶州传法，影响很大。韶州刺史韦琚便引请他到城中的大梵寺讲法。大梵寺讲法是六祖传法的一个重要经历。

大梵寺说法分为三天。第一天惠能讲他自己的身世经历和得法的缘由。第二天说摩诃般若波罗蜜法，这是六祖禅法的核心内容。第三天答疑。

第二天，六祖惠能宣讲摩诃般若波罗蜜法。他强调“菩提般若之智，世人本自有之”（《六祖坛经》），就是说每个人都本有般若智慧，只是因为心迷，受外在的干扰而没能显发出来。经过大善知识的开导，便能见性开悟，产生智慧。“摩诃般若波罗蜜”是梵语。“摩诃”是“大”；“般若”是“智慧”；“波罗蜜”是“到彼岸”，也就是“度”的意思。摩诃般若波罗蜜本来是佛教常说的一个术语，还有以此为名的经典。但是六祖惠能对这一简单的话做出了新的阐释。按照印度经典的一般解释，“摩诃”

是修饰语，是形容词；“般若”是中心词，意思是说大的智慧能够到彼岸。六祖对此做了一个微调，把重心前移到“摩诃”上，强调大就能有智慧，有智慧就必然到达彼岸。因此他更强调“摩诃”。

六祖指出每个人都有一颗大心，开发大心，显现本有智慧，就能够悟道成佛。他强调“心量广大，犹如虚空”（《六祖坛经》），人的心性、人的心量非常广大，就像整个宇宙虚空一样，无所不容，无所不包，使人有一个更加开阔的视野，有更加博大的胸怀。这样才能产生智慧。

六祖惠能对这个“大”字做了很多的发挥。他首先强调摩诃般若妙法大。他指出：“摩诃般若波罗蜜，最尊最上最第一。无住无往亦无来，三世诸佛从中出。”（《六祖坛经》）就是说三世诸佛，都是从摩诃般若波罗蜜法来悟道的，来成佛的。学习和体会摩诃般若波罗蜜法，就要有一个很大的度量，要能够虚己容物，不与人计较。

六祖惠能强调，心量广大，犹如虚空，遍及一切，无不涵容。他一方面强调心量广大，度量很大，无分别，不计较。另一方面又强调将理论跟实践结合起来，不只口说还要心行，更要付诸实践。这样才是真正的般若智慧。

惠能认为的三个思想境界

六祖还给大家讲了一首《无相颂》，强调“说通”与“心通”的结合。“心通”就是心里明白，能够产生智慧、悟道。“说通”，就是言说能够讲得明白。这两方面都非常重要。

他强调自己“为传见法性，出世破邪宗”（《六祖坛经·无相颂》），就是强调见性法门的重要性。“出世破邪宗”，有人误认为是破北宗，这个理解是错误的。因为北宗是他的同门，不能当成邪宗。邪宗指的是外道。

他把人的思想境界分成三个层次：

第一个层次是“邪来烦恼至”（《六祖坛经·无相颂》），社会的人，世间的人，邪气产生烦恼充满，这是最差的一层。

第二个层次是“正来烦恼除”（《六祖坛经·无相颂》），正其一生，正面一生，智慧一生，把烦恼给消除了。

第三个层次是讲“邪正俱不用，清净至无余”（《六祖坛经·无相颂》），就是说两边都放下，无邪无正，无是无非，无善无恶，达到清净寂灭的涅槃境界。

在修行方式方面，他又说：“世人若修道，一切尽不妨；常自见己过，与道即相当。”（《六祖坛经·无相颂》）他指出人不要抱怨，不要老觉得别人不好，不要老觉得社会不好，不要老强调政府不公平，应当多看到自己的过失。凡事只思己过，闲言莫论人非。

所以他指出：“若真修道人，不见世间过；若见他人非，自非却是左。他非我不非，我非自有过。”（《六祖坛经·无相颂》）意思是说不要老看见别人的过失，要经常反省自己的错误，别人的错误不能模仿；如果仿效别人的错误，自己也是一个犯错误的人，也是一个有过有罪的人。要去掉是非之心，去掉烦恼，打破尘劳，达到“憎爱不关心，长伸两脚卧”（《六祖坛经·无相颂》）的自在境界。

六祖还强调佛法与现实社会的结合。他指出：“佛法在世间，不离世间觉；离世觅菩提，恰如求兔角。”（《六祖坛经·无相颂》）这个句子非常有名，开了后世人间佛教的先河。意思是说佛法不在别处，佛法就在现实社会，不能离开我们的现实社会去追求觉悟，去追求悟道。如果离开现实社会去追求菩提智慧，那就像寻找兔子的角一样。

惠能将佛教中国化

六祖在大梵寺说法讲到第三天，韦刺史设斋供养，然后刺史请六祖大师升座，他同官僚士庶一起，礼拜请教。

韦琚问六祖大师说：“您老人家讲的是达摩大师的宗旨吗？”六祖说当然是。

韦琚便说：“我听说达摩初化梁武帝的时候，有一个故事，梁武帝问他：‘朕一生造寺度僧，布施设斋，有何功德？’达摩大师说：‘实无功德。’达摩大师为什么这么讲？弟子不太明白，希望您为我解说。”

六祖说：“确实没有功德，不要怀疑达摩大师的话。因为武帝心邪，不知正法。他把造寺度僧，布施设斋，作为智慧，这个理解是错误的。因为造寺度僧、布施设斋，这是有为法，是布施钱财，是福德。做福德求的是福报，得的是福果，这跟智慧完全是两回事。智慧才是真正的功德，功德是跟法身联系在一起，跟菩提联系在一起的。”

在早期的《达摩多罗禅经》里边有这么两句话，“智者开慧眼，说名为功德”，可见，佛教一再强调智慧功德的重要性。虽然他们也重视布施设斋，也重视向寺院奉献财物，但是他们认为财物远远没有智慧重要，物质没有精神重要。

六祖对功德又做了详细的解释。他认为“见性是功，平等是德”（《六祖坛经》）。“见性”就是得自本心，见自本性，见到自己内在的本质。而“平等”就是以平等的态度对待他人，强调众生平等，不要有分别性，尤其不能小瞧弱势群体。

他还认为：“若修功德之人，心即不轻，常行普敬。”（《六祖坛经》）

普敬法门是禅宗一直崇尚的。它强调平等，普遍尊敬一切众生，尊敬一切人。六祖惠能和神秀都强调这个法门。

经过六祖的点化，韦琚等人明白了功德跟福德的差别，然后又提出另外一个问题："弟子常见僧俗念阿弥陀佛，求生西方净土，念佛能够往生净土吗？求老师开示。"

六祖便说："使君善听，惠能与说。世尊在舍卫城中，说西方引化经文，分明去此不远。确实有西方净土，但是西方净土不是外在的，而是内在的，十万八千只是一个比喻，只是一个象征，实际上代指人生中的十恶八邪。人生中十恶不去，离佛教净土便有十万里远，有八邪去不掉，便是有八千里远。所以这个远近不是一个真正的距离，而是讲人的修为的高低。说远，是为下根。因为下根的人，心中迷惑，不好好修行，所以离佛教净土、离佛国净土就很远。而有智慧的人，努力前行的人，离佛就很近，离净土就很近。"

作为一个佛教大师，六祖惠能对印度佛教十分尊敬。但是他并不迷信印度佛教。他有意把佛教中国化，创立中国禅宗的理论特色。

他指出净土本身没有东、西，他说"东方人造罪，念佛求生西方"，那么"西方人造罪，念佛求生何国"（《六祖坛经》）呢？

他认为净土本身没有方所，不在东、西，迷惑的人不知自性，不识身中净土，一会儿想东一会儿想西，而觉悟的人到哪里都一样，到哪里都是净土。在这个方面，他有意强调中国佛教的自信，强调东方佛国，强调东方净土。

六祖这个说法在当时可谓石破天惊。他的这个理论和说法建立了中国佛教的自信。他认为佛国净土不在外边，在里边，在人的身体里边。

他提出"身中净土，自性弥陀"这一个突破性的说法。他认为真正的净土不是在遥远的西方，而是在每个人身体里边。每个人只要努力修行，自我净化，身中便是净土，当下便是佛果，自己就是佛陀。

六祖的说法在当时是非常大胆的，是革命性、创造性的。因为在他那个时代，绝大多数人还是迷信西方净土，还是认为念佛只有到印度、到西方，才能够成道，才能够解脱。而对于中国佛教、对于东方没有信心。按照六祖这个说法，在中国就能成佛，在东方就能进入净土。这大大提升了中国佛教的信心，提高了中国禅宗的地位，为当时中国的道俗百姓指出了一条成佛之路。

大梵寺说法是六祖惠能对其禅宗新思想的集中讲解，意义重大。这三天的讲法内容，后来构成了《六祖坛经》的主体。

大梵寺说法是六祖惠能对其新思想的集中解释。大梵寺说法之后，六祖惠能回到曹溪，弘法利生三十七载，接引门人无数，对后世产生很大的影响。这中间他收了很多门人，也发生了很多非常有趣的故事。他到生命的最后时刻才回到老家新州，叶落归根，也体现了把佛教的孝道跟儒家的孝道结合在一起的精神。

第三节

“自性是佛，顿悟入道”的思想特色

“自性是佛，顿悟入道”

六祖惠能大师是一个非常有创造性的大思想家。他的理论有革命性，有创新精神。

首先，他敢于创造。前面我们讲过，禅宗注重创新，不过分注重因循守旧，他们对辈分、对很多传统的东西不是过分讲究，所以这方面使惠能有了敢于创新的勇气。加上他从小没上过学，不识字，对传统的经典读得不多，这反而成为他创新的一个优势。因为他没有太多的思想禁区，没有太多的思维惯性，所以能够把自己的新思想发挥出来，能够最大限度地体现他的灵性和悟性。

另外，六祖大师不仅敢于创新，而且能够创新。他把印度佛教的精华跟中国文化的精髓非常完美地结合在一起，他的知识跟他的创造性恰恰衔接得最好。一方面，他不太受旧经典和传统过分的影响；另一方面，他努力学习，用听经这种方式来努力学习印度佛教的各种经典。所以他的知识可以说不多不少、恰到好处，既能够满足他的创新需要，同时也没有对他的新思想构成障碍。

六祖惠能的思想理论本质，可以用“自性是佛，顿悟入道”这八个字来概括。

“自性是佛”，体现了禅宗长期以来坚持内在化的这么一个传统。不仅六祖大师强调内在性，神秀大师也是这么强调的。

内在性，是说向内求、向自己本心求，不是向外追求。这里边也体现了佛教本身的一个特色。

比如说神秀大师同样重视禅宗的内在性。绕塔供养，是禅宗的一种修行方式。神秀大师指出，这个塔不是指外在的塔，不是砖头木头建的塔，而是每个人自己的身塔。人人有个灵山塔，莫向灵山塔外修。这个塔就是自己的身体，绕塔真正的意义就是寻找身心。寻绕眼耳鼻舌身意六门，不让六门犯错误，不让它接受外在的污染，让自己的身体保持清净，身心清净才能进入佛道。

六祖惠能的“自性是佛”同样体现了这一精神。“自性是佛”是印度传统的佛性如来藏思想的延续和发展。这一点体现了佛教反对偶像崇拜，反对外在崇拜的特色。

有些宗教批评佛教，说佛教是偶像崇拜。这个说法其实是错误的。佛教的佛像只是一个表征、一个象征。佛教认为最根本的是自己心中的佛，不是外在的佛。悟道之后，自己才能成佛，而不只是为跪拜、礼拜、烧香、供养外在的佛性，那只是一个象征而已。

因此，佛教是个特殊的宗教，是一个不信神的宗教。所以很多佛教学者就认为佛教本身是个无神论的宗教。因为佛教讲究自性是佛，自修自悟，反对外在的偶像崇拜。佛教认为人的命运是自己决定的，是自作自受，自己种因，自己得果。这跟基督教上帝造人、上帝支配人的命运的观点是完全相反的。所以佛教本身就具有无神论的特色，虽然它承认神灵的存在，但是这个神本身“不神”。这个神也是六道轮回的一道，本身不能安排和决定人的命运。

“自性是佛”看似简单，实则高深。它实际上是强调要按佛的标准要求自己，非佛勿做，非佛勿行，非佛勿言，非佛勿动，要有佛的智慧，要有佛的慈悲爱心，要有佛的道德修养，达到这些要求之后，自己就是佛。

在修行方式方面，六祖惠能大师更加重视顿悟入道。有人认为南宗重视顿悟，北宗强调渐悟，这种说法是不对的。其实神秀大师也强调顿悟。

南宗与北宗

惠能主要在南方传法，所以号称南宗。北宗主要在两京一带说法，所以号称北宗，神秀大师是北宗的杰出代表。

南宗北宗有各自不同的特点。北宗更强调跟官府的结合。他们大多数人在朝中为国师，所以有人称之为官禅。南宗较为民间化，主要是跟地方结合，带有平民化特色。

南宗、北宗都是禅宗的一个分支，在基本思想上是一致的，可以说是大同小异，在大的方面是一致的。所以神秀也讲顿悟，但是在修行方面还是有一些差异。

六祖惠能讲自性是佛、本来是佛，这是顿悟入道的一个理论基础。因为自己本来就是，只要明了，要自性，见自本心，识自本性，当下就成佛。

北宗强调渐修顿悟，先通过渐修打基础，然后获得顿悟。而惠能更强调顿悟、顿修。他认为佛法是一个整体，不能像吃饼似的一口口地吃，而要全体皆现，就像我们看到太阳一样，云开日出，看到整个太阳。佛法作为一个整体是不能分割的，因此要悟只能是顿悟，一下子彻底了知佛法整体。

六祖惠能还强调悟修结合，顿悟顿修。当我们悟到佛理之后，了知自性是佛之后，一超直入佛理，马上就到达佛的高级境界。在悟中修、在修中悟，在顿悟完成的同时也完成了顿修。这就是南宗的一个思想特色。

惠能如何做到内容高深、方法简单？

六祖惠能的思想理论，还有一个特色，那就是内容高深，方法简单。

我们前面讲过六祖的思想是印度佛教的思想精华与中华文化理论精髓的一个完美的结合。因此他的境界非常高。一方面，完美地再现了印度佛教历代祖师大德的高深思想；另一方面，又将其跟中国历代的大思想家、大哲学家的思想水乳交融，完美地结合在一起，从而构成一个新的思想体系。六祖惠能把最高深、最复杂的思想与最简单的方法结合在一起，这是一个难以达到的高度。

我们前面讲过六祖惠能的思想体系就是摩诃般若波罗蜜法。他只是做了一个简单的重心前移，强调一个“大”字，突出“摩诃”，把入道的方法变得极其简单。

根据印度佛教，入道的方法有很多，号称八万四千法门。简单来说还有大乘佛教的六度（施度、戒度、忍度、精进度、禅度、慧度），还有更简单的戒定慧三学（戒律、禅定与智慧）。六祖认为这些方法虽然已经很简单，但是对于中国的平民百姓，特别是不识字的下层百姓来说，还是比较困难。因此他就创造性地用一个“大”字来作为入道的方法。这个字最简洁，哪怕不识字的人也会认识这个字。

通过这一个“大”字就能够完整地了解整个佛法。这个“大”字包含很多方面，心量广大，气量很大，信心很大，智慧很大，等等。用“大”字作为入道的法门，能够保证社会全体民众，特别是下层民众由此了解佛法，由此修行入道，由此成佛作祖。可以说六祖已经把修行方法做到了简单的极致。

六祖的思想理论非常富有特色，可以说在中国历代思想家中独具一格。

第四节

真正的“佛系”精神

出身“贫贵”的独特气质

六祖大师是一个非常特殊的人。我们一般讲人的出身，或者说富贵，或者说贫贱，但是六祖不是这样，他的出身可以用“贫贵”这个词来形容。

为什么说他是“贫贵”呢？

“贵”是强调他的出身，他是贵族出身。范阳卢氏是东汉到隋唐著名的贵族世家，他是东汉卢植之后。当时范阳卢氏是排第二位的，第一位是山东崔氏。贵族在当时影响很大，地位很高，皇家都比不上，所以说他出身非常高贵。

另外一方面，他本身没有过过贵族的日子。在他三岁时父亲就去世了。而他父亲是一个被贬的官员，差不多是半个囚犯，所以他从小过的是下层的平民生活。

这就造就了他有这么一个看似矛盾的特色，就是既有贵族气质又有平民风范。

说他有贵族气质，是因为六祖非常高贵，非常文雅。在他说法方面，在他的活动方面，没有任何低俗的行为，没有任何粗鄙的语言，始终谦和，始终有大家风范。

另外他又非常接地气，他所说的禅法是能够面向所有人，特别是下层老百姓的，甚至那些不识字的老百姓，那些残疾人，都可以通过他的禅法来获得知识，来获得证悟。这一点也是难能可贵的。

贵族气质决定了他的境界，决定了他的修为；平民风范决定了他的亲民，决定了他的思想的亲和力。

六祖大师从来不摆架子，在面对学生的时候，也是非常谦虚，非常低调。他甘愿保持自己的平民身份，不追求那种贵族的生活。

在他成名之后，很多人崇敬他，他的社会地位非常高。他的两位师兄老安和神秀也多次推荐他，说他得到了五祖的真传，是当时水平最高的禅宗大师。

因此武则天和中宗皇帝多次征召他，让他去当国师。他每次都婉言谢绝，说自己有病，然后不入朝、不进宫。他这么做也是想保持自己的平民本色，不愿意成为贵族思想家，不愿意成为宫中的金丝鸟。

国师、帝师这个位置是很多人梦寐以求的，可是惠能却直接谢绝了。为什么呢?

因为他觉得北方宫廷里边已经有自己的好几个师兄在那里传法了，不需要自己再去了。如果自己去了也只是锦上添花。但是在南方，在当时相对不太开化的岭南，非常需要他这么一位大师来传播佛法。

另外，一旦入宫，身不由己，弟子很难向自己请教，而且自己很难去向老百姓传法。他留在南方，留在山林里边，任何人都可以前来向他学习，还可以跟老百姓打交道，可以跟平民百姓打成一片。这样才能让绝大多数人都能够听闻佛法，让禅宗的思想发扬光大，让禅宗的智慧影响更大。

六祖惠能的低调与“佛系”精神

六祖惠能还有一个特色：一方面自信自立、自强不息；另一方面又谦虚低调，不与人计较。

由于从小父亲去世，他的生活非常艰难，与老母亲相依为命，但是他并不甘于一直停留在社会底层。他一直努力工作，努力劳动，自强不息，努力学习，寻求一切机会来向上追求，追求更高的境界、更高的层次。

前面我们讲过，他抓住了人生的机遇，从社会的最底层一跃而上，以居士的身份获得了五祖的传授，成为当时的第六代祖师。这一点也是非常不容易的。因为当时他还没有正式出家，所以他能得到六祖的位置，很多人是不服气的。

这一方面体现了五祖大师的慧眼。他看到惠能有非常好的前途，有很好的发展机会，因此不拘一格降人才，破格提拔，竟然把禅宗祖师的位置传给了一个二十四岁、没有文化、没有资历，甚至还没有出家的年轻人。这体现了五祖大师的气魄。

另一方面，五祖敢传，六祖敢接。他敢于把这副沉甸甸的担子担在自己身上，承担起弘法利生、复兴禅宗的重任。这就体现了他的自信精神，加上他自强不息、努力奋斗，最后成就了中华民族最有代表性的大思想家、大理论家、文化大师、宗教大师这么一个非常高的境界和地位。

尽管五祖刻意打压他，但是六祖大师即使在社会底层，仍然非常自信。在五祖故意试探他的时候，他没有怯懦，而是勇敢地说：“虽然咱们身份不一样，我们的佛性是完全一样的。我跟你老人家地位是平等的。”这种说法体现了他的高度自信。

他虽然非常自信，但是为人又非常谦虚，非常低调，不爱与人计较。这点跟时下的“佛系精神”很有关联。

当然了，我们现在对“佛系”有很多的误解。“佛系”实际上包含两个方面。一方面是不计较功名利禄，不争夺没有意义的东西，不沾染酒色财气，保持一种无分别的精神。另一方面还需要自强不息，努力奋斗，勇猛精进。“佛系”并不是无所作为。“佛系”一方面是要表现出圆融的精神，另一方面还要表现出努力上进的精神，这样才是真的“佛系”。

可以说只有在六祖的身上，我们才能看到真正的“佛系”，既自信又谦虚，既志向远大，又非常低调。

慈悲为怀的佛家精神

六祖大师谦虚平和、为人宽厚，体现出宽仁大度、慈悲为怀的佛家精神。

早年父亲被人陷害，贬官岭南，造成了他一家终生的悲剧。同时他早年得道之后，又受到恶人的追赶，东躲西藏，甚至多次有生命危险。

但是在成为佛教大师之后，他社会地位很高，力量很大，却从来不计较、不报复。对那些陷害他们家的人，对那些追杀他的人，他从来不去报复，而是慈悲为怀、不与计较。

有一个很典型的故事，说当时有人派一个杀手前来杀他。六祖大师很有智慧，感应到了，就半夜里在家等着。那人用刀砍了他三下，他毫发无伤。结果刺客被吓晕了，醒来之后，礼拜忏悔。

六祖便说：“正剑不邪，邪剑不正。只负汝金，不负汝命。”（《六祖坛经》）意思是说你来刺杀我，你这么做是不对的。但是我不跟你计较，我给你准备了十两银子，我欠你十两银子，但并不欠你命，所以让刺客赶紧逃走。

后来刺客发心忏悔、出家学道，成为六祖惠能最杰出的弟子之一（即江西志彻禅师，姓张氏，名行昌）。这就是化敌为友的一个典范。

六祖大师的慈悲精神，把一个仇敌变成了一个弟子，把一个杀人凶手变成了一个佛教大师。这也体现了佛教的慈悲精神对于化解社会矛盾，建设和谐社会的重要作用。

六祖大师的为人和精神风范，可以说是出类拔萃、彪炳千秋的。在他身上还有很多感人的故事，由于内容所限，我们只能点到为止。

第五节

南宗如何在国内和世界传播？

在国内传播

六祖大师建立起一套完整的思想体系，同时还长期传法，循循诱导，善于育人，培养了一大批出色的弟子，当时号称得道者四十三人。

经过他的培养、教化和弘扬，南宗的影响越来越大。但是从整个势力上来说，南宗的力量还不足以与北宗抗衡。

由于得到了朝廷和官方的大力支持，神秀一系的北宗在当时如日中天，势力很大。他和两个弟子普寂、义福都号称“两京法主，三帝门师”。

他们的影响主要在长安、洛阳东西两京核心地区，并且通过两京辐射到全国。所以单从势力上来说，南宗还是相对弱小。

但是由于北宗过于依赖官府，在经历安史之乱之后，力量便大为削弱。后来又经过武宗灭法[1]，北宗的影响越来越弱，到唐朝后期基本消失。而

[1] 武宗灭法：又称会昌法难，指唐武宗李炎在位期间推行的一系列“灭佛”措施。

惠能所创的南宗由于在南方、在边地、在民间、在山林，因此受政治的影响比较小。南宗在武宗灭法的时候也没受到过大的波及，甚至由于武宗灭法，把一些贵族要派扫荡殆尽，佛教恢复之后，惠能的南宗反而获得更大的发展机会，成为当时佛教的主流。

在当时，惠能的南宗主要分成两派。一派是从南岳怀让传马祖道一，在江西一带形成的洪州宗，这是惠能南方派的代表。

另外一派是他的大弟子神会北上批评北宗，在北方建立了菏泽宗，在北宗的大本营传播南宗的禅法，也取得了很大的影响。

过了一段时间，神会的菏泽宗也慢慢衰退下来，而南方一系的青原系逐渐崛起，就构成了南岳怀让、马祖道一所代表的南岳系与青原行思、石头希迁所代表的青原系两宗对峙这么一个局面。

南岳系后来又分成沩仰宗与临济宗两家。青原系又分出曹洞宗、云门宗、法眼宗三家。这就是禅宗的五宗。

到北宋中期，临济宗又分成黄龙派和杨岐派。黄龙派的创立者是黄龙慧南，杨岐派的创立者是杨岐方会。这两家后来成为临济宗的主要代表。

初期的时候，黄龙派门人很多，影响很大，在北宋末期和南宋初期很有影响。但到后来黄龙派也慢慢衰微，杨岐派就成为临济宗的主要代表。

禅宗五宗七派，在全国各地渐次传法，影响很大。

南宗向世界传播

早在唐朝时期，南宗便传到朝鲜半岛。朝鲜的禅宗主要是惠能的南宗。后来禅宗又传到了日本，在日本号称有二十四流，基本上都是南宗的传人。在宋代，禅宗也传入了越南。

所以惠能的南宗，一步步向外扩展，从中国传遍东亚，后来又从东亚进入欧美。

现在的禅宗绝大部分都是惠能的“子孙”。

“曹溪一滴水，润泽天下人。”所以惠能一派成为中国佛教的主流。

中国的汉传佛教历史上有很多宗派，后来主要是禅宗一枝独秀，而禅宗又主要是惠能的南宗。因此现在中国佛教最根本的派别都是属于惠能这一系的。

惠能的思想也成为中国佛教的主流思想，不仅影响中国本土，还影响朝鲜、日本、越南、东南亚等地。

惠能的南宗从南到北，从小到大，不仅遍及整个中国地区，还传到了周边的朝鲜半岛、日本和越南。到朝鲜半岛有两条路线，一条是陆路，一条是海路。虽然有陆路可以连通，但是还是以海路为主。到日本，当然只能是海路。到越南也是两条路线，既有海路，又有陆路，还是以海路为主。因为坐船更加便捷，当然也有风险。

惠能南宗的传播路线就是古代的“一带一路”，所以既是文化传播，也是一个商业的来往。这些佛教大师大部分是搭乘商船出行。虽然日本有官方的遣唐使，但人数规模有限，他们大部分都是乘坐商船往来。

而商船上的商人基本上都信仰佛教，海外传法的佛教大师跟商人相互结合，商人为他们提供船只和物质保障，佛教大师为他们提供精神上的支持和护佑。

随着南宗法系的传播，惠能的思想也被带到世界各地。同时传播的还有中国文化和技术，还有很多重要的产品。这就促进了中国跟周边地区的相互交流，促进了文化往来与贸易往来。

惠能的思想不仅影响佛教本身，还影响到了儒家和道家。惠能在创造自己思想的同时，就有意地注重与儒家的结合。他非常强调在家学佛，把儒家的伦理跟佛教的道德结合在一起。

他指出："心平何劳持戒，行直何用修禅。恩则孝养父母，义则上下相怜，让则尊卑和睦，忍则众恶无喧。"（《六祖坛经》）

这个偈颂把儒家的恩、义、让、忍佛教化，跟佛教的思想完美地结合在一起。这么一来更便于在家修行，也能打通儒佛之间的隔阂，把两宗思想的精华完美地结合在一起，更能体现禅宗和佛教的中国化。

六祖的思想不仅影响到佛教信徒，还影响到社会各界，对中国社会生活的方方面面都有着很大的影响，促进了道德的提升，促进了文化的进步，也促进了中国文化的创造性和注重创新这么一个根本特质的形成。

南宗在这方面对儒家思想是一个补充，因为儒家更重视对传统的继承，不太重视发展，而六祖的思想具有革命性、创造性，不拘一格，还强调弟子要超过老师，这正造就了禅宗的千年繁荣。

他的后辈指出："见与师齐，减师半德；见过于师，方堪传授。"（《碧岩录》第十一则）特别是"见过于师"，这点是儒家不能容忍的，却是禅宗大力提倡的。

根据这个要求，一代更比一代强，要鼓励弟子超过老师，要鼓励弟子创新，要鼓励弟子发展。这就保证了禅宗思想代代兴盛，每一代都能结合新的形势，做出新的解释和发展。这对中国文化来说也是一个难能可贵的品质。

六祖的思想从中国走向世界，它不仅属于中国，也属于整个世界。他是一个享誉世界的大思想家。

六祖的思想具有永久的生命力，不仅在当时有很大的影响，在现代也有非常重要的借鉴价值。他强调自信自强，强调东方净土，强调中国佛教的自身特色，反对崇洋媚外，反对外在崇拜。这就树立了中国佛教和中国文化的自信。这一点也是我们的时代所需要的。

同时，他注重创造，注重创新，对于我们今天建设创新型社会很有启发。因此六祖的思想非常有现代价值，值得我们今天学习吸收。

第六节

如何阅读《六祖坛经》?

在长期的发展过程中,《六祖坛经》形成了很多版本,其中重要的有四类。第一类是敦煌本,第二类是惠昕本(即宋本),第三类是曹溪原本(又称契嵩本),第四类是宗宝本(又叫流通本)。

对于大众和普通读者来讲,只要读后两类就可以了。特别是宗宝本,更加流行,便于阅读。

学习《六祖坛经》其实不难,因为六祖惠能在他那个时代就已经非常注重平民化。《六祖坛经》用词都非常简明,没有特别难的字,也没有怪字、偏字。

另外,六祖惠能本身就是一个出色的民间诗人。在《六祖坛经》里边,很多诗、很多偈颂都是朗朗上口,易学易读。

所以我们在学习《六祖坛经》的过程中,可以抓一些重要的偈颂来朗读。一方面便于记忆,另一方面也可以更好地领会六祖的思想。

在阅读《六祖坛经》时我们最好先阅读原文,如果能够理解原文最好。如果有些不太懂,可以先看一下注释。如果不懂注释,再看一下很多学者所做的白话翻译。最好先按照这个顺序自己读。

现在学界对于《六祖坛经》的研究和注释版本很多，社科院学部委员魏道儒教授就有这样的读本，我本人也有这方面的著作，大家可以参考。

学习《六祖坛经》不只要学会它的文句，更要领会它的思想，还要把六祖所代表的优秀的佛教思想应用到生活中来。六祖本人就强调要把口说与心行结合在一起，反对光说不练的做法。

六祖的智慧在今天仍然富有生命力。我们可以通过学习六祖，树立民族自信，树立文化自信，破除崇洋媚外，破除外在的崇拜，要相信自己是佛，自性是佛，破除迷信，解放思想。同时我们要勇于创新，不要过分地迷信权威。

我们把六祖思想这些好的方面活学活用，跟我们每个人的生活实践结合起来，应用下去，就能对个人起到健康身心、开发智慧的作用。同时我们要学会六祖的慈悲众生、关爱大众、不与计较的“佛系精神”，要化解矛盾，不要整天埋怨这个，埋怨那个。我们要发扬我们的民族精神，让中华民族不断地前进，不断地上升，屹立于世界优秀民族之林。

《六祖坛经》可以大致分为前后两大部分。前半部分主要是大梵寺说法，是这三天讲法的主要内容的总结，构成《六祖坛经》的主体内容。后半部分是对他三十多年说法内容的一个高度凝练，是一个总结，其中也有他的弟子对他晚年涅槃及之后的种种情况的一个补充与总结。

任何宗教都有神圣性，《六祖坛经》也包含着很多带神话色彩的故事。在这个方面，读者可以自己去裁量。一方面要坚持禅宗的理性精神和科学精神，不迷信、不盲从；另一方面也要尊重宗教信仰，不必刻意否认或者诋毁。

第十讲

韩愈：为后世知识分子开辟精神道路

作者刘宁：中国社会科学院文学研究所研究员、博士生导师，中国唐代文学学会副会长，韩愈研究会副会长。

第一节

开启宋以后中国文化新格局

唐宋文化转型之际的关键人物

韩愈对中国历史有着巨大的影响，北宋欧阳修说他那个时代韩愈的文章非常流行，“学者非韩不学”（《记旧本韩文后》）。其实这样的状况，在从北宋到近代的一千多年时间里，一直没有改变。人们学习韩文，不仅仅是缘于韩文巨大的文学成就，更与韩愈卓越的思想文化建树息息相关。

北宋苏轼无比景仰韩愈的丰功伟绩，对其文与道两方面的卓越贡献做了精当的评价。在《潮州韩文公庙碑》中称他“文起八代之衰，而道济天下之溺”，不仅振作了八代以来文风的衰颓，更挽救了中国精神之道的沦丧。在思想史上，韩愈是新儒学的开创者；在文学史上，他是深受推崇的古文宗师。

南宋理学大师朱熹，也积极肯定韩愈排斥佛老、复兴儒道的功绩。他曾花很大力气整理韩愈文集，在方崧卿校本的基础上重加校订，著成《韩文考异》。《韩文考异》问世八百年间，诵习韩文者莫不遵用，对于韩文的传播发挥了巨大作用。朱熹晚年身体多病，却为韩集校勘整理倾注如此大的心血。这无疑反映了他对韩愈的深刻服膺与高度重视。

20 世纪以来，在新的思想文化环境中，高度评价韩愈历史功绩的，首推陈寅恪。在写于 1954 年的《论韩愈》一文中，他提出："唐代之史可分前后两期，前期结束南北朝相承之旧局面，后期开启赵宋以降之新局面，关于政治社会经济者如此，关于文化学术者亦莫不如此。退之者，唐代文化学术史上承先启后、转旧为新关捩点之人物也。"

这个意见是站在唐宋社会文化转型的大背景下，认识韩愈的历史地位。所谓唐宋社会转型，是指中国社会在唐宋时期经历了显著的变化，从魏晋南北朝以来的门阀社会，转向宋代以后的士大夫官僚社会。这种社会结构的变化，带来了思想文化的深刻变革。唐宋文化转型，受到安史之乱的促发，安史之乱后的中唐，就成为转型的关节点。所以清人叶燮说，中唐不是唐代一代之"中"，而是百代之"中"。韩愈在中唐时期，面对复杂的社会文化矛盾，力挽狂澜，复兴儒道。其深刻的思想关怀，绝不仅止于救一时之弊，而是围绕道统的树立，让中华文明传统生机重振。他对于开启宋代以后中国文化的新格局，其创辟之功罕有其匹。

韩愈的历史影响主要体现在三个方面：第一，开创新儒学，塑造中国人的思想方式；第二，弘扬师道，塑造中国人的行为方式；第三，提倡古文，塑造中国人的表达方式。这三点，做到任何一点，都足以载入史册。而韩愈在三个方面皆有卓越贡献，其对中国文化的影响，可谓至深至巨。

然而，20 世纪以来，由于学术分科的原因，思想与文学归属不同领域，这在很大程度上限制了对韩愈成就的综合认识，难以充分理解其重要的思想文化史地位，这也是颇为遗憾的。我们接下来会详细分析他的贡献，理解其历史意义。在此之前，我们先来介绍韩愈的生平和时代，看看是怎样的家世背景、成长经历和社会环境塑造了他，他又遇到怎样的时代困局，有着怎样的现实关怀和思想抱负。

以继承儒学传统为己任

韩愈出生于唐代宗大历三年（768），在唐穆宗长庆四年（824）12月去世，享寿57岁。他的故里在唐代河南府所辖的河阳县（今河南省孟州市）。他自称昌黎韩氏，友人也这么称呼他，这不过是唐人称郡望[1]的习惯，如姓李者称陇西，姓赵者称天水，姓崔者称博陵。汉代韩骞的后裔韩播徙居昌黎棘城（指今河北卢龙县，一说是指辽宁义县）。昌黎韩氏历经前燕、后燕、后魏三个朝代，前后300余年，门第显赫。韩氏遂以“昌黎”为郡望。

韩愈的家庭有着浓厚的崇儒尚文传统。他的祖父韩叡素，曾任桂州长史，虽然只是一个下层官员，但很有令名美誉。韩叡素有四子：长子仲卿，次子少卿，三子云卿，四子绅卿。

韩仲卿即为韩愈的父亲。他曾任武昌令，因为勤政爱民，离任时，当地百姓为他竖立了“武昌宰韩君去思颂碑”，撰写碑文的是盛唐大诗人李白。李白称赞韩氏从七世祖韩茂以来，明德传家，世有令名。韩仲卿能继承圣贤事业，他的几位兄弟也俱有才德，少卿“感慨重诺，死节于义”、云卿“文章冠世……朝廷呼为子房”、绅卿“才名振耀，幼负美誉”。李白天性孤傲，很少创作这类颂美的碑文。他的文集中只有两篇此类碑文，一篇是为虞城县令李锡创作，另一篇就是为韩仲卿写的这篇。

[1] 郡望：又叫作“郡姓”，就是一郡的地方上的大姓望族，郡中显贵的氏姓。例如，赵姓是天水郡的显贵氏姓，钱姓是彭城郡的显贵氏姓。

可见，韩仲卿的为官成绩、其家族之才德俱美，在当时是颇为著称的。韩愈的父辈具有崇儒尚文的突出特点，不仅重节义，而且很有文章才华。他的叔父韩云卿，文名最高。韩愈《科斗书后记》中说，自己这位叔父“文辞独行中朝”，天下人都争相请他为自己的先人撰写碑铭墓志。

韩愈父辈的才德，在他这一辈得到积极的延续。韩愈的兄长韩会，胸有大志，以王佐自许。代宗时，他与卢东美、张正则、崔造为友，时人把他们比作舜时的四位能臣“四夔”，可见名气之大。韩会和他的叔父韩云卿，同游于当时的古文名家萧颖士、李华门下。他还曾经写过一篇名为《文衡》的论文，宣扬儒家学说，强调文章的意义，很有影响。

韩会比韩愈大 30 岁，韩愈正是由韩会夫妇抚养成年的。韩愈出生不满一月，其母就去世了，刚过两周岁，其父韩仲卿也撒手人寰，遂由其兄长韩会抚养。韩愈另一位兄长韩介，去世很早，他的儿子老成（十二郎），也由韩会抚养。因此，韩愈和老成，虽为叔侄，但年岁相近，感情至深。老成去世后，韩愈就创作了非常感人的《祭十二郎文》。

韩会的崇儒尚文，对韩愈有很深的影响。韩会因政治挫折贬谪韶州，在韶州不幸染病去世。临终时，他把珍藏的李白为韩仲卿所写的碑文的拓片传给韩愈，要他延续家风。

韩愈从小就表现出很高的文学才华，也以继承家族的儒学传统为己任。他的好友皇甫湜在《韩文公神道碑》中，说他“七岁属文，意语天出。长悦古学，业孔子、孟轲，而侈其文”。韩愈也说自己是“生七年，而学圣人之道”（《上宰相书》）。韩会在岭南去世后，韩愈跟随嫂子郑氏夫人返回家乡河阳，不久因战乱又全家迁居宣城（今安徽省宣城市），此时他 15 岁。直到 19 岁到长安应试，他在宣城读书五年。宣城曾是大诗人李白怀念谢朓，流连忘返的地方。韩愈也在这里度过了五年安静的读书岁月。

这是他一生难得的一段平稳时光。

贞元二年（786），19岁的韩愈到长安参加科举考试。他先后参加了四次礼部的进士考试，直到贞元八年才及第。这一年主持进士考试的是一代名臣、时任兵部侍郎的陆贽，阅卷官则是补阙梁肃、郎中王础。三人都识才爱才，梁肃还是早期古文家的代表。

但是，通过礼部考试，只是获得了做官的资格，要真正踏上仕途，还要通过吏部的考试。韩愈在贞元八年、九年和十年，参加三次吏部考试，都以失败告终，只能离开长安，到节度使的幕府里去当幕僚。他先后入汴州节度使董晋和徐州节度使张建封的幕府为官，直到贞元十八年才入朝任四门博士，成为一名京官。他的入仕之路可以说是颇为坎坷。

入朝为官后，韩愈的仕途也并不平顺。贞元十九年，他在监察御史任上，上书论政，得罪了当权者，当年12月被贬任阳山令。阳山在今天广东省阳山县，在唐朝时是很荒远的地方。韩愈在这里待了一年多，贞元二十一年因顺宗即位大赦，才得以离开阳山。

唐宪宗即位，改年号为元和。韩愈在元和元年（806）六月，回到国子学担任国子博士。唐宪宗励精图治，史家称其带来了元和中兴。韩愈在元和时期，也更深入地参与到朝廷政治之中。他曾任史馆修撰，参与纂修《顺宗实录》。唐宪宗从即位之初起，就坚决削藩，对叛乱的藩镇绝不姑息。韩愈坚决支持削藩。淮西叛乱时，他亲身参与了平叛战争，作为行军司马，跟宰相裴度战斗在最前线。叛乱平定后，宪宗特意把撰写记功碑文的工作委任给韩愈。韩愈为此撰写了传诵千古的《平淮西碑》。

此后不久，韩愈再次经历人生的又一重大挫折。唐宪宗奉迎法门寺佛骨舍利到长安供养，但韩愈一贯攘斥佛、老，对此举深以为非。他看到百姓奉迎佛骨，如痴若狂，更忧惧佛教对政俗会产生巨大伤害，故而上表宪宗，请其将佛骨投之于水火。此表令宪宗震怒，欲将韩愈置之极刑，幸亏得到裴度等人的疏救，才改将他贬为潮州刺史。

韩愈在离京去潮州赴任的路上，给自己的侄孙韩湘写了一首诗，说自己“一封朝奏九重天，夕贬潮阳路八千”，想到前路又要到那充满瘴气的荒远岭外，他悲观地说“知汝远来应有意，好收吾骨瘴江边”（《左迁蓝关示侄孙湘》）。

但到潮州后，他在刺史任上积极造福地方，勤政爱民，深受百姓爱戴。当地人将山命名为韩山，将江命名为韩江，为其立祠祭祀。韩愈在潮州为官虽然只有八个月，但影响十分深远。

韩愈在元和十五年冬回到长安，任国子祭酒，就是国子学的校长。唐宪宗去世后，穆宗即位，改元长庆。长庆年间，韩愈又担任过兵部侍郎、吏部侍郎等职，曾奉使宣抚镇州，他不顾个人安危，招抚叛镇，显示了绝大的勇气和胆识。长庆四年，他因病去世，享年 57 岁。

第二节

面对困局，勇于敢为

藩镇割据与诸多社会问题

韩愈不是一味沉浸神冥的玄思之士，而是积极关注现实，有着强烈淑世之心的士君子。他面对时代困局，勇于敢为，不尚空谈。他的好朋友张籍曾经很恳切地劝他，要抓紧时间到安静的书斋里，把自己的思想形诸著述。

但韩愈对此不以为意，他说“化当世莫若口，传来世莫若书”（《答张籍书》），意思是著书立说，不过是实现个人思想的传世不朽，真正要对当世发生影响，著书立说显然见效太慢了。在《进学解》中，他说自己“障百川而东之，回狂澜于既倒”。这种勇于承担的气魄，继承了孟子的大丈夫之勇。韩愈的忧世之念何以如此强烈？他遇到了什么样的时代困局？他为什么感到自己对挽救这个困局负有如此紧迫的责任？

韩愈所处的中唐时代，社会矛盾丛生，思想领域儒道衰微。大唐帝国在开国后的一百多年时间里，国势强盛、经济文化繁荣，然而安史之乱让唐王朝由盛转衰；战乱平定后，唐王朝开始面对藩镇割据、经济凋敝、危机四伏的局面。唐德宗希望平定藩镇之乱，反倒被朱泚逼迫，逃到奉天，在翰林学士陆贽的建议下，下诏罪己。

这篇诏书出自陆贽之手，言辞非常恳切，德宗检讨自己“长于深宫之中，暗于经国之务，积习易溺，居安忘危，不知稼穑之艰难，不恤征戍之劳苦。……天谴于上而人不寤，人怨于下而朕不知……上累于祖宗，下负于烝庶，痛心靦面，罪实在予。永言愧悼，若坠泉谷”。据说许多武将读后，都感动得落泪，开始愿意帮助朝廷平定叛乱。经过奉天之难，唐德宗再也不敢对藩镇轻举妄动。他在位时，面对强悍跋扈的藩镇，有人甚至提出要恢复古代分封诸侯的封建制。

对这种论调，柳宗元写过一篇很有名的文章《封建论》坚决加以驳斥，力倡郡县制，认为不能通过回到封建制来解决现实问题。但是，如何有效地加强中央的统治力量，时人也并没有很有效的办法，只能继续维持“姑息之政”，所谓“方镇相望于内地，大者连州十余，小者犹兼三四。故兵骄则逐帅，帅强则叛上。或父死子握其兵而不肯代；或取舍由于士卒，往往自择将吏，号为‘留后’，以邀命于朝。天子顾力不能制，则忍耻含垢，因而抚之，谓之姑息之政”（《新唐书》）。意思是中央朝廷对于藩镇的割据，完全无力左右和控制。

不仅藩镇问题痼疾难去，唐王朝还面临许多治理上的困境，例如经济凋敝、财政窘迫。如何摆脱这种困境呢？很多人想到要去强化制度和法治。杜佑编纂了 200 卷的《通典》，书中汇编了文献中记载的历代制度施设，希望为当代的制度建设做参考与借鉴。杜佑和柳宗元等人还提出要探索“理道”，就是治理之道，柳宗元的思想就有很强的法家色彩。但是，制度是万能的吗？显然不是，制度再完备，人心涣散，缺乏道德意识，也是很危险的。

攘斥佛老

在诸多社会矛盾拙于应对的同时，佛教和道教的社会影响在显著增强。道教自盛唐初期以来，一直受到统治者的提倡。安史之乱时期，唐肃宗信任道士李泌，其后道教的影响一直颇为显著。在唐朝以前，佛教就已传入中国，经历了长期的中国化进程。盛唐初期，唐王朝对佛教实行有效的管理，出家必须拥有度牒，而度牒的发放数量被严格控制。

但安史之乱以后，唐王朝面对财政匮乏的困境，开始以大量出卖度牒的方式来筹集资金。到肃宗朝，卖度牒成为国策，这就令僧人的数量急剧增长。尽管购买度牒的人很多，但其中一些人只是为了逃避纳税，并不真正参加宗教法事。总体上这一政策还是让佛教信众迅速增多，但唐王朝对此的管理是失控的。

李德裕曾在奏议中说，如果对此不采取有力的禁止措施，江淮以南将失去 60 万壮丁的赋税（《王智兴度僧尼状》）。意即纳税人少了，这些僧侣都脱离了唐王朝的管控。

僧人数量的膨胀，刺激了佛教组织化的发展，唐代洪州的百丈怀海禅师（约 720—814）创立的《禅门规式》，成为其后历代寺院的基本制度。这些都说明，佛教作为一种宗教组织的存在，在安史之乱以后有了很大发展，更多地脱离了唐王朝的制度控制。佛、老教义在增强了社会影响的同时，在战乱和动荡的时势下，也增强了对人心的吸引力。

韩愈也像同时代许多有识之士一样，期望积极地解决这些社会问题。他亲身经历藩镇跋扈致使社会动乱的血腥之痛，早年因躲避战乱，不得不全家迁居宣城。他入董晋幕府。董晋刚刚去世，就发生叛乱。因此，他坚决支持削藩政策，宪宗时亲身参与平定淮西叛乱的战争。然而身为一名儒者，他认为一切社会问题的根源在于儒道的衰微。因此，他一反当时道教流行以及士大夫普遍信佛的潮流，明确而坚定地排斥佛、老二教。

站在文化多元的立场上看，韩愈攘斥佛、老是偏激的，然而要理解他这一态度，就要分析他的思想渊源和时代背景。如上所述，面对中唐社会的百弊丛生，韩愈有着强烈的现实关怀，渴望解决社会矛盾，因此佛、老二教的出世主义，是他绝对不能赞成的。其家族浓厚的崇儒传统，也强化了他对佛、老二教出世的反感。从时代背景看，安史之乱后不断深化的夷夏思考，激发了士大夫继承华夏文明、立足本民族自身传统解决现实问题的愿望，韩愈弘扬儒道、攘斥佛老，也体现出他追求民族文化自觉的意涵。

唐朝是一个统一的多民族国家，在盛唐初期，对少数民族及其文化，总体上持比较开放和包容的态度。统治者并无严格的夷夏之别观念，唐太宗云："自古皆贵中华，贱夷狄，朕独爱之如一。"（《资治通鉴》）唐前期大量少数民族迁入中原地区，少数民族的将领、士兵成为唐代军队的重要成员。

"安史之乱"让胡汉矛盾陡然加剧。这场持续八年的叛乱，并不是封建王朝内部的一般动乱，它呈现出尖锐的民族矛盾。唐朝前期的武将，大多都不是汉族人。造反的安禄山，其父是粟特人，其母是突厥人，他自称"营州杂种胡"。安史叛军长驱中原，中原士人就视之为胡人的侵伐，杜甫在诗中说"东胡反未已，臣甫愤所切"（《北征》）。这场残酷的战争，让当时的人特别是汉族士大夫深刻感受到胡族侵略者的残暴，杜甫诗中说"四万义军同日死""血作陈陶泽中水"（《悲陈陶》）。唐王朝为了平叛，曾向回纥借救兵。回纥兵虽然帮唐王朝驱赶了安史叛军，但又在长安城大肆劫掠。吐蕃也在这个时候趁火打劫。

胡族的离心离德，强化了民族矛盾，激发了强烈的夷夏之防意识。唐朝士人认为戎狄无亲，异族的铁蹄，导致中原涂炭，华夏文明受到摧残。活跃在德宗朝的李绛就提到安史之乱后国学凋敝的惨状："顷自羯胡乱华，乘舆避狄，中夏凋耗，生人流离，儒硕解散，国学毁废。"（《请崇国学疏》）

士大夫们期望被胡族武力破坏的正常生活恢复起来，还希望把胡族文化的侵蚀清理干净，白居易《新乐府》中的《法曲》就说"法曲法曲合夷歌，夷声邪乱华声和。……一从胡曲相参错，不辨兴衰与哀乐。愿求牙旷正华音，不令夷夏相交侵"。意思是让华夏正音不要被夷歌夷声淆乱，要维护华夏文化的纯正。这些都是强烈的夷夏之防的体现。

韩愈对儒道的弘扬，呼应了这种维护华夏文化传统的渴望，而且对这种渴望做了深入的思想推进。他在中国思想文化自觉的意义上，对儒学做出深刻的创变，令其重现生机。

第三节

力挽狂澜，激活儒学

重新激活儒学

韩愈在中国思想史上最具影响力的贡献，是重新激活儒学，使儒学成为拥有新思想内涵的“新儒学”，启发了宋明理学的形成。宋明时期的儒家思想相对于先秦儒学、汉唐儒学，在思想论题、核心概念、精神理路上，都发生了显著的变化，故称“新儒学”。

美国学者陈荣捷认为“新儒学”这个概念最初来自传教士。17 世纪天主教传教士来华，发现宋明儒学与孔孟之学不同，因仿西方哲学历史之进程而称之为“新儒学”。20 世纪 20 年代，冯友兰在其所著《中国哲学史》下册中，以“新儒家”来指称宋明理学。自此之后，以“新儒家”“新儒学”来指称宋明理学的用法逐渐增多。

“新儒学”这个概念强调了宋明儒学显著的思想新变。这种新变主要体现在对儒学宇宙论、本体论、心性功夫论的深入探索上，而韩愈对此有着重要的启发之功。

要了解韩愈的思想贡献，就要集中研读他的一组重要文章“五原”：《原道》《原性》《原毁》《原人》《原鬼》。这组文章的具体创作时间，学界尚无定论，但多数意见认为贞元二十一年夏秋之际，他从贬谪之地阳山遇赦北归，途中在郴州停留了三个月，这段时间他沉潜写作，“五原”即创作于此时。

这组文章的文体非常独特，对其标题中的“原”，明人徐师曾的解释很准确，是“推其本原之义以示人”（《文体明辨》），意即探讨道、性、毁、人、鬼的本原之义。在韩愈之前，《淮南子》有《原道训》，《文心雕龙》有《原道》篇，表面看起来，和韩愈的《原道》类似，但从具体内容看，差别是很明显的。《淮南子·原道训》之“原道”，是“本道根真”之义，即天地万物皆以道为本；《文心雕龙·原道》之所谓“原道”，同样是“以道为本原”之义，天地万物之文，与人所创造的语言文章之文，都原于道，是“道之文”。这两者与韩愈《原道》探求“道”之本原有明显不同。“五原”表现出对儒学核心概念和重要论题的反思。

《原道》是“五原”首篇，集中表达了韩愈对儒学的核心思考。文章虽然不长，但提出了许多重要观点，对后世产生了非常深远的影响。北宋道学家程颐称此文有着“许大见识”，高度肯定其中卓越的见解。

将儒家之道抽象化

《原道》的开篇，用非常独特的“定名”与“虚位”说，凸显了“道”这一概念的抽象意义。其文云：“博爱之谓仁，行而宜之之谓义，由是而之焉之谓道，足乎己无待于外之谓德。仁与义为定名，道与德为虚位。”这里，对“道”的理解在儒家思想的发展史上是颇为独特的。它为后来的宋代儒学家探索道德形上学指明了方向。

先秦儒学和汉唐儒学，都注重人伦道德，但对道德的形上学探索，比较薄弱。先秦时期孔子论“道”，如“志于道”“朝闻道，夕死可矣”（《论语·里仁》），主要是从人伦实践的层面上讲，“道”是他所提倡的人伦道德原则的整体的综合。他很少离开具体的人伦实践去谈抽象的道，例如他的学生子贡就说：“夫子之文章，可得而闻也；夫子之言性与天道，不可得而闻也。”（《论语·公冶长》）

孟子继承了孔子论道的实践性品格，同时他关注心性修养问题，因而所论之道，包含了心性修养的内容。孔孟论“道”，都不太强调形上的层面；荀子注重礼法，注重知识论，因此他论“道”，带有追求客观真理的意味，并非纯粹的道德形上学。先秦道家所论之“道”，具有超越和形上的内涵；汉唐时期，儒家多借鉴道家的“道”论来构建天道体系，例如从董仲舒的天道思想就可以看到道家对他的影响，但这与对道德本身做形上学反思是不同的。

韩愈在《原道》中提出“仁与义为定名，道与德为虚位”。这里所说的“道”具有很强的抽象含义，这种含义是在与佛老之道的对比之中揭示出来的。韩愈认为儒家和佛老各有其“道”，佛老之“道”，是“道其所道，非吾所谓道也”。韩愈同时将“仁义”确立为儒道的根本内涵，所谓“吾所谓道德云者，合仁与义言之也，天下之公言也”；而佛老之所谓“道”，是“去仁与义言之也，一人之私言也”。以仁义为核心的儒道，与佛老之道判然有别。

韩愈对儒道的思考，是在攘斥佛老的基础上所形成的儒道自觉。他所说的儒家之“道”，超越了儒家具体的伦理道德原则而表现出抽象统一的精神内涵。这种精神内涵当然还不能等同于对儒学的形而上思考，离后世宋儒深刻的儒家形上学的思考也还有显著的距离，但它为宋儒的探索开辟了方向。尤其值得关注的是，韩愈明确强调“仁义”是“道”的内涵，这就使得儒学的超越性形上思考可以深深植根于道德伦常，而不必像汉唐儒学那样去依傍道家的形上思想资源。这也才得以真正开启道德形上学探索的道路。

宋儒对儒学宇宙论、本体论的探索更趋精深，他们对韩愈这方面的粗疏很不满意，但也充分肯定他在《原道》中将仁义确立为“道”之定名的卓识。程氏兄弟就说：“韩退之言‘博爱之谓仁，行而宜之之谓义，由是而之焉之谓道，足乎己无待于外之谓德’此言却好，只云‘仁与义为定名，道与德为虚位’，便乱说。”意思就是，韩愈所说的“定名”和“虚位”，对“道”的形上意涵思考得很粗疏，但他强调“道”的仁义道德属性，是很正确的。韩愈《原道》表达对“道”的自觉，以“仁义”为“道”的根本，这影响了宋儒主要的思想方向，对“道”的思考是宋明理学的核心内容，“理学”在历史上更通用的称呼就是“道学”。

强化儒家精神与制度的深刻联系

《原道》还指出，以仁义为本的儒道，并不是一些抽象的精神概念，而是一整套具体的政治礼乐文化制度。所谓“其文，《诗》《书》《易》《春秋》；其法，礼、乐、刑、政；其民，士、农、工、贾；其位，君臣、父子、师友、宾主、昆弟、夫妇；其服，麻、丝；其居，宫、室；其食，粟米、果蔬、鱼肉。其为道易明，而其为教易行也”。这些社会文化制度，也是儒家和消极避世的佛老的根本区别所在。

《原道》更值得关注的是，它指出儒家的制度文化和其所提倡的“仁义”是紧密联系的。儒家一切入世有为的建构，其目的都是建立一种“相生养”之道，是“博爱之谓仁”的体现，韩愈在《原道》中说：

> 古之时，人之害多矣。有圣人者立，然后教之以相生养之道。为之君，为之师，驱其虫蛇禽兽，而处之中土。寒然后为之衣，饥然后为之食；木处而颠，土处而病也，然后为之宫室。为之工以赡其器用，为之贾以通其有无，为之医药以济其夭死，为之葬埋祭祀以长其恩爱。为之礼以次其先后，为之乐以宣其湮郁，为之政以率其怠倦，为之刑以锄其强梗。相欺也，为之符、玺、斗斛、权衡以信之；相夺也，为之城郭、甲兵以守之。害至而为之备，患生而为之防。

意思是说，圣人要帮助人们解决切实的生活需要，解除他们的痛苦。先王基于仁爱而建设的一整套制度文化，可以让人身心安顿，“是故以之为己，则顺而祥；以之为人，则爱而公；以之为心，则和而平”。韩愈认为，圣人与后世的君王，与其臣民之间，是在“相生养”原则下联系起来的管理者与被管理者。《原道》中这样写道：

> 君者，出令者也；臣者，行君之令而致之民者也；民者，出粟米麻丝，作器皿，通货财，以事其上者也。君不出令，则失其所以为君；臣不行君之令而致之民，则失其所以为臣；民不出粟米麻丝，作器皿，通货财，以事其上，则诛。

这里的“诛”，是“求”的意思，并非血腥的“诛杀”。韩愈更多地从社会分工的差异来阐发君臣职责。对于君臣关系中等级与专制的一面，韩愈并没有提出明确的批评。近代严复就曾著《辟韩》，对韩愈维护君主之专制颇为不满。但韩愈在其所处的时代，很难去设想君主制以外的制度，不能对君主制形成更深入的批评，这当然是他的局限。但他对君臣关系之“相生养”一面的强调，对仁爱精神的强化，仍然有非常积极的意义。

韩愈不仅用“相生养”的仁义之道来阐释儒家的制度，更通过建立道统来实现道统与政统的新统一。在《原道》中，他构建了儒道的统系：

> 尧以是传之舜，舜以是传之禹，禹以是传之汤，汤以是传之文、武、周公，文、武、周公传之孔子，孔子传之孟轲，轲之死，不得其传焉。荀与扬也，择焉而不精，语焉而不详。由周公而上，上而为君，故其事行；由周公而下，下而为臣，故其说长。

道统之说，先秦儒家已经开始提出，孟子就提出“五百年必有王者兴，其间必有名世者”（《孟子·公孙丑下》）。韩愈所提倡的道统，突出了孟子的重要性，同时包含着道统与政统合一的特点。“由周公而上，上而为君，故其事行；由周公而下，下而为臣，故其说长”。自汉代以来，历代统治者都要通过政统的树立来证明自身的政治合法性，而汉唐所流行的政统论，是以董仲舒所发挥的公羊家文质论，以及邹衍五德终始说为核心来建构，以天道循环来为政权提供证明的。韩愈的道统说，则是要以道统为本，以仁德为核心来确立政统。这无疑是对传统政统观的改变。

《原道》的儒道自觉、道统说，强化了儒家制度和精神的深刻联系。虽然无论是仁义之说，还是礼乐制度，都不是全新的内容，但韩愈对这些内容做出新的组织，由此赋予儒学思想以新的理论关怀。

第四节

强调道德主体的内在自觉

对孟子心性传统的发扬

《原道》中还有一个“许大见识”，是极可注意的，那就是对孟子心性传统的发扬。在谈到道统时，韩愈说：“轲之死，不得其传焉。荀与扬也，择焉而不精，语焉而不详。”（《原道》）这就是说，儒道完整的传承，到孟子就结束了，荀子和扬雄的儒学都不纯正。这就说明，韩愈很重视孟、荀儒学的差异。孟子主性善，强调儒道的履践，要立足于道德主体的内在自觉；而荀子主性恶，强调礼乐的“化性起伪”。韩愈强调“博爱之谓仁”，以仁义为儒学根本，这和孟子的仁学十分接近；他强调先王的制度施设是出于“相生养”的目的，也和孟子的“仁政”思想一致。因此，《原道》有很强的孟学色彩。

从“五原”中的《原毁》，也可以看到韩愈所受孟学的影响。这篇文章流传甚广，内容是批评时人不能成人之美、见人之善，热衷相互诋毁的恶劣风气。文章说古之君子，见贤思齐，严于律己，宽以待人；而“今之君子”则恰恰相反，对人要求苛刻，而疏于自律，所谓“不以众人待其身，而以圣人望于人”（《原毁》）。意思是对待自己要求很低，连一般人的标准也达不到，而对待别人却百般苛刻，恨不能用圣人的标准来要求。韩愈对这样的作风深感忧虑。这篇文章就是在谈儒家的道德自励。孔子说“不患人之不己知，患不知人也”（《论语·学而》），就是说不要抱怨他人，而要多要求自己。孟子接续和发展了孔子的道德自励主张，强调道德履践的责任与担当。韩愈所忧虑的“今之众人”，正是缺少自律、缺少担当的懦夫。

韩愈为什么会对接续孟学有如此强烈的追求？正如前面讲到的，中唐时代，许多士人希望通过加强制度和法治来解救时弊，韩愈认为不能光靠法治来解决问题，要弘扬儒道，讲求道德，但道德不能是空洞的教条。韩愈意识到人之于道德、之于社会的重要意义。道德的实践者是人，而孟子的学说，恰恰注重道德主体的内在自觉。这是韩愈弘扬儒道而着力于接续孟学的重要原因。这一点和韩愈对中国文化的一大卓越贡献，即弘扬师道，有密切的关系。

“五原”中的《原性》《原鬼》则是在回应佛、道之挑战时，阐发以仁义为本的人性论与鬼神观。韩愈在《原性》中讨论人性问题，提出：“性之品有上中下三。上焉者，善焉而已矣；中焉者，可导而上下也；下焉者，恶焉而已矣。”意思是性有上、中、下三品，上品天生性善，下品天生性恶，中品善恶相混，可上可下。

韩愈进一步说，性的内涵是“仁义礼智信”：“其所以为性者五：曰仁、曰礼、曰信、曰义、曰智。上焉者之于五也，主于一而行于四；中焉者之于五也，一不少有焉，则少反焉，其于四也混；下焉者之于五也，反于一而悖于四。”这里的“一”，是指“仁”，意思是具有上品人性的人，以仁为主而兼具其他四种德行；中品之人，或者缺少“仁”或者稍微违背“仁”，其他四种德行也混杂不纯；下品之人，违反“仁”，也背离其他四种德行。

在韩愈之前，儒家有丰富的人性讨论内容。孔子说“性相近也，习相远也”，又说“唯上知与下愚不移”。(《论语·阳货》)孟子提出性善说，荀子提出性恶说，汉代扬雄提出性善恶相混说，董仲舒和王充提出性三品说。董仲舒将人性区分为圣人之性、中民之性、斗筲之性。王充将人性区分为中人以上、中人和中人以下三品。

韩愈以三品言性，和上述这些人的讨论都有不同。他通过确立上品之性的不可变易，突出了人性之善的绝对性。韩愈虽然接续了孟子性善论的理论旨趣，但他仍然对孟子之说提出批评，并将其与荀子性恶、扬雄性善恶相混之说，一同归于对中品之性的言说，认为“三子之言性也，举其中而遗其上下者也，得其一而失其二者也”（《原性》）。

这种不满的原因在于，孟子虽主性善，但多次谈到善端遗失所造成的后天之恶，主张求其放心。在韩愈看来，孟子所谈的善端是会变化的，其所论之性善，是会变化的善。主张性恶论的荀子，认为后天的学习、教化可以改变先天之性恶，实现“化性起伪”（《荀子·性恶》），因此对于荀子来说，性恶也是可以变化的。可变的善，与可变的恶，都只能是中品之性的特点，所谓“孟子之言性曰：人之性善；荀子之言性曰：人之性恶；扬子之言性曰：人之性善恶混。夫始善而进恶，与始恶而进善，与始也混而今也善恶，皆举其中而遗其上下者也，得其一而失其二者也”(《原性》)。因此，韩愈通过三品言性中的上品之善进一步提出不可变易的善性。这就更突出了人性之善的绝对性。

《原人》与《原鬼》体现了韩愈对人的重视，他在《原人》中说“人者，夷狄禽兽之主也”；人是世间万物的核心。圣人治理天下，人是其关注的焦点，所谓“圣人一视而同仁，笃近而举远”。在《原鬼》中，他认为鬼是存在的，但是给人间带来灾祸的鬼，其实都是由人的不当行为所招致的，所谓“民有忤于天，有违于民，有爽于物，逆于伦而感于气，于是乎鬼有形于形，有凭于声以应之，而下殃祸焉，皆民之为之也”。

开启宋明理学

韩愈强调了人在天道、社会秩序中的核心地位，强调了人的道德能动力量对于儒家思想的核心意义。他的儒道自觉，对孟学的关注，对人性论等问题的再思考，都启发了宋明理学的新方向。

当然，韩愈在形上学探讨、身心修养等方面做的工作还比较粗疏，受到宋人的许多批评。例如，朱熹批评他：“《原道》中说得仁义道德煞好，但是他不去践履玩味，故见得不精微细密。”（《朱子语类》）这并非苛责。但是，韩愈对于宋明理学，其思想上的创辟之功是不容置疑的。

这里还有一个问题需要思考，韩愈对儒道的一整套新思考，是否受到佛教的启发？这个问题存在较多的争议。事实上，韩愈排佛的态度非常鲜明坚定，要说他对佛教有主动的吸取和接受，这是不符合事实的。但是，他是在夷夏矛盾、攘斥佛老的激发下弘扬儒道的。因此他对儒学的反思与重构，自然就有来自佛教的反向激发。例如，他的道统说，其间的传承谱系，虽然历史上儒家有类似说法，但与禅宗法统说相互参照，也可以更好地理解其建构的特点。他发明儒道的论证形式，与禅宗互参，也有其独具的匠心。

总之，韩愈以他的“许大见识”，将儒学创新而为“新儒学”，使古老的思想传统重新焕发生机。

第五节

匹夫而为百世师

求师为得“道”

韩愈对中国文化的另一大贡献是弘扬师道。苏轼在《潮州韩文公庙碑》中称韩愈是“匹夫而为百世师，一言而为天下法”。这既是对他百代宗师的精神影响力的高度评价，也点出了韩愈弘扬师道的卓越贡献。

尊师是儒家精神的重要内容。儒学的根本在于“学以成人”，而“学”就离不开“师”。孔子说：“三人行，必有我师焉。”（《论语·述而》）孔子本人就是一位有着三千弟子的教师。韩愈弘扬师道，并不是对儒家传统的简单接续，而是赋予儒家的“尊师”以新的内涵和思想活力，要理解他的贡献，就要仔细体会他的千古名篇《师说》。

《师说》可以说是韩愈最为家喻户晓的作品，在中国教育史上，能将“师”的意义阐述得如此深刻有力的文字，千百年来罕有其比。这篇文章开篇就对“师”下了一个简洁而清晰的定义：“师者，所以传道、受业、解惑也。”“传道”被置于首位，下文进一步说：“是故无贵无贱，无长无少，道之所存，师之所存也。”

可见，韩愈论“师”最核心的特点，就是强调“道”为“师”的核心内涵。这个意见，初看起来似乎并无什么特别之处，因为儒家一直有重道的传统。但是，这个传统往往被人们忽视和淡忘。在现实中，人们跟随老师学习，往往希求的是金榜题名、功名利禄，或者仅仅满足于知识的获取而忘记对道德的追求。韩愈提倡师道，就是要反对这种庸俗化的或者陷溺于琐碎知识的求师之举。他感叹“师道之不传也久矣”，就是感叹这种以“道”为重的“求师”已经十分罕见。

韩愈的感慨有很现实的背景。他一生曾四度担任国子学学官，最初是从贞元十七年到贞元十九年，担任国子四门博士。学界一般认为，其著名的《师说》是作于贞元十八年国子四门博士任上。此后，韩愈在元和元年到元和四年与元和七年，两度任国子博士，元和十五年秋到长庆元年任国子祭酒，也就是国子学的校长。其担任国子学学官的经历之复杂，在当时一般士人中颇为独特。

韩愈在国子学中，要面对许多高官子弟。这些人不必认真学习就可以靠父辈的荫庇走上仕途，因此他们很容易沾染骄纵暴慢的习气。韩愈虽然才华卓著，但在“侮老慢贤”的贵游子弟这里，也不会获得多少真正的礼敬。《师说》中“无贵无贱”的从师态度，也一定程度上折射了其对现实处境的愤激。

同时，尤其值得注意的是，随着科举制在唐代的发展，追求科举进身的焦虑风气，也对国子学产生越来越大的影响。韩愈曾担任国子学中的四门博士。四门学的学生在国子学中人数最多，他们出身不高，科举是其重要的进身之阶，所以对举业极为关注。追求金榜题名的科举之学，难免庸俗功利，难以沉静向学，无心以“有道者”为师。

据记载，直到北宋真宗时，当时的国子监仍然是考试终结，学生四散，热闹一时，寂寞永久，有教育之名而无教育之实。韩愈在《师说》中称赞李播“好古文，六艺经传皆通习之，不拘于时，学于余”。李播是韩愈在国子学里教授的一位学生。他能不受功利的时风影响，在韩愈看来极为难得。他提倡传道之师，正是表达了对庸俗学风的强烈不满。

《师说》还提到，真正的传道之师，不是只知“习其句读”者。这说明他提倡的师道，也不同于一般的知识传授。汉唐以来注重章句训诂的经师，只能让人“习其句读”，难以带人体会经典之道。韩愈也关心经学，但他并不走汉唐经疏章句的老路，而强调对经典义理的发明。

可见，韩愈所提倡的师道，既反对庸俗功利的从师之风，也不让“师”停留于一般的知识传授层次。他要树立“道”对于“师”而言的核心地位，而维系师道的根本力量，在于从师者内在的向道之心。《师说》这篇文章就很能激发每一位读者内心的向道之志。

强调个体的道德自觉性

传统儒家之强调尊师，主要是着眼于师的教化之力。《论语》中并没有记载多少孔子关于“师”的意见，《孟子》和《荀子》中对此的论述较多。比较而言，荀子比孟子更加关注“师”的意义。因为荀子注重“化性起伪”，强调礼对人性的约束控制，而“师”，正是教化、教导的角色。

《荀子》中说：“礼者，所以正身也；师者，所以正礼也。无礼何以正身？无师，吾安知礼之为是也？”（《修身》）又说，“今人之性恶，必将待师法然后正，得礼义然后治，今人无师法，则偏险而不正；无礼义，则悖乱而不治”（《性恶》）。可见，人们尊师重教，就是要接受礼义的教化与约束。荀子进而将“师”的意义扩展到政治社会，认为“诸侯自为得师者王，得友者霸”（《尧问》），“上无君师，下无父子，夫是之谓至乱”（《王制》）。

承担着教化功能的老师，要用礼义来教导学生。而儒家所说的礼义，包含广泛的内容，其中既有仁义为本的伦理原则，更有一整套诗书礼乐的修养与制度知识。因此儒家经典的学习传承，都和荀学有密切的关系，汉唐时期的经学也与荀学有密切的渊源。

韩愈希望弘扬的师道，其重心更多地转向了强调道德主体的内在自觉。而韩愈认为“师道”的重心应该立足于士人求道的强烈心愿和内心自觉。要理解这一点，我们就要深入理解《师说》。

《师说》篇幅也很短，但就像《原道》，篇幅虽短却有着“许大见识”一样，《师说》也以精练的文字，揭开了师道思想的新篇章。在中国教育史上，像《师说》这样有着巨大影响力的文字，也许只有《荀子》的《劝学》。从《劝学》到《师说》近一千年的时间里，没有任何一段关于教育的论述，其影响力可以与之匹敌。《师说》的思想力量何在？

首先，这篇文章完全是从学生的角度来谈。文章开篇说：“师者，所以传道、受业、解惑也。”这一句中的“受业”之“受”，不能写成“授”。最早谈到这个问题的，是北京大学老教授吴小如先生。在古汉语里，接受的“受”，和传授的“授”，其意义正相反。《师说》这一句是说，老师是学生靠他传先圣之道，接受学业，解除自己困惑的人。显然这是站在学生的角度来说明老师对于学生的意义的，其中“传道”是最为重要的。传统儒家谈论师的意义，当然也说“师严然后道尊”（《礼记·学记》）。但韩愈将求道确立为士人从师最首要的追求，其意义在“受业”与“解惑”之上，这就与荀学着眼礼义教导的师道观有了明显的不同。

韩愈认为尊师的根本在于求道，因此他说“是故无贵无贱，无长无少，道之所存，师之所存也” 。因此，要做到尊师，就要唤醒人们内心的向道之志。他这篇《师说》运用了很独特的论证方式来阐发自己的思考。

很多论者称赞此文逻辑严密，论证有力，但其实韩愈并没有条分缕析地阐释师的意义。他在文章的后半部做了几组对比。首先是圣人跟众人的对比：“古之圣人，其出人也远矣，犹且从师而问焉；今之众人，其下圣人也亦远矣，而耻学于师。”众人和圣人态度的差异，带来很严重的后果，“圣益圣，愚益愚”。这种后果当然很令人触动，然而我们更要看到这个对比背后的用心。只有对真正有上进心，希望成圣立贤的人，这样的对比才有激励的意义。韩愈就是要通过这组对比，唤起人们的成圣求道之心，由此带来从师的真正动力。

除此之外，《师说》还有两个对比。一是将真正的师和“句读之师”对比，感叹人们热衷于后者而不重视前者；一是将士大夫和“巫医乐师百工之人”对比，称前者“耻于相师”，而后者则“不耻相师”。这两个对比中所说的“师”，有不同的含义，但韩愈并不斤斤于具体概念的辨析，他通过这两个对比，言外之意是说士人立身高远，何以在相师的问题上还不及“百工之人”呢？这同样是要唤醒士大夫内心的自尊自重。可见，《师说》有一种激励人、鼓舞人的力量。它激发了读者内心求道向善、成圣立贤的热情。在韩愈看来，有了这种内在的热情，才有尊师的最大动力。

独抗流俗

从上面的分析可以看出，韩愈提倡师道，就是要建立一种以求道为本的师生关系。这种关系可以让人们超越现实身份、地位、处境的种种羁绊，成为相互砥砺的精神同道。这和一般学校里的师生关系、古代科举考试中的“座主”“门生”关系，都有很明显的区别。所谓“座主”“门生”是指科举考试里主考官和考生之间的师生关系。韩愈收招后学、奖掖后进。在他生前，社会上就有了“韩门弟子”的说法。（见李肇《唐国史补》）韩愈和多数韩门弟子都没有直接的师生关系，更不是科举中的“座主”与“门生”关系。他们成为师生，是基于共同的求道之志。

当然，儒家提倡入世行道。韩愈也关心弟子的科举进身，但这种关心并不是为了追逐功名，而是希望弟子能得志行道。用一般的标准来看，韩愈与其弟子的关系颇为松散多元，亦师亦友。钱基博《韩愈志》记韩门弟子主要有10人：张籍、李翱、皇甫湜、沈亚之、孙樵、孟郊、贾岛、卢仝、刘叉、李贺。张清华《韩愈大传》认为韩愈有四友：孟郊、李观、樊宗师、欧阳詹；韩门弟子有8人：张籍、李翱、皇甫湜、沈亚之、贾岛、李贺、卢仝、刘叉。还有其他研究者，根据不同的统计，得出了不同的结果。例如刘海峰《韩门弟子与中唐科举》就统计韩门弟子有37人。事实上，这个名单不可能完全统一，韩愈所建立的师生关系就是以求道为本的开放关系，“道之所存，师之所存”。

正是因为这种师生关系，“无贵无贱，无长无少”，超越一切现实功利的束缚，因而在现实中往往要遭受巨大的阻力，尤其是面对趋附权要的庸俗奔竞风气，要提倡师道，就更需要不顾流俗、无惧讥嘲的极大担当和勇气。韩愈在当时能如此旗帜鲜明地提倡师道，是十分孤独的精神探索，承担着极大的现实压力。他的好友柳宗元，在《答韦中立论师道书》中就提到当时韩愈的艰难处境：“独韩愈奋不顾流俗，犯笑侮，收召后学，作《师说》，因抗颜而为师。世果群怪聚骂，指目牵引，而增与为言辞。愈以是得狂名。”

作为韩愈的好友，柳宗元也对当时现实中师生关系的庸俗功利看得很透。他的《复杜温书》就是写给一位叫杜温的所谓求教者的。杜温把自己的文章寄给柳宗元请教，其实并不是真心求教学问，而是希求柳宗元为之揄扬，故而在写给柳宗元的信中，言辞极尽阿谀谄媚，把柳称为当今的“周、孔”，就是周公、孔子。柳宗元很厌恶这样的阿谀，回信中毫不客气地说如此阿谀实在是太过分，今天你见到我，把我称为“周、孔”，以后你见到其他人，又要把人家称为“周、孔”，“何吾生胸中扰扰焉多周孔哉”，意思是，你那里的“周、孔”怎么这么多呢？极尽讽刺。

柳宗元厌恶这样的风气，他明确表示，自己要力避师名。对于真心向学的人，他愿意教授指导，但绝不要“师”的名分，所谓“取其实而去其名，无招越、蜀吠”（《答韦中立论师道书》）。

事实上，柳宗元在遭贬谪期间，对许多求教者都给予过真诚的指点。但是他的性格和身为贬谪之人的现实处境，使得他更希望洁身自好，以拒师名来保证道义学问之交的纯洁，而不是像韩愈那样奋不顾身地抗颜为师。这是柳宗元的无奈，但也反衬出韩愈提倡师道的勇气和担当。

与韩柳同时的吕温，也对师道沦丧不满，但从今天留存的文献还见不到他弘扬师道的具体实践。韩愈抗颜为师，其卓越之见识与无畏之气魄，的确迥出众人之上。《旧唐书》韩愈本传上记载，韩愈“颇能诱厉后进，馆之者十六七，虽晨炊不给，怡然不介意”。如此奖掖后进，可谓倾尽心力，即使超出自己的能力，也毫不介意。

师道的巨大影响

韩愈所期望建立的师道，所希望建立的弘道为本的师生关系，在唐代并未获得广泛响应。晚唐皮日休曾请求朝廷令韩愈配享太学，也未得到准许。但随着新儒学在北宋以后的不断发展，韩愈的师道观产生了越来越大的影响。推尊师道，成为北宋儒学复兴极为重要的内容。欧阳修取法韩愈，其成就被苏轼称为“斯文有传，学者有师”（《祭欧阳文忠公文》），苏轼称韩愈“匹夫而为百世师”（《潮州韩文公庙碑》）。

北宋士人提倡师道，注重兴学。在学校教育上，尤其注意超越科举应试的束缚，倡导修身治国、明体达用之学。例如被称为“宋初三先生”之一的胡瑗，就以化育人才而著名。他认为科举之学让士人浮薄庸俗，士人沉溺其中，就会忘记修身弘道的追求。他身体力行，以德行实学作育人才，产生了很大的影响。

像胡瑗这样的弘道兴学之举，在庆历时期蔚然成风，全祖望《庆历五先生书院记》云：“睢阳戚氏在宋，泰山孙氏在齐，安定胡氏在吴，相与讲明正学，自拔于尘俗之中。亦会值贤者在朝，安阳韩忠献公、高平范文正公、乐安欧阳文忠公，皆卓然有见于道之大概，左提右挈，于是学校遍于四方，师儒之道以立。”这里提到的戚同文、孙复，也和胡瑗一样讲明正学，而且他们得到了在朝廷任职的韩琦、范仲淹和欧阳修等人的大力支持，因此师道大兴。

宋代以下，这一传统仍然绵延不绝。与官方教育机构相对的民间教育机构——书院，在宋元明清都十分兴盛。书院往往能突破科举的藩篱，让士人接受才德的全面教育。直到近代，书院传统仍有其强大的影响力。毛泽东早年就曾经就读于岳麓书院，梁漱溟抗战时期在重庆创办勉仁书院，马一浮在乐山创办复性书院，这些都体现出书院强大的生命力。

在中唐的思想环境里，韩愈提倡师道，也与佛教、道教的激发有关。僧人与道士的弘法、传法，对佛、老的流行发挥了重要的作用。中唐禅宗流行，禅师对众生的接引，正与韩愈所理解的“师”形成某种参照。惠能是不识字的獦獠，因为有明心见性的彻悟而成为禅宗六祖。这与韩愈所说“无贵无贱，无长无少，道之所存，师之所存”，也是颇为类似的。

道教也同样重视“师”，将“道”“经”“师”奉为三宝，认为要靠“师”来引导修行者进入正途。这些对韩愈弘扬儒家师道都存在间接的影响。韩愈弘扬师道不仅有巨大的勇气，更有面对中唐复杂思想环境的深刻思考。这是他提倡的师道能产生深远影响的原因所在。

第六节

古文宗师，文以明道

文以明道

在北宋以后的一千多年时间里，韩愈一直作为古文宗师而受到高度推重。对韩愈来讲，写作古文不是一般的辞章之好，而是文以明道的体现。

韩愈要重振儒学的内在生命力。他以“仁义”为核心来重新阐发儒学的制度传统，而以“仁义”为核心的“先王之教”要生生不息地传承下去，就需要具有高度内在德性自觉，不把儒道当教条的士大夫。而他提倡古文，就是为了培养和塑造德性内在之士大夫。他认为，只有在学习和创作古文的过程中，士人才能拥有发明儒道的能力；只有通过古文，儒道才能得到继承和发扬。

韩愈所说的“古文”，是与“时文”“今文”相对的。但人们容易单纯从形式上来理解“古”与“今”的差别，认为古文是回避八代以来，直到唐朝还十分流行的骈俪文风，追复先秦两汉以奇句单行为主的语言风格。事实上，韩愈所说的“古”是“古道”之“古”，主要着眼于精神内涵。

他认为作为古文的三代两汉之文是先圣之道尚未被佛、老所掺杂淆乱的古道的体现，而八代之文则是古道颓败之后的文风。因此，学习和创作古文，重在修辞以明古道，得其精神。而在具体的语言形式上，韩愈并未机械复古，而是在对前代之文广泛学习、博采众长中，创造出极富生命力的新文风，其间也明显包含来自八代之文的影响。

在《答李翊书》中，韩愈谈到学习古文的艰苦过程：

> 虽然，学之二十余年矣。始者，非三代两汉之书不敢观，非圣人之志不敢存。

意思就是说，他在学习古文的过程中，一定要非常专注地去学习三代两汉之书，而且要体会其中的圣人之志。

> 处若忘，行若遗，俨乎其若思，茫乎其若迷。

意思是一定要非常专注，让自己身心沉入其中。

> 当其取于心而注于手也，惟陈言之务去，戛戛乎其难哉！

意思是说，当自己要去创作古文的时候，一定要去掉陈旧的言词，这个过程是很艰苦的。

> 其观于人也，不知其非笑之为非笑也。如是者亦有年，犹不改。然后识古书之正伪，与虽正而不至焉者，昭昭然白黑分矣，

而务去之，乃徐有得也。当其取于心而注于手也，汩汩然来矣。其观于人也，笑之则以为喜，誉之则以为忧，以其犹有人之说者存也。如是者亦有年，然后浩乎其沛然矣。

这个过程，首先是要专注地学习圣人之文，要达到沉浸其中、身心若迷的状态。在提笔创作时，要务去陈言，对别人是不是讥笑也要不以为意。这样坚持数年，就可以清楚地分辨古书的正伪精粗，努力去除掉那些“伪”的与虽正而不够精醇的地方，这时的创作就会意到笔随、文思泉涌。如果读者的意见是一片赞扬之声，反倒应该担心，是不是自己的创作还有投合时俗的地方。再磨炼数年，就可以文气充沛浩荡。

这个古文的学习和创作过程，显然不是单纯文学辞章上的推敲研摹，而是不断体会圣人之文、圣人之志，在精神上不断修养的过程。其间精神修养不断提升的标志，就是能够越来越清晰地分辨“文”之正伪与精粗。拥有如此精神境界的古文作者，在创作中会有充沛的气势和旺盛的精神力量，其行文必然“气盛言宜”。

气势热烈深沉

韩愈不仅对古文的意义有深刻的阐发，更以卓越的实践，在古文创作上取得巨大成绩。韩愈的古文，是文体和语言的全面创新。他取法先秦两汉的散体古文，但绝不机械复古。他反感六朝流行的骈体文，但又吸取许多骈文的艺术要素，由此创造出极具个性与功力的古文语言。他的文章生气淋漓，有着强大的感染力。

韩愈是唐宋八大家之首。全面开创了宋代文化新格局的八大家之一的欧阳修，就十分景仰韩愈。欧阳修少年时偶然在亲戚家的一个旧书篓里发现了残破的韩愈文集，一读就被强烈吸引，从此一生都对韩文心追口摹。八大家之一的苏轼同样景仰韩文，称其“文起八代之衰”；苏轼的父亲苏洵称韩文“如长江大河，浑浩流转”（《上欧阳内翰第一书》）；南宋理学大家朱熹，同样对韩愈古文有深入的钻研。

韩愈的古文有着充沛的感情与气势。他在为好友孟郊赴任溧阳尉所创作的《送孟东野序》中，就提出古往今来的优秀作者都是不平则鸣的“善鸣者”。他说：“大凡物不得其平则鸣。草木之无声，风挠之鸣；水之无声，风荡之鸣，其跃也或激之，其趋也或梗之，其沸也或炙之；金石之无声，或击之鸣。人之于言也亦然，有不得已者而后言，其歌也有思，其哭也有怀。凡出乎口而为声者，其皆有弗平者乎！”这篇文章中所说的“不平之鸣”，并不单纯指穷愁感愤之言，同时也包含了“鸣国家之盛”的欢乐之鸣。无论哪一种，都出自慷慨激越的心灵。

韩愈认为只有这种关心世事、感情充沛的心灵，才能创作出最好的作品，他在《送高闲上人序》中，就赞扬草书大家张旭“窘穷忧悲、愉佚怨恨、思慕酣醉、无聊不平，有动于心，必于草书焉发之。观于物，见山水、崖谷、鸟兽、虫鱼、草木之花实、日月、列星、风雨、水火、雷霆、霹雳、歌舞、战斗，天地事物之变，可喜可愕，一寓于书。故旭之书，变动犹鬼神，不可端倪，以此终其身而名后世”。他认为张旭的书法如鬼神一样变幻莫测，如此不可端倪的高超成就，缘自他能将尽观天地事物之变的喜怒哀乐寄托在书法中。

相反，身为佛教徒的高闲上人，清静避世，对世界的变化漠然无应：“一死生，解外胶。是其为心，必泊然无所起；其于世，必淡然无所嗜。泊与淡相遭，颓堕委靡，溃败不可收拾。”韩愈认为，这样的精神状态不可能创作出艺术上的神品。当然，韩愈这个看法有片面性，佛教徒的艺术创作并非像他说的全无足观。但是这个看法很典型地反映了韩愈关心社会、积极入世的人生态度。他复兴儒学的巨大热情也植根于此。

热烈的情感会形成充沛的气势，韩愈就非常强调作文“气盛言宜”。在《答李翊书》中，他说：“气，水也；言，浮物也。水大而物之浮者大小毕浮。气之与言犹是也。气盛，则言之短长与声之高下皆宜。”意思是，文章有充沛的气势，就可以遣词造句自由挥洒，就好比江水水势盛大，就可以托起千帆竞渡。

韩愈的古文，文气充盈，笔力奔放，例如其《柳子厚墓志铭》。这篇文章指斥世态炎凉，感慨柳宗元之节义：“今夫平居里巷相慕悦，酒食游戏相征逐，诩诩强笑语以相取下，握手出肺肝相示，指天日涕泣，誓生死不相背负，真若可信；一旦临小利害，仅如毛发比，反眼若不相识。落陷阱，不一引手救，反挤之，又下石焉者，皆是也。此宜禽兽夷狄所不忍为，而其人自视以为得计，闻子厚之风，亦可以少愧矣。”如此参差跌宕的句式，营造出波澜起伏的奔涌气势。

又如对柳宗元人生命运的慨叹：“然子厚斥不久，穷不极，虽有出于人，其文学辞章，必不能自力，以致必传于后如今，无疑也。虽使子厚得所愿，为将相于一时，以彼易此，孰得孰失，必有能辨之者。”柳宗元“风波一跌逝万里”的悲剧让人扼腕，然而坎坷的遭遇，也成就了他的文章事业。韩愈以抑扬起伏的句式，充分抒发了对此的无尽感慨，字里行间，萦绕着难以抑制的深长叹惋。

韩愈为才德之士的坎坷命运慨叹。《蓝田县丞厅壁记》记述了蓝田县丞崔斯立想有一番作为却无法施展的愤懑；在《张中丞传后叙》中，他为英勇抵抗安、史叛军的张巡、许远鸣不平。张、许身后都受到非议和责难，韩愈力为之辩。这些都是气势充沛、情感激越的作品。

韩文的气势，不是一味挥洒倾泻，而是浓烈中有沉郁，奔放中有低回。例如《送董邵南序》感叹董邵南仕进无路，不得不远走他乡，到河北藩镇割据之地谋求出路。作者既不愿友人从事于割据之幕府，又对其在"明天子"之朝坎坷无成的命运深感无奈。全文顿挫抑扬，欲言又止，将对世事的愤郁笼罩在强烈的悲怆之情中。

其名篇《祭十二郎文》，是为其侄子韩老成创作的祭文。我们在前面提到，韩愈和其侄子老成都由韩愈兄长韩会夫妇抚养，两人有极深的感情。不幸的是，韩愈游宦在外时，老成得病去世。韩愈得到消息时已经晚了，没能与老成见上最后一面。他十分痛苦，行文间对自己没能照顾好老成充满自责："呜呼！汝病吾不知时，汝殁吾不知日，生不能相养以共居，殁不能抚汝以尽哀。敛不凭其棺，窆不临其穴，吾行负神明而使汝夭，不孝不慈，而不得与汝相养以生，相守以死；一在天之涯，一在地之角，生而影不与吾形相依，死而魂不与吾梦相接。吾实为之，其又何尤？"

此文被明代茅坤誉为"祭文中千年绝调"。南宋论者有这样一个看法："读孔明《出师表》而不堕泪者，其人必不忠；读李密《陈情表》而不堕泪者，其人必不孝；读退之《祭十二郎文》而不堕泪者，其人必不友。"意思是诸葛亮的《出师表》表达了深厚的忠君之情，李密的《陈情表》写孝敬祖母之心十分真挚，而韩愈这篇《祭十二郎文》则是写兄弟友爱之情令人落泪。文章通过层层递进的自责抒写失去亲人的深悲剧痛，既悲怆又沉郁。北宋苏洵说："韩子之文，如长江大河，浑浩流转，鱼鼋蛟龙，万怪惶惑，而抑遏蔽掩，不使自露，而人望见其渊然之光，苍然之色，亦自畏避，不敢迫视。"（《上欧阳内翰第一书》）意思是，韩愈文章像真正的长江大河，奔腾万里而又深沉博大。《祭十二郎文》就是这样的文字。读韩文，既要感受其汹涌澎湃，又要领略其深沉浩瀚。

语言创新

韩愈古文极富创新性。他追求“自树立，不因循”，追求“唯陈言之务去”。他创造的许多词语、词组，都脍炙人口，成为人们长期使用的成语，例如含英咀华、种学绩文、去故就新、闳中肆外、雷厉风行、同工异曲、不平则鸣、垂头丧气、语言无味、面目可憎、曲尽其妙、颠倒是非等。这些只是韩文所造新语的很小一部分，又如“业精于勤荒于嬉，行成于思毁于随”“弟子不必不如师，师不必贤于弟子”“闻道有先后，术业有专攻”等等，也传诵不绝。

与语言的创新同样吸引人的，是韩文构思的千变万化。他的《毛颖传》就充满奇思妙想，此文以隐喻和拟人的手法，为“毛颖”立传，用嬉笑怒骂来发泄心中的积郁。这种变态百出的笔墨，连韩愈的好友张籍都有些难以接受，认为韩文中这些“无实驳杂之说”“有以累于令德”。但韩愈的好友柳宗元却给予高度的赞扬，近代文论家林纾更誉之为“千古奇文”（《韩柳文研究法》）。

“文章”在中国文化中地位重要

宋祁《新唐书·韩愈传赞》云“自愈没，其言大行，学者仰之如泰山、北斗云”。事实上，韩愈之被尊为泰山北斗，并不仅仅局限于北宋时期，其巨大的影响力，自北宋以后，延续了一千多年。以唐宋八大家的创作为代表的古文写作，成为延续千年的文章传统。这个传统在明代有以唐顺之、归有光为代表的唐宋派着力继承，在清代则有桐城派大力发扬。桐城派由方苞、姚鼐、刘大櫆倡其始，其后相沿不绝，直到晚清时期，由曾国藩等人大力提倡而再度中兴。桐城派对近现代文化的演进，产生了极为重要的影响。

曾国藩则高度评价韩愈的功绩，有诗云“文笔昌黎百世师”。从苏东坡称韩愈“匹夫而为百世师”，到曾国藩这个评价，其间有着近千年的时间，韩愈崇高的地位没有动摇。而曾国藩的评价，更指出了韩愈作为文章宗师的深远影响。

韩愈在中国思想史、文化史上的巨大影响，和他的古文成就密不可分。他丰富的思考，蕴含在古文之中。韩愈作为文章宗师而成为思想大家，是和文章在中国文化中的重要地位密不可分的。

中国文明是斯文传统，极其重视“文”的意义。这与中国文明的强烈人文品格息息相关。韩愈的古文志在发明古道。这种文以明道的追求，我们可以通过孔子所说的“人能弘道”来理解。孔子说“人能弘道，非道弘人”（《论语·卫灵公》），意思就是人可以积极地对道做出发明和弘扬。这种对人的推重，并不简单等同于近代以来对主体性的强调。在古人看来，人是处在古往今来、天地人伦的整体世界之中，重视人的作用，并不意味着人可以凌驾于世界之上而唯我独尊，而是要通过人的主动性来发明世界之道。中国传承不绝的诗文传统，就是弘道的重要方式，诗文的创作和交流，就是人和世界的交流，是明天地之道、达人伦之理。

修习诗文一直是人才养成的重要途径。为桐城派带来中兴的曾国藩，就很善于培养人才，曾长期追随他的薛福成在《上曾侯相书》一文的附记中说：“余从公八年，前后出幕府共事者三十余人，多一时贤俊。余颇得晨夕晤谈，以扩见闻，充器识，皆文正提奖之力也。”

曾国藩培养人就很注重文章写作。据记载，他担任两江总督时，凡是比较重要的章奏，他都让幕府中的幕僚各自起草一稿，然后选定一份作为修改定稿的蓝本，再经过精心修改之后，才作为正式文本发出去。这个写作过程看起来颇为烦琐，但幕僚在撰写章奏并推敲修改的过程中，就会切实提升处事交流的能力。

当然，这是从实用的层面去谈，从诗文的境界体会、气质涵养来看，其意义更为丰富。钱钟书的父亲钱基博曾称赞韩愈文章“如大海中日影，空中雷声”，其深邃和廓大，正映射了世界的无限丰富。

综上所述，韩愈对中国社会的影响，可以概括为三个方面：将儒学更新为“新儒学”，改变了中国人的思想方式；弘扬师道，为中国人开拓了新的行为方式；创作古文、文以明道，为中国人创造了新的表达方式。

韩愈倡导了中国文化在思想、行为、表达三个方面的巨大改变。他被称为精神导师、文章宗师，受到后人的高度敬仰，是当之无愧的。在北宋以下一千多年的时间里，他是塑造中国文化最有成就和影响的设计师。对他伟大的文化贡献，我们要给予高度的关注。

第七节

如何读懂韩愈?

前面讲到韩愈在中国思想史、文化史上三方面的巨大贡献，即开创新儒学、弘扬师道、提倡古文。如果按照现代的学术分科，我们要理解韩愈就需要文学、哲学、历史等多方面的学科素养。就哲学方面而言，我们需要对儒学史有通贯的理解，才可以认识韩愈对开启新儒学的贡献；就历史方面而言，我们需要对唐宋社会历史的状况有所了解，才可以更好地理解韩愈的时代处境。

除了哲学和历史，更为重要的是，我们要对韩愈的古文有深入的认识。古文在现代学科体系中被归入文学，但它的意义绝不限于一般的辞章。韩愈直接论述思想问题的文章是“五原”等作品，它们在韩文中并不占主体。韩文大量的作品是人事交往、议论时事之作。他丰富的思考就蕴含在这些作品之中。因此要理解韩愈，我们就要读懂他的古文，并体会其中所蕴含的精神。宋代以下所有的受教育者都要学古文、写古文，古文不是一种简单的文体，它包含着文以明道的精神追求，融汇了经史百家之精髓。

唐顺之说，文章中的“精神命脉骨髓，则非洗涤心源、独立物表，具今古只眼者，不足以与此”（《答茅鹿门知县》）。古文深刻地塑造了中国人的精神世界。吴汝纶说，中国“所有精心结撰的微言奥义，大抵埋藏于隐奥之间，隐约于言辞之表。苟非精通文学，何能了其奥义？”意思就是说，古文对于理解中国精神世界有重要的意义。要理解作为古文宗师的韩愈，就要首先理解古文的意义，掌握阅读古文的方法。从更广的意义上讲，古文所追求的文以明道，是中国思想与文章传统紧密联系的重要体现。

我曾经写过《汉语思想的文体形式》，就是讨论这两者之间的关系。理解韩愈，可以更好地理解文章在中国文化中的重要地位，理解中国精神传统的独特面貌。读古文要沉潜涵泳，阅读时不要过于急切地去总结中心思想、段落大意，而要先反复诵读，体会文章要表达的意思，以及这种意思是通过怎样的结构义脉来表达。古人批评那种草率急切的读法，例如读《周易》不能一上来就用“体用一源，显微无间”来概括，而要把六十四卦、三百八十四爻逐一地体会过，才能有通贯的把握。

沉潜涵泳是很费时费力的，最好一开始以阅读经典作品为主。古文的经典作品就是唐宋八大家的文章。清朝姚鼐所编《古文辞类纂》是非常重要的古文选本。后来曾国藩在姚鼐的基础上编纂了《经史百家杂钞》，也很值得参考。如果感觉这两种选本仍然篇目过多，一开始可以精读《古文观止》，对学习古文也很有帮助。要读懂古文还需要具有经史百家的功底，特别是《左传》《史记》等书，对于理解古文的精神与艺术特点尤为重要。时间和精力允许的话，对这些著作可以多下功夫。

经史子部的重要著作掌握越多，就越能理解古文丰富的内涵。读韩愈的古文也需要下沉潜涵泳的功夫，可以阅读马其昶校注的《韩昌黎文集校注》，刘真伦、岳珍校注的《韩愈文集汇校笺注》，还有钱仲联集释的《韩昌黎诗系年集释》。比较简明的韩愈诗文选本，可以参考孙昌武《韩愈诗文选评》。